Ariel · Mystik des Judentums

David S. Ariel

Die Mystik des Judentums

Eine Einführung

Mit einem Vorwort von
Karl Erich Grözinger

Aus dem Amerikanischen von
Miriam Magall

Diederichs

Die Originalausgabe erschien unter dem Titel *The Mystic Quest. An Introduction to Jewish Mysticism* bei Jason Aronson, Northvale, New Jersey.

Für Kay

Die Deutsche Bibliothek – CIP-Einheitsaufnahme
Ariel, David S.:
Die Mystik des Judentums: eine Einführung / David S. Ariel.
Mit einem Vorw. von Karl Erich Grözinger. Aus dem
Amerikan. von Miriam Magall. – München: Diederichs, 1993
Einheitssacht.: The mystic quest <dt.>
ISBN 3-424-01190-8

Lektorat: Matthias Wolf
Umschlaggestaltung: Ute Dissmann, München
Produktion: Tillmann Roeder, München
Satz: Uhl + Massopust, Aalen
Druck und Bindung: Wiener Verlag, Himberg
Printed in Austria

ISBN 3-424-01190-8

Inhalt

Karl Erich Grözinger
Formen jüdischer Mystik 7

Dank 32
Einführung 34
Ein Hinweis für den Leser 37

1 Die Suche nach Einheit
Das Wesen der Mystik 39

2 Den Abgrund überbrücken
Die Geschichte der jüdischen Mystik 58

3 Mit dem Abgrund leben
Das Wesen der jüdischen Mystik 85

4 Das Verborgene und das Offenbarte
Die Grundsätze der jüdischen Mystik 98

5 Die Infinitesimalrechnung der göttlichen Welt
Die Lehre der Sefirot 114

6 Die *Schechina*
Der weibliche Aspekt Gottes 143

7 Sprache und Sein
Die Thora als Emanation Gottes 166

8 Die Einheit des Seins
Das Schicksal der Seele 179

9 Das mystische Drama
Das religiöse Leben des jüdischen Mystikers 199

10 Die Funken emporheben
Die moderne jüdische Mystik 228

11 Jüdische Mystik und die mystische Suche 261

Glossar 279
Literaturhinweise 281
Register 286

Karl Erich Grözinger

Formen jüdischer Mystik

Es ist eine alte jüdische Tradition, einem lesenswerten Buch einen Kommentar beizugeben. Auch die Schriften der jüdischen Mystiker sind zum großen Teil solche Kommentare. Sie sollen helfen, den Grundtext zu verstehen, ihm widersprechen oder ihn in ein neues Licht setzen. Einen solchen Weg will ich hier beschreiten.

Aus der langen Geschichte der jüdischen Mystik hat David S. Ariel in diesem schönen Buch vor allem die Kabbala des Sohar dargestellt, jenes vielgenannten Klassikers aus dem Spanien des 13. Jahrhunderts. Anschließend folgt noch ein kürzerer Streifzug durch den osteuropäischen Chassidismus. In den einführenden Kapiteln diagnostiziert Ariel eine zunehmende »Entfernung« von Mensch und Gott seit der biblischen Zeit, herab über die rabbinisch-talmudische Literatur der Antike bis zum Mittelalter. Das Bewußtsein dieser zunehmenden Kluft zwischen Gott und Mensch habe die Mystik hervorgebracht als den Versuch, den entstandenen Abgrund zwischen Mensch und Gott im mystischen Aufschwung zu überwinden.

Die Nähe Gottes zu suchen, der Wunsch, seine Gegenwart unmittelbar zu erleben, ist ein Phänomen, das die gesamte jüdische Religionsgeschichte begleitet. Und es ist denkbar, daß der vom Mystiker dabei erlangte Glückszustand durch die Jahrtausende der selbe geblieben ist. Was sich allerdings veränderte, ist seine Beschreibung. Denn der Versuch, das Erlebte in Worte zu fassen, ist jeweils bedingt und abhängig vom Gottes-, Welt- und Menschenbild, das der Mystiker mit seinen übrigen Religionsgenossen teilt.

Es ist demnach möglicherweise nicht das Distanzbewußtsein, welches den mystischen Impetus hervorbrachte. Mystisches Drängen scheint eine zeitunabhängige anthropologische Konstante zu sein, eine Veranlagung ausgewählter Menschen, unabhängig vom »Entwicklungsstand« der Religion. Der »Entwicklungsstand« der Religion ist allerdings entscheidend für die Sprache des Mystikers, wenn er sein Erleben mit Worten mitteilen will. Dies geschieht jeweils mit den religiösen Vorstellungen seiner Zeitgenossen, die auch seine eigenen sind.

Die Beschreibung der erlebten Gottesgegenwart wird anders aussehen, wenn der Mystiker glaubt, daß Gott noch bei den Menschen auf Erden wandelt – ein Zustand, den die Bibel selbst in die adamitische Urzeit und in die Tage der Erzväter hinaufverlegt – oder wenn er als König im Himmel thront oder gar als abstrakter Geist gesehen wird. Dies ist die Wandlung, die der Religionshistoriker beim Studium der mystischen Quellen erkennt, weniger die zunehmende Distanz – sind es doch gerade die späten osteuropäischen Mystiker des Chassidismus, die nicht müde werden zu betonen, daß Gott ganz nahe ist, in allem was vor Augen liegt.

Die Möglichkeiten jüdisch mystischer Berichte werden darum von den Eckpunkten der jüdischen Theologie geprägt. Sie entscheiden, ob das mystische Erleben als Begegnungsmystik, als theurgische Mystik oder als Vereinigungsmystik beschrieben wird.

Gerade in dieser Frage steht nun David S. Ariel in seiner Darstellung noch unter dem fast übermächtigen Eindruck des großen Gershom Scholem, der mehrfach betont hatte, die jüdische Mystik kenne keine wirkliche *unio mystica*, das heißt kein wirkliches Verschmelzen von Mensch-Ich und Gott-Du, weil die theistische Grundform jüdischer Theologie stets einen Rest der Trennung zwischen Mensch und Gott bewahrte. »Aber immer bleibt ein Rest von Distanz in der Beziehung zu Gott, auch in den enthusiastischsten Schilderungen solcher communio mit Gott, wie sie etwa später chassidische Schriften geben.«[1] Diese Einschränkung, schon von Scholem selbst relativiert, wurde von der neueren Forschung aufgegeben, und man pflegt demgegenüber im wesentlichen zwei Typen von Mystik in der jüdischen Religionsgeschichte zu unterscheiden, eine *unitive Mystik* und eine *theurgisch sakramentale Mystik*,

1 G. Scholem, Die jüdische Mystik in ihren Hauptströmungen, Frankfurt a.M. 1967, S. 133; u.ö.

wobei natürlich stets mit Vermischungen gerechnet werden muß.

Diese beiden Grundformen jüdischer Mystik sind nun ihrerseits von dem jeweils herrschenden Gottes- und Menschenbild abhängig. Wo Gott und Mensch als personhafte »körperliche« Wesen definiert sind, muß im mystischen Akt zwangsläufig eine personhafte Grenze zwischen Gott und Mensch bleiben; wo beide als Geistwesen definiert werden, kann die vollkommene Verschmelzung statthaben. Das sind die Koordinaten, in welche sich die jüdische Mystik einordnet – dies sei im folgenden kurz skizziert, damit der Ort der in diesem Buch beschriebenen Kabbala im Rahmen der jüdischen Religionsgeschichte deutlich wird.

Für die biblische wie für die talmudisch-rabbinische Zeit, d.h. von ca. 1200 vor bis 900 nach der Zeitrechnung, bleibt das jüdische Gottesbild ein personalistisches. Auch wenn es im fünften Buch Mosis zur Sinaioffenbarung heißt »ihr habt ja keinerlei Gestalt gesehen« (Dtn 4,15), ist dieser Gott dennoch einer, der liebt und zürnt, hört und sieht, also typisch körperliche Merkmale besitzt. Trotz dieser generellen theologischen Einheit von Bibel und Talmud gibt es auch zwischen der biblischen und der rabbinischen Zeit gewisse, für das mystische Erlebnis bedeutende Unterschiede, wie im folgenden noch deutlich werden wird.

Gewöhnlich pflegt man die direkten Gotteswiderfahrnisse der historischen biblischen Zeit nicht der Mystik im späteren Sinne zuzurechnen, sondern spricht bezüglich ihrer lieber von prophetischen Visionen. Dessenungeachtet gehören aber auch sie zu der Kategorie direkter Kommunikation zwischen Gott und Mensch, die ja das Wesen der Mystik ist. Da ist zum einen die Vision des Propheten Micha (1.Kön 22), der Gott auf seinem himmlischen Thron, von seinem Hofstaat umgeben, schaut, ähnlich Ezechiels Vision der *Merkava*, d.h. des himmlischen Gottesthrons (Ez 1). Sodann die prophetischen Visionen des Jesaja (Jes 6) und des Amos (c. 9) im Tempel zu Jerusalem.

Für den biblischen Menschen war Gott ein Himmelskönig, der aber zugleich seinen Namen oder seine Gegenwart im Heiligtum von Jerusalem wohnen ließ. Mystisches Erleben des leib- fleischlichen Menschen, dessen Gott als ein personhaftes Wesen auf dem himmlischen und zugleich irdischen Tempelthron ruhte, konnte sich adäquaterweise nur als Himmels- oder als Tempelvision und als Audition artikulieren.

Ein davon zu unterscheidendes mystisch-ekstatisches Erlebnis der biblischen Zeit war die rauschhafte Gotteserfriffenheit, speziell zum Kampf, wie sie von den charismatischen Helden des Richterbuches erzählt wird, oder die ekstatische musische Verzückung der »Prophetenzirkel« zur Zeit Samuels (1.Sam 10,5 ff; 19,18-24).

Mit der Zerstörung des Ersten Tempels im Jahre 587 vor der Zeitrechnung scheint man im alten Israel den Glauben an die Throngegenwart Gottes im Tempel verloren zu haben, wie ihn die rabbinische Literatur später dogmatisch formulierte. Danach kehrte Gottes Gegenwart – die Rabbinen werden sie *Schechina* nennen – nicht wieder in den Zweiten Tempel zurück. Dies ist der Grund, warum die Visionäre der nachbiblischen Zeit in der apokryphen Literatur die Gottesschau ganz in den Himmel verlegten, wie ja auch Paulus von einem Hinaufgerissenwerden in den dritten Himmel spricht (2.Kor 12). Dennoch weiß auch noch der Talmud von einer Gottesbegegnung im Allerheiligsten zur Zeit des Zweiten Tempels zu berichten. R. Jischma'el der Hohe Priester sah dort, wie Jesaja, Gott selbst auf dem Throne sitzen und hörte seine Rede[1]. Man muß allerdings beachten, daß für die Erzähler dieser Begebenheit in der talmudisch-rabbinischen Zeit auch der Zweite Tempel, der im Jahre 70 n.d.Z. gefallen war, schon längst der Vergangenheit angehörte. Ganz in die ferne Vergangenheit verlegt die rabbinische Literatur auch eine kollektive Gottesschau beim Durchzug der Israeliten durch das Schilfmeer, die jener am Sinai vergleichbar ist.

Diese Rückverlegung von direkten Gotteserscheinungen in die Vergangenheit entspricht der Gesamttendenz der talmudisch-rabbinischen Literatur. Sie erklärte die Prophetie mit der Zerstörung des Ersten Tempels für beendet und ließ als einzige

1 Babylonischer Talmud, Berachot 7a; vgl. dazu I. Gruenwald, Apocalyptic and Merkava Mysticism, Leiden/Köln, 1980, S.96.

Offenbarungsquelle nur noch die schriftlich und mündlich überlieferte Tora gelten. Spätere Offenbarungen, gar solche in der eigenen Gegenwart, hatten die Rabbinen strikt abgelehnt. Trotz dieses dekretierten Ausschlusses prophetisch-mystischer Gotteskontakte in der nachbiblischen Gegenwart ist es den rabbinischen »Buchgelehrten« nicht gelungen, den mystischen Impetus zu unterdrücken. Der Talmud selbst und die ihm zugehörige Midrasch-Literatur wissen zu erzählen, daß sich die mystische Aktivität nun eben an das Studium der Tora selbst gebunden hatte. Beim intensiven und hingebungsvollen Studium der Tora, so berichten mehrere Erzählungen, geschah eine Vergegenwärtigung der Sinai-Offenbarung mitsamt den dazugehörigen wunderbaren Erscheinungen: Feuer fällt vom Himmel, der Donner erschallt, die Engel sind zugegen, und die Worte der Tora erklingen wie bei ihrer Offenbarung am Sinai[1]. »Sie setzten sich und befaßten sich mit der Tora ... Feuer fiel vom Himmel und loderte um sie ... Da freuten sich die Worte wie bei ihrer Offenbarung am Sinai.«[2] Die ehemalige Kollektiverfahrung des Sinai wird nunmehr zum Individualwiderfahrnis des Tora-Lernenden. Diese *Tora-Sinai-Mystik* wird die jüdische Tora-Frömmigkeit durch die folgenden Jahrtausende begleiten, sie wird im Mittelalter mit philosophischen und kabbalistischen Begriffen gedeutet und findet ihren schönsten Ausdruck in einigen chassidischen Erzählungen des 18. und 19. Jahrhunderts. Dort wird von R. Baruch aus Mesibos erzählt, daß bei seinem Gesang des Hohenliedes das sinaitische Feuer auf ihn fällt, wobei die ganze Schönheit und Süße der Liebeslyrik das mystische Erleben ausschmücken. Die mystische Begeisterung ist auch hier, wie schon bei den biblischen Ekstatikern der Samuelisbücher, vom Tanz begleitet.

Eine eigene Variante dieser *Tora-Mystik* entstand um das Studium der Thronwagenvision im ersten Kapitel des Propheten Ezechiel. Es ist da, als ob das himmlische Paradies beim

1 Vgl. K.E. Grözinger, Die Gegenwart des Sinai, Erzählungen und kabbalistische Traktate zur Vergegenwärtigung des Sinai, Frankfurter Judaistische Beiträge (FJB) 16 (1988), S. 143-183.

2 Palästin. Talmud 77 b; vgl. bei Grözinger, Gegenwart (Anm. 3).

Tora-Vortrag auf die Gelehrten herabkommt, und man wußte, daß die Gegenwart Gottes, die *Schechina*, selbst zugegen ist. In den Umkreis dieser ab dem ersten Jahrhundert der Zeitrechnung belegten *Merkava-Mystik* gehört eine weitere Disziplin, das Studium der Schöpfungsgeschichte, *Ma'ase Bereschit* genannt. Das Studium dieser Texte war offenbar mit der Visualisierung der kosmischen Hierarchien verbunden, an deren Spitze die Gottheit auf der Merkava thronte. Gershom Scholem nannte diese Form der Schau des Weltenkönigs nicht zu Unrecht *Kosmokratorenmystik*.

In welch weitem Maße auch diese Kosmokratorenmystik noch einem personalistischen Gottesbild verhaftet ist, zeigt eine Gruppe von mystischen Texten aus dem Kreise dieser frühjüdischen Mystiker, in denen die Gottheit als riesige, auf dem himmlischen Thron sitzende Menschengestalt, als »Maß der Gestalt«, hebräisch *Schi'ur Koma*, gezeichnet wird. Die litaneiartigen Rezitationstexte, in denen von den Zehen aufsteigend Glied um Glied beschrieben und mit unermeßlichen Maßangaben versehen wird, sind indessen zugleich bemüht, die Unendlichkeit der Gottheit anschaulich zu machen, soweit dies bei körperlich-personalistischem Denken möglich ist. Die ungeheuren, alle Vorstellung sprengenden Maße dieser göttlichen Gestalt, bei der alleine der Abstand von der Nasenwurzel zu den Augenbrauen Welten sind, darf man als einen vorphilosophischen Versuch verstehen, mitHilfe körperlichen Denkens die Unendlichkeit Gottes auszudrücken. Die Maße sind so groß, daß sie unvorstellbar sind. Und in diese Gottesgestalt versenkt sich der Mystiker im Aufsagen der Litanei der Gottesmaße. Man könnte dies füglich *Gestalt-Meditationsmystik* nennen[1]. Zugleich ist dies der Versuch einer unio mit der Gottheit, trotz der stets trennenden körperlichen Kategorien.

Ein anderer Versuch einer unitiven Mystik trotz körperlicher Gott- und Menschkategorien ist die antike jüdische *Hechalotmystik*. So benannt, weil der Mensch hier Gott dadurch nahe kommen will, daß er dank ethischer Reinheit sowie mittels

1 Vgl. dazu M.S. Cohen, The Shi'ur Qomah: Texts and Recensions, Tübingen 1985; ders., The Shi'ur Qomah, New York/London 1983.

mystischer und magischer Techniken einen Himmelaufstieg unternimmt, und dort in den Himmeln durch die himmlischen Hallen (*Hechalot*) schreitet, um schließlich vor Gottes Thron zu treten und die Gottheit zu schauen.

Die bei einem solchen Himmelsaufstieg zu überwindende Kluft ist weniger die räumliche Entfernung von Himmel und Erde als vielmehr die Kluft zwischen himmlischer Reinheit und Heiligkeit sowie irdischer Unreinheit und Fleischlichkeit. Der Mystiker, der diese Qualitätsdistanz überwinden will, um vor Gott zu treten, muß zuvor seine irdische Körperlichkeit in eine himmlisch-körperliche Substanz transfigurieren lassen. Wenn auch des Mystikers Leib ein heiliger Feuerleib geworden ist und seine Zunge eine Feuerslohe und er so befähigt wird, in Gestik und Gesang den himmlischen Scharen gleich zu werden, dann gelangt er bis in Gottes Gegenwart. Diese *Himmelfahrtsmystik* ist somit ihrem Wesen nach zugleich körperliche *Transfigurationsmystik*.[1]

Diese Weise der leiblich-räumlichen Suche der Gottesgegenwart soll auch in der nachphilosophischen Mystik des späteren osteuropäischen Chassidismus im 18./19. Jahrhundert sowie in einzelnen Erzählungen über die rheinischen Mystiker des 12./13. Jahrhunderts, den *Chasside Aschkenas*, wieder aufleben, allerdings sprechen die Texte hier nun lieber von Seelenaufstiegen. Dennoch bleibt auch da der Himmel als Raum vorgestellt, durch den die Seele wandert – gleich einem körperlichen Wesen.[2]

Die antike Hechalotmystik wurde wahrscheinlich schon in einer frühen Phase mit einem zusätzlichen eigenartigen Beschreibungsinventar ausgestattet, mit dessen Hilfe die Gotteslehre völlig neu gestaltet werden konnte, und mit ihr auch der mystische Akt. Es ist jenes Beschreibungsinventar, das ich

---

1 Siehe auch G. Scholem, Hauptströmungen (S.8, Anm. 1); K.E. Grözinger, Musik und Gesang in der Theologie der frühen jüdischen Literatur, Tübingen 1982; P. Schäfer, Der Verborgene und der offenbare Gott, Tübingen 1991.

2 Beispiele bei K.E. Grözinger, Kafka und die Kabbala, Das Jüdische in Werk und Denken von Franz Kafka, Frankfurt a. M. 1992.

an anderer Stelle *onomatologische* Theologie (von griechisch *onoma*, Name) genannt habe.[1] Mit dieser Onomatologie wurde im Rahmen des nicht hellenistischen Judentums zum ersten Mal der Versuch unternommen, eine nicht personalistische Gottesvorstellung zu konzipieren. Ausgehend von der Macht des göttlichen Wortes, von dem schon die Bibel zu sprechen wußte, insbesondere im kreativen Schöpferwort, wurde göttliche Macht als Sprachmächtigkeit definiert. Alle himmlischen Mächte galten dieser neuen onomatologischen Theologie als Ausflüsse oder Permutationen des göttlichen Namens, als wirkmächtige Gottesnamen, wie auch Gott selbst nichts anderes als sein eigener kraftgeladener schöpfungsmächtiger Gottesname ist – »Gott ist sein Name und Sein Name ist Er«[2]. Verschiedene Wirkungsweisen Gottes, so glaubte man, sind nichts anderes als die verschiedenen Gottesnamen.[3]

Das Ziel des Mystikers, der dieser onomatologischen Gottheit begegnen wollte, mußte es nunmehr sein, Gottes Namen kennenzulernen, denn im Namen hatte er Gott. Der in den Himmel aufsteigende Mystiker mußte demnach zum Erweis seiner Würdigkeit, den himmlischen Bereich betreten zu dürfen, die richtigen Gottesnamen vorweisen können. Er mußte in der Lage sein, die richtige Sprache zu sprechen oder die richtigen Gesänge zu singen, die voll solcher Gottesnamen waren, galt doch schon ein einziger Buchstabe des hebräischen Alphabetes als ein Gottesname.

Der mystisch-unitive Akt ereignet sich nunmehr als ein sprachlich-liturgischer Akt vor dem Gottesthron. Der Mystiker vermag die richtigen himmlischen Gesänge anzustimmen, die Scharen der Höhe respondieren ihm, und die Gottheit öffnet sich dem Mystiker selbst als Sprache und Gesang.[4] Der Akt der *unio mystica* ist hier eine sprachlich-liturgische Vereinigung des Menschen mit Gott und den himmlischen Sängern. Wie-

---

1 Die Namen Gottes und der himmlischen Mächte – ihre Funktion und Bedeutung in der Hekhalot-Literatur, FJB 13 (1985), S.23-41.

2 Vgl. K. E. Grözinger, Musik und Gesang (S. 10, Anm. 2), S. 291.

3 Vgl. Die Namen Gottes (Anm. 8).

4 Vgl. Musik und Gesang (S. 10, Anm. 4), S. 301-308.

derum ein für die verwendete Sprech- und Denkweise weitestgehendes Maß der Vereinung von Mensch und Gott, wenn dabei auch noch ein Rest der Trennung in verschiedene Sänger bleibt. Man mag diese Form der Mystik *onomatologisch-liturgische Kommunions-Mystik* nennen.

Eine kommunalisierte Form dieser liturgischen Kommunions-Mystik hat sich bis heute im jüdischen Gottesdienst erhalten. In den synagogalen Gebetbüchern und ihren Kommentaren liest man, daß die Beter beim Gesang des drei mal Heilig (Jes 6), der liturgischen *Keduscha*, auf ihren Zehenspitzen »hochfliegen« und nach vorwärts und rückwärts springen sollen, um auf diese Weise den Tanz der Engel um den Gottesthron nachzuahmen. Denn beim Gesang der Keduscha, so sagen die Kommentare, öffnet sich der Himmel, die irdische und himmlische Liturgie vereinen sich, und obere wie untere Scharen bringen gemeinsam im Angesicht Gottes Ihm mit ihrem Gesang ein aus den Gebeten gewundenes Diadem dar.[1]

Außer dieser unitiven Mystik bot die onomatologische Theologie auch das Inventar zur Konzeption einer theurgischen Mystik. Zurück auf der Erde hat der Mensch mit den Gottesnamen jene Machtmittel in der Hand, mit deren Hilfe Gott selbst die Welt erschaffen hat. Der Mensch kann darum mystisch-magischer Teilhaber an der Macht Gottes werden, er ist befähigt zur göttlichen Namen-Magie, zur onomatologisch-theurgischen Teilhabe an der Gottheit.

Das onomatologische Deutungsmuster wird ein bleibendes Element in den verschiedenen späteren Phasen der jüdischen Mystik sein und dort neben den neu entstehenden theologisch-mystischen Denkweisen weiter seinen Dienst tun. Ihre höchste Entfaltung erfuhr die mystische Onomatologie im hohen Mittelalter bei den Chasside Aschkenas, das sind die schon erwähnten Mystiker von Rhein und Donau, deren wichtigste Gestalten die beiden Chassidim Schmu'el und Jehuda aus Speyer bzw. Regensburg sowie El'asar aus Worms waren.

Die Chasside Aschkenas selbst wußten sehr wohl um die

1 Vgl. Musik und Gesang (Anm. 3), S. 290; ders., Ich bin der Herr dein Gott, Frankfurt a. M. 1976, S. 160-168.

orientalische Herkunft ihrer onomatologischen Traditionen. Nach einer von ihnen überlieferten Legende soll ein gewisser König Karl (der Große?) die Familie der Kalonymiden, welche die führenden Kräfte dieser Bewegung hervorbrachte, aus dem norditalienischen Lucca nach Mainz gebracht haben. Die italienischen Kalonymiden wiederum beriefen sich auf einen gewissen Abu Aharon, welcher die mystische Tradition aus Bagdad nach Italien gebracht haben soll.[1]

Die Chasside Aschkenas, die im 12. und 13. Jahrhundert bereits zur philosophischen Phase der jüdischen Mystik gehören, glaubten wie die im folgenden zu besprechenden Philosophen und Mystiker an die absolute Körperlosigkeit und grenzenlose Einheit Gottes, der darum den Kontakt zur begrenzten Welt, ähnlich wie in der Lehre der Kabbalisten, durch ein emaniertes Mittelwesen herstellen mußte, worauf ich sogleich zu sprechen kommen werde.

Betrachten wir jedoch zunächst die weitere Entfaltung der alten Onomatologie in den Schriften des El'asar aus Worms, des wichtigsten Autors des aschkenasischen Chassidismus. Er übertrug das onomatologische Deutemuster der alten Theologie auch auf die Anthropologie und hat im Sinne der biblischen Lehre von der Gottebenbildlichkeit des Menschen auch das Wesen des Menschseins im Lichte der sprachlich-onomatologischen Theologie neu definiert. Der Mensch ist laut El'asar *darum* Ebenbild Gottes, weil er fähig ist, die göttliche Sprache zu gebrauchen. Daraus folgert El'asar, daß der Mensch geradezu aufgerufen ist, die hebräische Gottessprache aktiv, d.h. kreativ, zu verwenden bis hin zur höchsten Stufe der *imitatio dei*, nämlich der Nachahmung Gottes in der Erschaffung eines Menschen.[2] Von daher rührt die verbreitete jüdisch-aschkena-

1 Vgl. J. Dan, Das Entstehen der Jüdischen Mystik im mittelalterlichen Deutschland, in: K.E. Grözinger (Hrsg.), Judentum im deutschen Sprachraum, Frankfurt a.M. 1991, S. 128f., 140; u. I. Marcus, Die politischen Entwicklungen im mittelalterlichen deutschen Judentum, ihre Ursachen und Wirkungen, ebda., S. 76f.

2 Vgl. K.E. Grözinger, Between Magic and Religion, demnächst in:

sische Tradition von der Erschaffung eines Golem – die im Talmud zwar schon episodisch belegt ist[1], ihre verpflichtende Bedeutung aber erst für den aschkenasischen Mystiker bekommen hat.[2]

Die erste wirkliche Golemschöpfung auf aschkenasischem Boden wird denn in der Tat dem »Vater« der Chasside Aschkenas zugeschrieben, Schmu'el dem Chassid.[3]

Aus dieser norditalienisch-aschkenasischen Tradition stammt schließlich noch der »Beruf« des jüdischen Wundermannes, des *Ba'al Schem* – Meister des Gottesnamens –, von dem es in Deutschland bis zum 19. Jahrhundert nachweislich wenigstens vierzig Vertreter gab. Erst von hier, aus dem Rhein- und Donaugebiet, ist dieser »Berufsstand« später in den Osten Europas, nach Polen, gewandert und hat im 18. Jahrhundert dem Gründer des osteuropäischen Chassidismus seinen dann zuweilen umstrittenen Titel geschenkt.[4] Ein wesentliches Werkzeug dieses Wundermannes ist das Amulett mit wirkmächtigen Gottesnamen, worüber alsbald sachdienliche Schriften Auskunft gaben.[5]

Mit diesem Blick auf die Chasside Aschkenas sind wir schon tief in das Mittelalter gekommen, ohne jedoch die wirklich großen Veränderungen bedacht zu haben, die sich geistesge-

---

J. Dan, K. E. Grözinger (Hrsg.), Mysticism, Magic and Kabbala in Ashkenazi Judaism, Berlin/New York 1993; u. ebda. J. Dan, The Language of the Mystics in Medieval Germany.

1 Babyl. Talmud Sanhedrin 65 b; gleichfalls in den mehrfach bezeugten Traditionen über Ben Sira und Jeremia, vgl. G. Scholem, Die Vorstellung vom Golem in ihren tellurischen und magischen Beziehungen, in: Zur Kabbala und ihrer Symbolik, Zürich 1960, S. 233 ff.

2 Vgl. M. Idel, Golem, Albany 1990.

3 Vgl. K. E. Grözinger, Jüdische Wundermänner in Deutschland, in: Judentum im deutschen Sprachraum (Anm. 1).

4 Vgl. Jüdische Wundermänner (Anm. 5); u. M. Oron, Dr. Samuel Falk and the Eibeschütz-Emden Controversy, in: Mysticism (Anm. 2).

5 Vgl. z. B. Sefer Raziel, Amsterdam 1701; Ohel Avraham, Pietrkov 1901 (Neudr. Israel 1968); K. E. Grözinger, Wundermänner (S. 12, Anm. 5); siehe auch insbes. T. Schrire, Hebrew Amulets, London 1966; J. Trachtenberg, Jewish Magic and Superstition, New York 1974 (1939).

schichtlich innerhalb des Judentums ereignet hatten. Das anbrechende Mittelalter schuf mit der im Judentum bekannt werdenden griechisch-arabischen Philosophie eine völlig neue Basis für die jüdische Theologie und Anthropologie und damit zugleich für die Mystik. Unter dem Einfluß dieser Philosophie, dem arabischen *Kalam* sowie dem Platonismus und Aristotelismus wurde in erster Linie das Gottesbild völlig neu konzipiert. Es war zunächst die rationalistische Philosophie des Sa'adja Ga'on (892-942), des ersten mittelalterlichen jüdischen Philosophen, der die Gottesvorstellung entpersonalisierte und Gott jegliche körperlichen Attribute und Qualitäten absprach, darunter auch die, mit körperlichen Wesen in irgendeine Beziehung zu treten. Damit schien jegliche Kontaktaufnahme des Menschen zu Gott durch Gebet, Gebot oder Ritus ausgeschlossen, um wieviel mehr der mystische Zugang zu Ihm.

Die Sa'adja folgenden Philosophen der platonischen und aristotelischen Schule wollten sich indessen aus philosophischen wie religiösen Gründen nicht mit der von Sa'adja aufgerissenen Kluft zwischen Gott und Schöpfung und Gott und Mensch zufrieden geben. Die Frage, wie denn der grenzenlose Eine, d.h. die Gottheit, die Vielheit des Begrenzten hervorgebracht haben konnte, wo doch eine Ursache nur das verursachen kann, was in ihr selbst vorhanden ist, diese Frage haben beide Schulen in ganz ähnlicher Weise beantwortet. Nämlich durch die Annahme vermittelnder Zwischeninstanzen zwischen dem Einen und den Vielen, dem Grenzenlosen und dem Begrenzten. Zu dieser Lösung haben im Gefolge der Philosophen auch die in diesem Buche beschriebenen Kabbalisten und die Chasside Aschkenas gegriffen. Bei den Platonikern waren diese Zwischenstufen der *Intellekt* (oder *Nous*), die Weltseele und gegebenenfalls die Natur, bei den Aristotelikern hingegen waren es zehn körperlose Intelligenzen, zehn sogenannte separate Intelligenzen, bei den Chasside Aschkenas »Gottes Herrlichkeit« (*Kavod*) und bei den Kabbalisten die *Zehn Sefirot* – ungeachtet mancher Unterschiede im Detail. Nach diesen körperlosen, intelligiblen Wesenheiten, die meist mit den Engeln der Tradition identifiziert wurden, folgen die neun Himmelssphären. Deren Reibung bringt die vier Elemente – Feuer, Luft, Wasser und Erde – hervor, und deren Mischung schließlich die zusammengesetzten Körper unserer irdischen Welt. Durch die Einfügung solcher Zwischenstufen glaubte man den logischen Ursache-Wirkungs-Widerspruch und die Kluft zwischen dem Einen und den Vielen bzw. dem Unbegrenztem und dem Begrenztem aufgelöst und überbrückt zu haben.

Mit dieser kosmologischen Überbrückung des durch den philosophischen Gottesbegriff aufgerissenen Abgrundes war zunächst allerdings nur die Frage der Möglichkeit der Erschaffung der Welt durch die Gottheit einer Lösung zugeführt, noch nicht aber das für die Religion noch wichtigere Problem der menschlichen Kontaktaufnahme mit Gott. Auch dafür fanden die Philosophen eine Formel. Sie definierten das Wesen des Menschen neu. Als Wesen des Menschseins galt ihnen hinfort nicht mehr die belebte Körperlichkeit des Menschen, sondern die rationale Seele (platonisch) oder der menschliche Intellekt (aristotelisch). Sie sind der »göttliche« oder zumindest Engelsfunke im menschlichen Leib, und sie machen ihn erst zum Menschen, im Unterschied zum Tier. Der Körper hatte jetzt nur noch vorübergehend eine Bedeutung für das menschliche Erdendasein, wurde aber nicht mehr als zu dessen Wesen gehörig betrachtet. Die Erfüllung des Menschseins wird demgemäß verstanden als die Heimkehr der vom irdischen Ballast geläuterten Seele oder als die Vereinigung des menschlichen Intellekts mit dem zehnten Intellekt, den die Philosophen »Aktiver« oder »Wirkender Intellekt« benannten.

Mit dieser neuen Sicht von Gott und Mensch wird auch die Mystik auf eine neue Ebene gehoben, oder richtiger: Sie hat nunmehr eine neue Begrifflichkeit gewonnen, um das mystische Erleben zu beschreiben. Erst jetzt, wo Gottheit und Menschenwesen von den personhaften Begrenzungen befreit sind, kann die jüdische Mystik die *unio mystica* als eine vollkommene Aufhebung der Grenzen zwischen Gott und Mensch beschreiben.

Die Mystiker brauchten nunmehr nur den glückhaften Zustand, den die Philosophen erst am Ende des menschlichen Lebens erwarteten und den sie zuweilen mit mystischem

Unterton als Tod im Kuß beschrieben, mitten ins Leben hereinzunehmen, als vorübergehende Vorwegnahme der endlichen Glückseligkeit. Diese philosophische Neuformulierung der mensch-göttlichen Beziehung bedeutete jedoch zumeist eine »Herab-Deutung« dieser Möglichkeit zu einer Engel-Mensch-Beziehung. Denn der Mensch kann sich in der *unio mystica* nur mit seinesgleichen vereinen, und dies ist die intelligible Weltseele oder der Aktive Intellekt, denn die Gottheit selbst ist ja unendlich, unerreichbar und unerkennbar. Aber doch soviel ist gewonnen: Mit diesen körperlosen »göttlichen« Engelwesen kann es zu einer wahrhaften, echten Einung ohne Unterschiede kommen, woran auch die Philosophen glaubten.[1]

Die jüdischen Mystiker der Folgezeit sind die Schüler der Philosophen und sind darum in ihren Beschreibungen des mystischen Erlebens der einen oder anderen philosophischen Schule verpflichtet. Die Aristoteliker denken an eine intellektuelle *unio mystica*, die Platoniker an eine psychische mit der Weltseele, doch zuweilen auch mit der Gottheit selbst. Laut Abraham Abulafia (ca. 1240-1291), einem »Schüler« des Maimonides, vereint sich der Mystiker mit dem Aktiven Intellekt[2], bei Asriel aus Gerona ist es die sefirotische Weisheit, bis zu der das menschliche Denken hinaufsteigt[3] (auch Johannes Reuchlin aus Pforzheim folgt dieser Konzeption[4]), wohingegen es bei Asriels Genossen Esra aus Gerona und bei Menachem Rekanati (Ende 13. Jh.) die Seele ist, welche die Welt-Seele erreicht[5]. Der bedeutendste Lehrer des osteuropäischen Chassidismus schließlich spricht einfach von einer Einung Gottes mit dem

1 Vgl. K. E. Grözinger, Neoplatonisches Denken in Chasidismus und Kabbala, FJB 11 (1983), S. 57-89; ders., Theosophie, Historiosophie und ›Anthroposophie‹ des Kabbalisten Azriel aus Gerona (13. Jh.), FJB 14 (1986), S. 111-151; M. Idel, Kabbalah, New Perspectives, New Haven/London 1988.

2 Vgl. M. Idel, Studies in Ecstatic Kabbalah, Albany 1988.

3 Vgl. K.E. Grözinger, Theosophie (Anm. 1), S. 148 ff.

4 K. E. Grözinger, Reuchlin und die Kabbala, in: Reuchlin und die Juden, ed. A. Herzig, J.H. Schoeps, S. Rohde, Pforzheim 1993.

5 Vgl. M. Idel, Kabbalah (Anm. 1), S. 38 ff.

Menschen, der seine leibliche Körperlichkeit (kontemplativ) vollkommen abgelegt hat.[1]

Diese unitive Mystik hat sodann im osteuropäischen Chassidismus durchaus verschiedene Formen angenommen. Der Ba'al Schem Tov hat eine Form der Mystik vertreten, die man *Immanenz-Mystik* nennen könnte. Das bedeutet ein konsequentes Ernstnehmen der göttlichen Immanenz in allem und jedem Ding dieser Welt. Der Ba'al Schem Tov bedient sich dafür wieder der alten Namenmystik und sagt, daß das göttliche Licht in Gestalt der Buchstaben des Alphabetes sich in die Welt ergossen hat, derart, daß der hebräische Name eines Dinges oder Menschen sein Wesen ausmacht – dies ist das göttliche Licht in den Dingen in Gestalt der Buchstaben des hebräischen Alphabets. Ihnen muß der Mensch sich zuwenden, wo immer er steht, dann kann er immer und überall, auch schon in dieser Welt, an der Gottheit haften. Dies insbesondere beim Gebet, wo er achtsam von Buchstabe zu Buchstabe voranschreiten, sie vereinen und sie sodann mit seiner eigenen Seele *einen* soll.[2]

Der Nachfolger des Ba'al Schem Tov, Dov Ber aus Mesritsch, der *Maggid*, hingegen läßt die göttliche Immanenz in der Welt nur als *Hinweis* auf die Fülle des göttlichen Lichtes gelten, und ihr, der Fülle, soll der Mensch sich zuwenden, weg von der nur schwach durchleuchteten Niedrigkeit der Welt. In dieser Abwendung von den konkreten Dingen nichtet der Mystiker die Vielheit dieser Welt im *Nichts* der Gottheit, in dem alles Eines ist. So nichtet sich der Mensch auch selbst im göttlichen *Nichts* und wird Eins mit Ihm. – Eine unitive *Nichtungsmystik*.

Der Schüler des Maggid, der Begründer des HaBaD-Chassidismus, Schne'ur Salman aus Liadi, und dessen Nachfolger schließlich, huldigten einem konsequenten Akosmismus. Der

1 Vgl. K.E. Grözinger, Neoplatonisches Denken (Anm. 1), S. 84; ders., Martin Bubers Chassidismus-Deutung, in: Dialog mit Martin Buber, ed. W. Licharz, Frankfurt a. M. 1982, S. 239; u. vgl. ders., Die Hasidim und der Hasidismus, in: Beter und Rebellen, ed. M. Brocke, Frankfurt a. M. 1983.

2 Vgl. L. Jacobs, Hasidic Prayer, New York, 1972 u.ö., S. 75ff.

richtige Blick auf die Welt zeigt, daß sie nur Schein (entsprechend der indischen »Maya«) ist und daß es in Wahrheit nur ein Sein gibt, nämlich das Sein Gottes. Auch dieser kontemplative Akt gilt als ein *Bittul ha-Jesch*, eine Nichtung des Seienden.[1]

Alle diese hier skizzierten unitiven, philosophisch geprägten Formen jüdischer Mystik aus verschiedenen Jahrhunderten kommen ohne das kabbalistische Konzept von den Zehn Sefirot aus. In ihnen findet eine Einung des »göttlichen Funkens« im Menschen mit den ihm wesensgleichen göttlich-englischen Substanzen statt, der Weltseele, dem Aktiven Intellekt oder der Gottheit selbst.

Natürlich wurde diese unitive Konzeption auch auf die Sefirotlehre übertragen, derart, daß die Seele oder das menschliche Denken an seinen Herkunftsort oder seine Wurzel zurückkehrt, d.h. in eine der Sefirot.[2] Die Sefirot-Lehre eignete sich für diese Übertragung, da sie, wie gesagt, letztlich eine Variante jener philosophischen Lehren von den Zwischeninstanzen darstellt. Der wesentliche Unterschied zur philosophischen Konzeption ist im Sohar und den vorsoharischen Sefirot-Lehren, etwa der Geronenser Kabbalisten (Anfang 13. Jh.) der, daß die Zehn Sefirot hier nicht als mittelnde »Engelwesen«, sondern als offenbare Gottheit verstanden werden. Der offenbare Gott (die Zehn Sefirot) ist der Mittler zwischen dem verborgenen Gott und der Welt. Spätestens mit der Sohar-Spätschicht *Ra'ja Mehemna* folgen allerdings den ersten zehn göttlichen Sefirot drei weitere Sefirot-Dekaden, die in ihrer Stellung nun wieder den philosophischen Zwischenstufen entsprechen: Die zehn Sefirot von *Azilut* sind der eben genannte offenbare Gott, die von *Beri'a* der Gottesthron, den einst Ezechiel schaute, die von *Jezira* sind die Engelwelt, und die von *Asija* schließlich die Himmelssphären oder überhaupt die Erdenwelt.[3] Über den göttlichen Azilut-Sefirot steht der

1 Zu allen dreien siehe K. E. Grözinger, Der Chassidismus in Osteuropa, Theol. Realenzyklopädie (Stichwort »Judentum«), XVII, S.377-386.

2 Siehe dazu Ariel, vorliegende Ausgabe, S. 71.

3 Siehe Isaiah Tishby/F. Lachower, The Wisdom of the Zohar, Oxford 1991, Vol II, S. 555-560.

unendliche und unerkennbare Gott der Philosophen, hinter den auch die Kabbalisten nicht zurückgehen konnten; sie nannten ihn daher *En Sof*, das Unendliche.

Religionsgeschichtlich vermerkenswert ist noch, daß die kabbalistische Konzeption der Sefirot nicht eine einfache Ableitung aus der philosophischen Lehre der Mittelinstanzen ist, sondern vielmehr die Interpretation alter mythisch-gnostischer oder angelologischer Vorstellungen von personhaften Himmelswesen mit Hilfe des neuen philosophischen Denkens.[1] Bei der Deutung der alten Engel oder mythischen Gestalten mittels der Philosophie wurden zugleich eine Reihe von Funktionen der philosophischen Mittelinstanzen auf die Sefirot übertragen. So die Auffassung, daß die Sefirot die Wurzeln der menschlichen Seele oder der Quell des menschlichen Denkens oder Intellektes sind. D.h. die Rolle, welche die Philosophen der Weltseele bzw. dem Aktiven Intellekt zugeschrieben hatten, ist hier auf die Sefirot übertragen. Die Kabbalisten haben mithin einen großen Teil der psychologischen und intellektualistischen Konzeptionen für ihre Theologie und Anthropologie von den Philosophen übernommen.

Die psychologisch-intellektualistische Neudeutung des Judentums durch die Philosophie hatte indessen schwerwiegende Folgen für die Bedeutung der traditionellen Gebote und Riten des Judentums. Die neue spiritualistische Ausrichtung des philosophischen Judentums bewirkte in ihrem Gefolge eine Verlagerung der Frömmigkeit auf das Spirituell-Intellektuelle. Der Mensch als intellektuell-psychisches Wesen sollte seine Frömmigkeit in erster Linie in diesem Bereich erweisen. Dadurch mußte die physische Gebotserfüllung zwangsläufig als sekundär oder nur propädeutisch erscheinen und konnte gar in Einzelheiten ganz in Frage gestellt werden, wie dies Maimonides etwa für die dauernde Gültigkeit des Tieropfers tat.

---

1 Vgl. G. Scholem, Ursprung und Anfänge der Kabbala, Berlin 1962; J. Dan, Gershom Scholem and the Mystical Dimension of Jewish History, New York/London 1988; K. E. Grözinger, Handling of Holy Traditions as a Path to Mystical Unity in the Iyyun Texts, in: Rashi 1040-1990, ed. S. Sed-Rajna, Paris 1993.

Dies war der Punkt, an dem die Kabbalisten der Philosophie die Gefolgschaft verweigerten. Sie beharrten auf der Gültigkeit und Gleichrangigkeit der physischen Gebotserfüllung an der Seite eines spirituell-intellektuellen Gottesdienstes. Eine solche Wiederaufwertung auch der körperlich-physischen Seite des Menschseins konnte nur gelingen, wenn auch der menschliche Körper gleich der Seele sein Pendant in der göttlichen Welt der Sefirot hatte. Darum glaubten die Kabbalisten, daß die Zehn Sefirot die Gestalt eines Menschen haben, den sie *Adam Kadmon*, den Urmenschen, nannten. Mit dieser Sicht war das gesamte leib-seelische Wesen des Menschen wieder Ebenbild der Gottheit. Die Ebenbildlichkeit war nicht auf die spirituelle Innenseite beschränkt, wie dies die Philosophen forderten.[1] Nach dieser Einbeziehung auch des Leibes in das Wesenhafte des Menschen mußte und konnte die Frömmigkeit ebenfalls wieder beide Seiten des Menschseins beanspruchen. Konkret dachte man sich dies so, daß der Leib die physischen Gebote und Riten ausführt, während das menschliche Denken, d.h. Seele und Intellekt, dieses Handeln in der *Kawwana* (Intention) kontemplativ mit der sefirotischen Welt verbindet.[2]

Diese neue Auffassung von der Beziehung zwischen Gott und Mensch ermöglichte einen steten direkten Kontakt des Menschen mit der göttlichen Welt mittels der von der theosophischen Kontemplation begleiteten Erfüllung von Gebot und Ritus. Und damit ist eine neue Form der Mystik entstanden, die man *theosophisch-theurgische Mystik* oder *Sakramental-Mystik* nennen kann. Die theosophisch gewonnene Konzeption der zehn Gotteskräfte erlaubte dem Menschen, wann immer er wollte, mit der Gottheit zu kommunizieren, auf sie einzuwirken und aus ihr neuen Segensfluß herabzuziehen. Das dabei erstrebte mystische Ziel innerhalb der göttlichen Zehnfaltigkeit

1 Siehe K. E. Grözinger, Der Mensch als Ebenbild Gottes – im Wandel der jüdischen Tradition, in: Nordisk Judaistik, 10 (1989), S. 63-74.

2 Vgl. G. Scholem, Der Begriff der Kawwana in der alten Kabbala, MGWJ 78 (NF 42) (1943), S. 492-518; ders., Jüdische Mystik in Westeuropa im 12. und 13. Jahrhundert, in: Judaica 3, Frankfurt a. M. 1973; u. K.E. Grözinger, Theosophie (S. 14, Anm. 1), S. 148ff.

war, mit erhabener Eintönigkeit, den *Jichud*, d.h. die – auch sexuell gedachte – Einung der Gotteskräfte herbeizuführen. Die Einung der göttlichen Kräfte gebiert gleich einer ehelichen Verbindung den neuen Segen, wovon Ariel in seinem Buch ausführlich spricht.

Es ist diese theurgisch-sakramentale Mystik der Sohar-Theologie, die man in der Öffentlichkeit gewöhnlich mit jüdischer Mystik schlechthin verbindet. Dies darf aber nicht zu dem, von Scholem suggerierten, Fehlschluß verleiten, unitive Mystik könne es im Judentum nicht geben.

Eine neuerliche Variante gewann die jüdische Mystik durch die lurianische Kabbala, die am Ende des 16. Jahrhunderts von Jizchak Lurja im palästinischen Safed konzipiert wurde und die sich ab dem 17. Jahrhundert wie ein Lauffeuer über Italien nach Deutschland und ganz Osteuropa verbreitete. Die lurianische Kabbala ließ der vom Sohar gedachten Selbstoffenbarung der Gottheit in Zehn Sefirot noch den Akt des *Zimzum* vorangehen, d.h. eine Selbstkontraktion der alles erfüllenden unendlichen Gottheit, wodurch innerhalb des *En Sof* ein konzentrischer Hohlraum entstand, in den die sich offenbarende Gottheit (die Zehn Sefirot) mitsamt der ganzen Schöpfung emaniert werden konnte. Bei diesem Emanationsprozeß der Weltstufen gab es wegen der Fülle des ausströmenden Gotteslichtes den vielgenannten Bruch der Gefäße, welche die Fülle des Lichtes nicht verkraften konnten. Das Gotteslicht strömte in den Emanator zurück, außer einem Rest, der mit den Schalen in die Tiefe stürzte und zum Kern des Reiches der Finsternis und des Bösen wurde. Der Emanator unternahm danach einen erneuten Versuch der Emanation, um den Bruch zu »reparieren«. Diese neuerliche Weltenemanation galt nunmehr als »Welt der Wiederherstellung« (Reparatur), *Olam ha-Tikkun*. Sukzessive hat der Emanator diese Welt aufgebaut und wollte sie durch die Tat des *Ersten Menschen*, des Adam, vollenden lassen. Allein, der Erste Mensch verfehlte diese Aufgabe – dies ist der Sündenfall –, und es ereignete sich ein weiterer relativer kosmischer Bruch. Wichtiger ist jedoch, daß dabei der Erste Mensch selbst zerbrach. Seine Seele mit ihren 613 Seelengliedern barst und zerstob in unzählige einzelne

Seelenfunken. Sie wurden die Seelen Israels und einzelner Nichtisraeliten. Diesen Seelen obliegt es nunmehr, in einer kollektiven Leistung die Makroseele des Ersten Menschen wiederherzustellen, damit dieser schließlich den ihm ursprünglich auferlegten *Tikkun*, d.h. die Vollendung des *Olam ha-Tikkun*, vollbringen kann. Die Rückführung der Einzelseelen geschieht als Seelenläuterung auf dem Wege unzähliger Seelenwanderungen (*Gilgul*), wobei die Seelen in Menschen, Tieren Pflanzen und Mineralen eingeleibt sein können. Spätere Versionen der lurianischen Lehren haben indessen die Lehre von den kosmischen Funken mit dieser psychologischen Funkenlehre vermischt und den Läuterungsprozeß beider als einen einzigen Vorgang betrachtet.

Diese Lehre vom kosmischen Tikkun durch des Menschen Hand ist gleichsam die Lehre von einer kollektiven messianischen Leistung, in der das Seelenkollektiv im Laufe der Geschichte den Tikkun der Welt stufenweise erarbeitet. Das eigentlich mystische Element an dieser Vorstellung ist, daß die zu läuternden göttlich-menschlichen Funken dem Menschen in allen Dingen und Wesen entgegentreten können, er also jederzeit gewärtig sein muß, diesen Kontakt mit den verborgenen Funken aufzunehmen, sie gegebenenfalls sich bei den Mahlzeiten einzuverleiben, um sie so auf seine eigene Stufe emporzuheben. Ihre weitere Rückführung nach oben auf der Stufenleiter vermag der aufmerksame Mystiker schließlich durch Gebet und Ritus zu vollbringen.

Im Rahmen dieser *Seelen-Funken-Mystik* werden insbesondere die Sabbatmahlzeiten, aber auch jeder gewöhnliche Tisch zu Gelegenheiten sakramental-mystischen Handelns, wofür die lurianischen Ritualbücher detaillierte Anweisungen geben. Hier wird der Anordnung der Speisen auf dem Tisch, der Anzahl der kauenden Zähne, der Anzahl und Reihenfolge der Handwaschungen eine nicht austauschbare sakramentale Bedeutung zugeschrieben. Der lurianische Mystiker ist beim Mahl, im Gebet und im Alltagshandeln nicht eigentlich auf dieser Welt, sondern er ist stets in das hinter dieser Welt verborgene Seelendrama involviert und mit ihm aufs engste verbunden.

In späteren Weiterbildungen dieser Funkenlehren durch chassidische Mystiker Osteuropas wird des Menschen gesamter Besitz dank der ihm innewohnenden Funken als ihm mystisch-sakramental zugeordnetes Gut verstanden. Ähnlich verstehen sich auch die Glieder einer chassidischen Gemeinde ihrem Rebben seelenwurzelhaft verbunden. Selbst die Bewegungen und Reisen, die der Mensch willentlich oder unwillentlich macht, versteht der Ba'al Schem Tov in diesem Licht. Sie alle sind Führungen zu Orten, an denen es gilt, solche einem selbst verwandte und zugehörige Funken einzusammeln.

Das Einsammeln oder auch nur vorübergehende Beherbergen solcher Seelenfunken – die Texte nennen dies Anschwängerung, *Ibbur* – verleiht dem Menschen meist eine höhere mystische Qualität, die ihn zu unerwarteten spirituellen und intellektuellen Leistungen befähigt. Es entsteht hier demnach eine *unio mystica* mit anderen Seelen aus der gemeinsamen Seelenwurzel im *Ersten Menschen*. Im Wissen um die Möglichkeit und die Verpflichtung zu solchen Seelenverbindungen haben die Lurianer eigens den Ritus entwickelt, sich auf dem Grab von großen heiligen Männern auszustrecken, um dort mit ihnen zu einem *Jichud*, einer Einung mit ihrer Seele, zu gelangen. All dies ist zweifellos ein völlig anderer Typ des mystischen Erlebens – die Seele des Mystikers sucht nicht die Einung mit der Gottheit, sondern mit Gliedern des großen Seelenkollektivs.

Letztes Ziel all dieser Bestrebungen ist natürlich die Vereinung aller Seelen im Makroanthropos »Adam«, der dann den endgültigen Tikkun vollendet. Dann stirbt das Böse ab, und der *Olam ha-Tikkun* ist in der von Gott ursprünglich intendierten Gestalt errichtet. Er ist dann nichts als eine schillernde Vielfalt des einen Gotteslichtes, oder wie die lurianischen Texte zuweilen sagen: Diese ganze emanierte Vielfalt ist nichts als eine Fülle von Aspekten der Aspekte des En Sof – eine Auffassung, die nahe an Spinozas *deus sive natura* steht. Die weltliche Vielfalt ist nur eine Fülle verschiedener Aspekte der einen Gottheit. Jetzt noch unvollkommen, dereinst völlig restauriert.

Aus dieser langen Reihe mystischer Formen des Judentums behandelt David S. Ariel hier, wie gesagt, im wesentlichen die

Konzeption des Sohar und mit dem Scholemschen Mystik-Vorbehalt einige Gedanken des osteuropäischen Chassidismus. Dies ist lediglich ein Ausschnitt, wenn auch ein sehr gewichtiger.

An mehreren Stellen dieser kurzen Skizze wurde auf die spezifisch aschkenasischen Beiträge zur jüdischen Mystik hingewiesen, auf die Chassidut Aschkenas des 12./13. Jahrhunderts, wie auch auf den gleichermaßen aschkenasischen Chassidismus Osteuropas des 18./19. Jahrhunderts, der bis in unsere Gegenwart als vitale Kraft jüdischer Frömmigkeit weiterlebt. Letzterer ist jedoch die Frucht einer Verbindung oder auch nur Verklammerung von fast allen hier skizzierten mystischen Traditionen.

Diese im Osten geschaffene Verbindung mystischer Traditionen hatte jedoch bereits im Westen, in den deutschsprachigen Ländern, begonnen und ging zuweilen im gleichen Schritt mit den osteuropäischen Entwicklungen. Schon ab dem 14. Jahrhundert und auch noch früher[1] ist das Eindringen der spanischen Kabbala in den deutschen Sprachraum zu erkennen, zunächst in einem im Rheinland nachweisbaren Kreis von Kabbalisten[2], deren bekanntester der Kölner Menachem Zioni (Übergang 14./15. Jh.) ist, der die spanische Kabbala mit den Traditionen der Chasside Aschkenas verband.

Die Macht der spanischen Kabbala drängte die aschkenasisch-chassidische Mystik bald in den Hintergrund, dies um so leichter, als auch die spanische Kabbala der aschkenasischen Vorliebe der Alphabetsmystik huldigte. Als der Pforzheimer christliche Kabbalagelehrte und Humanist Johannes Reuchlin im Jahre 1517 sein Buch *De arte cabbalistica* veröffentlichte, konnte er auf hebräische Handschriften aller Spielarten der spanischen Kabbala zurückgreifen – ein Zeichen für deren

1 Dazu demnächst M. Idel, An Anonymous Kabbalistic Commentary on Shir ha-Yihud, in: J. Dan, K. E. Grözinger (Hrsg.), Mysticism (S. 12, Anm. 2).

2 Vgl. I. J Yuval, Magie und Kabbala unter den Juden im Deutschland des ausgehenden Mittelalters, in: Judentum im deutschen Sprachraum (S. 12, Anm. 1).

weite Verbreitung in Deutschland, wenn sie sogar einem christlichen Gelehrten zugänglich waren.

Aber nicht alleine die spanische Kabbala eroberte sich den aschkenasischen Raum. Kaum war die lurianische Kabbala in Europa angekommen, hatte sie alsbald ihre eifrigen Adepten auch im deutschen Sprachraum. Schon im Jahre 1630, als der Frankfurter Josef Juspa Han sein für jedermann verständliches »alltägliches« Ritualbuch *Josif Omez* verfaßte, schöpfte er reichlich aus lurianischen Traditionen. Und der von 1606 bis 1614 in Frankfurt amtierende Rabbiner Jesaja Horovitz beendete bald nach seinem Weggang vom Main seinen vielgelesenen Klassiker *Schne Luchot ha-Brit*, der gleichfalls eine Verbindung von halachisch-ritueller Literatur mit der Kabbala darstellt. Schon im Jahre 1682 hat der Frankfurter R. David Gruenhut – wenn auch gegen den Widerstand der Gemeindeoberen – das lurianische Werk über die Seelenwanderung, *Sefer ha-Gilgulim*, gedruckt. Und im Jahre 1705 erschien in Frankfurt am Main das jiddisch-hebräische Moral- und Erbauungsbuch *Kav ha-Jaschar* für Frauen und alle jüdischen Hausväter, das im folgenden über dreißig Auflagen erlebte – auch dieses ist ohne die Kabbala des Sohar und die Schriften Lurias nicht denkbar.[1]

Zur selben Zeit amtierten am Main nacheinander zwei Rabbinen, die als Kabbalisten und Ba'ale Schem bekannt waren, Naftali Katz (ha-Kohen) (1645-1719)[2] und Avraham Abusch (1700-1769). In der zweiten Hälfte dieses Jahrhunderts (1741-1800) lebte in Frankfurt Rabbi Nathan Adler, der um sich einen Kreis von Kabbalisten scharte, die sich wie ihre Brüder im damaligen Osteuropa Chassidim nannten und auch äußerlich in einem ganz ähnlichen Bild erschienen.[3] Daß auf solchem

1 Zu ihm siehe K. E. Grözinger, Jüdische Literatur zwischen Polen und Deutschland. In: ders., Die wirtschaftlichen und kulturellen Beziehungen zwischen den jüdischen Gemeinden in Polen und Deutschland vom 17. bis zum 20. Jahrhundert, Wiesbaden 1992, S. 53–78.

2 Zu ihm siehe Y. Liebes, A Profile of R. Naphtali Katz from Frankfurt and His Attitude towards Sabbateanism, in: Mysticism (Anm. 1).

3 Vgl. R. Elior, Rabbi Nathan Adler of Frankfurt and the Controversy

Boden auch die Saat des in diesem Buch kurz gestreiften kabbalistischen Messias Schabtaj Zwi[2] aufgehen konnte, braucht nicht wunder zu nehmen. Bekannt ist ja die diesbezügliche Auseinandersetzung um den Altonaer Rabbiner Jonathan Eybeschütz (1690-1764)[3] wie auch die Tatsache, daß die spätsabbatianische Sekte der Frankisten in Offenbach am Main ihr letztes Domizil hatte.[4]

Frankfurt sollte hier nur als Beispiel dienen. Auch in anderen deutschen Städten traf man auf jüdische Kabbalisten. Mit der Aufklärung um Moses Mendelssohn (1729-86) kam indessen das Studium der Kabbala in Deutschland – im Gegensatz zum jüdischen Osten – offenbar zu einem jähen Ende. Dennoch weiß G. Scholem in seinem Aufsatz »Die letzten Kabbalisten in Deutschland«[5] noch einzelne Vertreter dieser Mystik im 19. Jahrhundert zu benennen, etwa Moses Fränkel, einen Neffen des Lehrers von Mendelssohn, den Mainzer Rabbiner Hirz Scheyer (gest. 1822), Joseph Schnaittach aus Freudenthal (1769-1861) und den Michelstädter Ba'al Schem Seckel Löw Wormser (1769- 1847). Genannt sei noch Hile Wechsler (gest. 1894), der als Prophet des Untergangs aufgetreten war.[6]

Schließlich soll nicht unerwähnt bleiben, daß die Kabbala in

Surrounding Him, in: Mysticism (Anm. 1); K.E. Grözinger, Wunderrabbiner in Deutschland. Die Schule von Nathan Adler in Frankfurt a. M., in: Publikation der Hochschule für Jüdische Studien, Heidelberg 1994.

2 Vgl. G. Scholem, Sabbataj Zwi, Frankfurt a. M. 1992.

3 Zu ihm siehe H. Graetz, Geschichte der Juden, Leipzig ^{3}1897 Bd. 10, S. 347ff., 495ff.

4 Dazu K. Werner, Die Sekte der Frankisten, in: Zur Geschichte der Juden in Offenbach am Main, Bd. 2, Offenbach 1990, S. 106-115; P. Arnsberg, Von Podolien nach Offenbach, in: Offenbacher Geschichtsblätter 14, Offenbach 1965.

5 Judaica 3, Frankfurt a. M. 1973.

6 Vgl. Mosche Pinchas Elchanan (Hyle) Wechsler. Ein Wort der Mahnung an Israel, hrsg. und eingel. von R. Horwitz, Kuntresim 74, Jerusalem 1991; dies., The Mystical Visions of Rabbi Hyle Wechsler in the 19th Century, in: Mysticism (S. 12, Anm. 2).

Deutschland auch unter Christen ihre Adepten gefunden hatte, sogar am Württembergischen Hof, wovon bis heute die 1673 errichtete kabbalistische Lehrtafel der Prinzessin Antonia in der kleinen Schwarzwaldkirche in Bad Teinach zeugt[1], Knorr von Rosenroth (1636-89), ein von Jakob Boehmes Schriften angeregter Verehrer der Kabbala, der in seinem monumentalen Werk *Kabbala Denudata* (1677-1684) eine Fülle kabbalistischer Originale ins Lateinische übersetzte, der Kreis um F.C.Oetinger (1702-82), der Deutungen zu Antonias Lehrtafel verfaßte und dessen Schriften Hegel (1770-1831) und Schelling (1775-1854) beeinflußten, christliche Theosophen wie F.J. Molitor (1779-1860) und F. von Baader (1765-1840)[2]. Und abschließend sei erwähnt, daß das Werk eines der bedeutendsten Schriftsteller deutscher Sprache, nämlich des Prager Juden Franz Kafka, ohne die verschiedenen Seiten der jüdischen Mystik und Kabbala kaum wirklich zu verstehen ist.[3]

Karl Erich Grözinger

1 Vgl. z.B. F. Häussermann, Pictura Docens – Ein Vorspiel zu Fr. Chr. Oetingers Lehrtafel der Prinzessin Antonia von Württemberg, in: Blätter für württembergische Kirchengeschichte 66/67 (1966/67), S.65-155; ders., Theologia Emblematica – kabbalistische und alchemistische Symbolik bei Fr.Chr. Oetinger und deren Analogie bei Jakob Boehme, ebda. 68/69 (1968/69); G. Scholem, Zur Geschichte der Anfänge der christlichen Kabbala, in: Essays presented to Leo Baeck, London 1954; K. Reichert, Pico della Mirandola and the Beginnings of Christian Kabbala, in: Mysticism (Anm. 3); K.E. Grözinger, Reuchlin und die Kabbala (S. 14, Anm. 4); J.L. Blau, The Christian Interpretation of the Cabbala in the Renaissance, New York 1944; F. Secret, Les Kabbalistes Chrétiens de la Renaissance, Milano 1985.

2 Dazu Chr. Schulte, Kabbala-Rezeption in der deutschen Romantik, in: Mysticism (Anm. 3).

3 Vgl. dazu K. E. Grözinger, Kafka und die Kabbala (S. 10, Anm. 3).

Dank

Dieses Werk ist das Ergebnis eines fünfzehn Jahre währenden Studiums der *Kabbala*, in die mich Professor Asher Finkel an der New York University eingeführt hat. Ich habe mein Studium an der Hebräischen Universität in Jerusalem unter Anleitung der Professoren Rivka Schatz-Uffenheimer, Isaiah Tishby, Yosef Dan und Efraim Gottlieb und später an der Brandeis University unter der Leitung von Professor Alexander Altmann fortgeführt. Professor Marvin Fox von der Brandeis University hat mir einen konzeptuellen und philosophischen Zugang zur jüdischen Mystik aufgezeigt, der die diesem Buch zugrundeliegende Methodik bildet. Professor Gershom Scholem, der Vorreiter der modernen wissenschaftlichen Erforschung jüdischer Mystik, dem ich an der Boston University als Lehrassistent zur Seite stand, hat mir bei meinem Studium unschätzbare Hilfe zuteil werden lassen.

Meine Kollegen und Freunde an der Wesleyan University, insbesondere die Professoren Jeremy Zwelling und Paul Schwaber, haben mir aus Religionsforschung und Psychologie abgeleitete, völlig neue konzeptuelle Wege zum Religionsstudium aufgezeigt. Dr. Rosemary Balsam hat mich mit neuartigen Einsichten in die kabbalistische Symbolik bekanntgemacht, die sie als Psychoanalytikerin gewonnen hat. Andere enge Freunde, darunter Professor Joel Rosenberg und Dr. David Paradise, haben mir neue Denkanstöße zu Fragen gegeben, die für mich von größter Bedeutung sind.

Die jüdische Gemeinde von Cleveland hat mir Gelegenheit und Anregung gegeben, dieses Buch zu schreiben. Die Studenten am Cleveland College of Jewish Studies, eine jüdische Hochschule für Erwachsene und Erzieher, haben mich inspiriert, ein Buch zu schreiben, das in die jüdische Mystik einführt und sie darlegt. Meine Kollegen und Freunde am College, die Professoren Moshe Berger, Ori Z. Soltes, Bernard Steinberg und Lifsa Schachter haben mir während der Arbeit an diesem Buch mit wertvollen Vorschlägen und Kritik zur Seite gestanden. Gute Freunde und Kollegen, insbesonders die Professoren Rachel Elior und Lawrence Fine, aber auch Linda Tobin-Pepper, haben mich mit Fragen und Vorschlägen stimuliert. Joshua Rubenstein hat mir in allen literarischen Fragen als Vorbild und Mentor gedient.

Dieses Buch wäre nicht ohne die Unterstützung und Förderung durch den Verwaltungsrat des College, insbesondere seines Vorsitzenden Dan Aaron Polster, entstanden. Die Mitarbeiter des College, allen voran Dr. Deborah Polster, haben es mir ermöglicht, diesem Buch ungestört kostbare Zeit zu widmem. Mein kompetenter Assistent Jan Vrh hat mir wertvolle technische Hilfe und Unterstützung zuteil werden lassen, Jacqueline Stern hat die Literaturhinweise zusammengestellt. Der Bibliotheksleiter Jean Loeb Lettofsky hat mir viele schwer auffindbare Bücher zugänglich gemacht. Der Vorstand der jüdischen Gemeinde – und hier wiederum Steve Hoffman, Barry Shrage und David Kleinmann – hat mir geholfen, meinen eigenen intellektuellen Horizont auf vielfältige Weise über bloße Buchweisheit hinaus zu erweitern und auch die jüdische Gemeinde einzubeziehen.

Arthur Kurzweil, der betreuende Lektor bei Jason Aronson Inc., hat das ganze Buchprojekt mit großem persönlichem Engagement und Sachkenntnis begleitet und mir durch seine zahlreichen Kommentare und Fragen weitergeholfen. Die Verlagsmitarbeiter Elena Le Pera, Muriel Jorgensen und Becky Amster haben dieses Buch und seinen Verfasser geduldig durch das Labyrinth der Herstellung geführt. Ihnen allen bin ich zutiefst zu Dank verpflichtet.

Meine Frau Kay und unsere Söhne Judah und Micah haben mehrere Jahre lang mit diesem Buch gelebt. Kay ist die ideale Leserin, für die ich schreibe, und aus diesem Grund ist dieses Buch ihr gewidmet.

David S. Ariel

Einführung

In den letzten zweihundert Jahren sind die Juden über die Existenz einer ungebrochenen, unter ihnen fortlebenden mystischen Tradition oft hinweggegangen. Im Judentum hat es seit dem Altertum zwar starke mystische Bewegungen gegeben, aber für die modernen Juden in westlichen Ländern stellte dieser Teil der jüdischen Tradition eine der hinderlichsten Lasten dar, die sie mit in die Neuzeit gebracht hatten.

Mystik und Judentum sind seit dem Altertum untrennbar miteinander verflochten. Im zweiten Jahrhundert waren mystische Übungen unter den gelehrtesten, geachtetsten Rabbinern durchaus üblich, wie vielleicht auch unter Menschen, die am Rand des konfessionell gebundenen Judentums standen. Seit jener Zeit nahm die Mystik einen herausragenden Platz im Judentum ein, und ihr Einfluß auf die jüdische Geschichte war beträchtlich. Deshalb verwundert es, daß man heute im allgemeinen so wenig über die mystische Tradition im Judentum weiß.

Mehrere der wichtigsten Gebete im Judentum wie das *Lecha Dodi* (»Auf, mein Freund, der Braut entgegen«), das jeden Freitag abend gesungen wird, beziehen sich auf mystische Interpretationen im Judentum, mit denen die meisten heute nicht mehr vertraut sind. Dieses Gebet ist, so erstaunlich es klingen mag, eine Hymne auf die weibliche Dimension Gottes und stellt einen Versuch dar, die vermuteten männlichen und weiblichen Aspekte des unsichtbaren Gottes miteinander zu vereinen. Ähnlich unverständlich sind Martin Bubers Nacherzählungen chassidischer Sagen, wenn man nicht wenigstens eine Vorstellung von der jüdischen mystischen Tradition hat, die in den letzten zweihundert Jahren fast völlig in Vergessenheit geraten ist. Und doch lebt die mystische Tradition bis heute in den Werken eines Isaac Bashevis Singer und in der darstellenden Kunst eines Yaacov Agam fort.

Das vorliegende Werk bringt dem Leser Tiefe und Breite der jüdischen Mystik nahe. Es soll einem allgemeinen Publikum den Zugang zur Bedeutung der jüdischen Mystik auf zwei Arten ermöglichen. Zum einen erkläre ich die unterschwellige Bedeutung der jüdischen Mystik in einer auch dem Laien verständlichen Sprache. Die jüdischen Mystiker gebrauchen eine reiche Symbolsprache, die ohne Anleitung und Erklärungen unverständlich bleiben muß. Zweitens habe ich viele Texte aus der jüdischen mystischen Literatur übersetzt, die im Original hebräisch und aramäisch sind. Außerdem habe ich die ständig wachsende wissenschaftliche Literatur zum Thema berücksichtigt, die zu einem großen Teil auf hebräisch und deutsch verfaßt wurde. Die meisten englischen Werke über jüdische Mystik sind entweder zu akademisch oder zu ungenau, um das Thema wirklich angemessen darstellen zu können. Deshalb war der Verfasser dieses Werkes gleich in doppelter Hinsicht als Übersetzer tätig.

Die Mystik des Judentums befaßt sich vor allem mit Entwicklung und Bedeutung der *Kabbala*. *Kabbala* (ausgesprochen: *kab-ba-lá*, mit der Betonung auf der letzten Silbe), hebräisch wörtlich für »Tradition« [eigentlich: »Empfang«, Anm. d. Übers.], bezeichnet die jüdische mystische Bewegung, die um 1200 in Südfrankreich und Spanien entstand und besonders im 18. und 19. Jahrhundert viele Anhänger fand. Obwohl die *Kabbala* als religiöse Bewegung im Judentum zeitweise vorherrschte, wurde sie von den Juden in Europa und anderen westlichen Ländern nach der Französischen Revolution weitgehend aufgegeben.

Seit dem späten 18. Jahrhundert durften Juden das Getto verlassen und hatten, oft zum ersten Mal in der Geschichte, Zutritt zur europäischen Gesellschaft. Doch ihre Akzeptanz durch die moderne Gesellschaft zahlten sie oft mit der Aufgabe jener typischen Merkmale, durch die sie sich von anderen unterschieden, wie Kleidung und Nahrung, Sprache, ihre einzigartigen Riten und sogar ihr Glaube. Um zu beweisen, daß ein Jude genauso modern wie alle anderen war, verzichteten viele von ihnen auf jene Lehren, welche die Einzigartigkeit des Judentums, den göttlichen Charakter der *Thora*, das besondere

Verhältnis zwischen Juden und Gott und den Glauben an den Messias betonten, und übernahmen statt dessen Ideen, die universaler, rationaler und moderner waren. Indem die Juden sich bemühten, ihren Wert als Bürger zu beweisen, gaben sie die einzigartigen Elemente ihrer Religion auf und unterdrückten vieles, was das Judentum an einflußreicher Tradition und Folklore enthielt.

Obwohl die *Kabbala* eine einheitliche Tradition jüdischer Mystik ist, gibt es innerhalb der *Kabbala* viele unterschiedliche Lehrmeinungen. Ich habe die *Kabbala* in großen Zügen umrissen, ohne dabei jedoch die Bewegung in ihrer vollen Breite und mit allen verschiedenen Glaubensrichtungen zu berücksichtigen. Dabei habe ich die meiner Ansicht nach wichtigsten Elemente der jüdischen Mystik verständlich vorgestellt, selbst wenn das auf Kosten der Genauigkeit in einigen Bereichen erfolgt ist, in denen ein Gelehrter sich eine genauere Darstellung wünschen würde.

Die *Kabbala* enthält viele jüdische Traditionen und Lehren, die die Vorstellungskraft des jüdischen Volkes in seiner gesamten Geschichte widerspiegeln. Diese mystische Tradition hat die jüdische Religion ständig begleitet. Doch in der Neuzeit wurde die mystische Suche im Judentum in die Vergangenheit verbannt. Heute sucht ein Jude oft vergeblich geistige Tiefe. Ein Teil hat sich vom Judentum abgewandt, ein anderer Teil sucht seine geistige Nahrung sogar bei anderen Religionen. Nur wenige sind sich bewußt, daß sich im Judentum eine reiche, komplexe mystische Dimension verbirgt, die der Wiederentdeckung harrt. Dieses Werk wurde unter anderem geschrieben, um besonders diesen Aspekt der jüdischen Kultur all jenen Menschen aufzuzeigen, die auf der Suche nach ihren kulturellen und religiösen Wurzeln sind.

Ein Hinweis für den Leser

Ich habe Formen verwendet, mit denen viele Leser vielleicht nicht vertraut sind. Nach dem Gregorianischen Kalender wird das Datum im allgemeinen mit v. Chr. (vor Christi Geburt) und n. Chr. (nach Christi Geburt) angegeben. Da diese Formulierungen ein christliches Geschichtsverständnis widerspiegeln, betrachten Historiker des Judentums sie im allgemeinen als unangebracht. Schreibt man über jüdische Geschichte, verwendet man im allgemeinen die Begriffe *v. d. Z.* (»vor der Zeitrechnung«) und *u. Z.* (»unserer Zeitrechnung«). In diesem Buch habe ich diese Ausdrücke verwendet, wann immer ich mich auf ein Datum nach dem Gregorianischen Kalender beziehe.

Anmerkung der Übersetzerin

Die Transliteration hebräischer Ausdrücke entspricht generell einer einfachen phonetischen Übertragung ins Deutsche, was insofern unproblematisch ist, als das Hebräische aus deutlich erkennbaren Vokalen und Konsonanten besteht, die sich ihrerseits zu klaren Silben und Wörtern zusammenfügen. Die Rechtschreibung folgt im wesentlichen der im *Duden* gebräuchlichen, sofern sie dort angegeben ist.

Alle Zitate aus der hebräischen Bibel wurden direkt aus dem Original übersetzt und mit dem Wortlaut der Herder-Ausgabe (*Die Bibel – Die heilige Schrift des Alten und Neuen Bundes,* Freiburg, 26. Auflage 1965) verglichen.

Die Transliteration

א	*e* oder *a*	ל	*l*
בּ	*b*	מ	*m*
ב	*v, w*	נ	*n*
ג	*g*	ס	*s* (scharf)
ד	*d*	ע	*e* oder *a* (guttural)
ה	*h*	פּ	*p*
ו	*u* oder *v, w*	פ	*f*
ז	*s* (stimmhaft)	צ	*z*
ח	*h*	ק	*k*
ט	*t*	ר	*r*
י	*i, j*	שׁ	*sch*
כּ	*k*	שׂ	*s* (scharf)
כ	*ch*	ת	*t*

Abkürzungen der zitierten Quellen

B.T. = Babylonischer Talmud
J.T. = Jerusalemer Talmud
ARN = Awot de Rabbi Nathan
M = Mischna

1 Die Suche nach Einheit
Das Wesen der Mystik

Was ist Mystik? Der *Oxford English Dictionary* definiert *Mystik* wie folgt:

> Die für einen Mystiker typischen Meinungen, geistigen Neigungen oder Denkweisen und Empfindungen; mystische Lehren oder mystischer Geist; Glaube an eine mögliche Einheit mit der göttlichen Natur dank ekstatischer Kontemplation; Vertrauen in geistige Intuition oder exaltiertes Empfinden als Mittel, etwas von den Geheimnissen zu erkennen, die dem geistigen Erkennen unzugänglich sind.

Der früheste Gebrauch der Wurzel *myein*, von der das Wort Mystik abgeleitet wird, ist bei den alten Griechen zu finden, die den Ausdruck *mystikos* für ein Ritual prägten, bei dem man die Augen schließt, um die Welt auszuschließen und andere Realitäten zu erfahren.[1]

Im siebten Jahrhundert v. d. Z. sonderten sich zum Beispiel die Eingeweihten (*Mysten*) der Mysterien in Eleusis während der Erntedankfeiern (Säen, Sprießen und Ernte des Getreides) von weltlichem Tun ab. Die *Mysten* nahmen an Geheimritualen teil, die eine Dramatisierung des Mythos über die Muttergöttin Demeter, der »Kornmutter«, und ihrer Tochter Persephone waren, die vom Gott der Unterwelt, Hades, geraubt worden war. Wenn auch kein Bericht über die Übungen selbst existiert, lassen einige Aufzeichnungen darauf schließen, daß die Eleusinischen Mysterien unter anderem komplizierte Initiationsriten vorsahen, bei denen gegessen, getrunken und gesungen wurde und es Ritualbäder und meditative Trancezu-

---

1 Geoffrey Parrinder: *Mysticism in the World's Religions*, New York (Oxford University Press) 1976, S. 8f. Parrinder bringt einen wichtigen Überblick über mystische Topologien und Fachbegriffe in den verschiedenen Traditionen. Seine Besprechung der Cabbalah (*sic*) ist sowohl aus historischer wie konzeptueller Sicht falsch.

stände gab, die in der heiligen Hochzeit mit den Göttern gipfelten.[1]

Heute bedeutet Mystik anderes als die Einweihung in Geheimkulte. William James (1842–1910), ein Bruder des amerikanischen Romanciers Henry James, beschreibt in seinem Buch *The Varieties of Religious Experience* einige Merkmale der Mystik. Als er dieses Buch 1902 schrieb, galt er mit seinen Untersuchungen über Religionspsychologie in Amerika als Vorreiter, ein Bereich, in den Sigmund Freuds Theorien noch nicht Eingang gefunden hatten. James bemühte sich, die Psychologie religiöser Erfahrungen, Gefühle und Antriebe zu verstehen. Er entnahm seine Belege der Literatur, besonders den Werken christlicher Verfasser auf englisch und Fallbeschreibungen.

James zufolge werden mit dem Begriff *Mystik* unaussprechliche, unbeschreibbare religiöse Erfahrungen gekennzeichnet. Mystik ist ihm zufolge der Kern der Religion, weil »die persönliche religiöse Erfahrung ihre Wurzeln und ihren Mittelpunkt im mystischen Bewußtseinszustand hat«.[2] Seiner Ansicht nach bezieht sich Mystik auf die Essenz einer bestimmten menschlichen Erfahrung und nicht so sehr auf eine besondere Technik, durch die eine solche Erfahrung ausgelöst wird. Keine Beschreibung kann den Kern einer mystischen Erfahrung befriedigend mit Worten wiedergeben. Viele Menschen, die eine mystische Erfahrung hinter sich haben, beschreiben sie als eine flüchtige, unerwartete Begebenheit, die einen veränderten Bewußtseinszustand erzeugt. James zitiert eine solche mystische Aussage als Beispiel:

> Plötzlich und immer, glaube ich, wenn meine Muskeln entspannt waren, spürte ich, wie sich die Stimmung näherte. Unwiderstehlich ergriff sie Besitz von meinem Denken und Willen, hielt scheinbar eine Ewigkeit an und verschwand in einer Folge schneller Gefühlswechsel, ähnlich jenen, die man hat, wenn man aus einer Narkose

1 Joseph Campbell: *The Masks of God: Occidental Mythology*, New York (Penguin) 1976, S. 14, S. 268.

2 William James: *Die religiöse Erfahrung in ihrer Mannigfaltigkeit*, 1907, S. 366.

aufwacht. Ein Grund, warum mir diese Art der Trance nicht gefiel, war, daß ich sie nicht mir selbst darlegen konnte. Selbst jetzt finde ich keine Worte, um sie verständlich zu machen. Sie bestand aus einem schrittweisen, aber schnell fortschreitenden Ausschalten von Raum, Zeit, Gefühl und all den zahlreichen Erfahrensfaktoren, die meistens das kennzeichnen, was man stolz sein Selbst nennt.[1]

Diese Erfahrung hängt mit keiner Einweihung in eine bestimmte Religion oder einen Kult zusammen. Es ist ein höchst individuelles Erlebnis ohne jeden Bezug auf einen besonderen Inhalt. Keine Vorbereitung, kein Training noch eine Einweihungszeremonie führen die Erfahrung herbei. Sie erfolgt passiv und unfreiwillig in einem Zustand der Ruhe und Entspannung, sie wird nicht aktiv durch besondere Einweihung, eine Zeremonie oder ein Ritual ausgelöst. Eingeweihte der Eleusinischen Mysterien erlebten den Kontakt mit den Göttern und konnten die Erfahrung beschreiben, verzichteten aber freiwillig darauf. Der von James Befragte kann seine Erfahrung dagegen nicht in Worte fassen. Der Bericht spricht außerdem von einem unerfreulichen Gefühl statt von Hochstimmung, wie sie typisch für einige der älteren Mysterienkulte ist.

Trotzdem enthält dieser Bericht mehrere Merkmale, die für viele Formen der Mystik typisch sind. Das Erlebnis ruft eine Veränderung des Bewußtseinszustands hervor. Das bewußte Gespür für die profane Wirklichkeit tritt zurück, die physiologischen Reaktionen auf äußere Anreize ändern sich, und man befindet sich in einem hypnotischen oder anderen tranceähnlichen Zustand. Die Wahrnehmung von Zeit und Raum und die Orientierung zur Welt ändern sich auf eine Weise, die nicht beschrieben werden kann. Der Mystiker erfährt sie als Bewußtseinsänderung und neues Gewahrwerden auf anderen Wirklichkeitsebenen, die ihm nicht zugänglich sind, wenn er sich im normalen Bewußtseinszustand befindet. Die Erfahrung

---

1 James, S. 371, wo er H. F. Brown: *J. A. Symonds: A Biography*, London 1895, S. 29–31, zitiert. James ist sich der Existenz einer jüdischen Mystik nicht bewußt, deshalb hat er in seiner Untersuchung Zeugnisse über die jüdische Mystik nicht berücksichtigt.

bewirkt, daß sich seine Orientierung sich und der Welt gegenüber verändert. Obwohl die Erfahrung selbst vorübergehend ist und nicht festgehalten werden kann, geht der Mystiker aus der Erfahrung als ein veränderter Mensch hervor. Alle späteren Erfahrungen sind dann im Licht dieses neuen Bewußtseins zu verstehen.

Viele von James' Versuchspersonen beschreiben eine mystische Erfahrung als mehr als nur einen emotionalen Zustand. Ihren Begegnungen wohnt ein noetischer Charakter oder ein Element der Einsicht, des Wissens, der Intuition oder Offenbarung inne, der mit rationalen Mitteln normalerweise nicht zu erreichen ist. Solch ein Wissen besitzt ihrer Aussage zufolge eine Macht, die anhält und ihr Leben lange nach der eigentlichen Begebenheit beeinflußt. R. M. Bucke, der Verfasser von *Cosmic Consciousness*, ein Klassiker der futuristischen Inspiration und mystischen Forschung, berichtet von einem solchen Erlebnis nach einem Abend, den er geruhsam mit Freunden im Gespräch über Dichtung und Philosophie verbracht hatte.

Mein Geist, der noch stark unter dem Einfluß der durch das Lesen und die Unterhaltung heraufbeschworenen Ideen, Bilder und Emotionen stand, war ruhig und friedlich. Ich befand mich in einem Zustand des stillen, fast passiven Genießens, dabei dachte ich eigentlich nicht, sondern ließ den Ideen, Bildern und Gefühlen sozusagen freien Lauf durch meinen Geist. Ganz plötzlich, ohne jede Vorwarnung, sah ich mich in eine flammenfarbige Wolke gehüllt. Einen Augenblick lang dachte ich an Feuer, eine gewaltige Feuersbrunst, irgendwo nahe in jener großen Stadt; als nächstes wußte ich, daß das Feuer in mir selber brannte. Unmittelbar darauf überkam mich ein Gefühl der Hochstimmung, einer unermeßlichen Frohheit, begleitet oder sofort gefolgt von einer unbeschreiblichen intellektuellen Erleuchtung. Unter anderem glaubte ich nicht einfach, sondern sah, daß das Weltall nicht aus toter Materie besteht, sondern, im Gegenteil, eine lebendige Gegenwart ist. Ich wurde mir in mir selbst eines ewigen Lebens bewußt. Es war keine Überzeugung, daß ich ein ewiges Leben haben würde, sondern das Bewußtsein, daß ich in diesem Augenblick ewiges Leben besaß; ich sah, daß alle Menschen unsterblich sind; daß die kosmische Ordnung derart beschaffen ist, daß alles zusammen zum Guten jedes einzelnen und aller wirkt; daß das Gründungsprinzip der Welt, aller Welten, das ist, was man Liebe nennt, und daß das Glück jedes einzelnen und aller auf die Dauer absolut sicher ist. Die Vision hielt nur einige Sekunden an und war dann vorüber, aber die Erinnerung an sie und das Gefühl der Realität dessen, was sie mich lehrte, sind während des Vierteljahrhunderts, das seither vergangen ist, erhalten geblieben.[1]

Dieser Bericht stellt mehrere wichtige zusätzliche Faktoren vor, die viele Berichte über mystische Erfahrungen enthalten. Vermutlich neigen einige Menschen auf Grund ihrer Persönlichkeit und Training von allein zu mystischen Erfahrungen. Die hier beschriebene Szene zeigt, daß der Befragte zu Ästhetik und Kontemplation neigt. Er ist ein Mensch, den erhabene Gedanken und Gefühle zutiefst bewegen, jemand, der ganz offensichtlich von Natur aus meditiert und kontemplativ ist. Außerdem übt er eine Form der aufmerkenden Meditation aus, dazu gehört, daß er sich die Gedanken- und Bilderfolgen, die in sein Bewußtsein treten, gemächlich vorstellt und aufmerksam betrachtet. Er wendet seine Aufmerksamkeit von äußeren Sinneseindrücken ab und richtet sie auf das eigene Bewußtsein. Der Übergang von der Vorstellung zum visuellen Erlebnis, das er schon kurz darauf erfährt, ist logisch. In diesem Fall ist die Beschaffenheit der Erfahrung durch die Schritte bedingt, die er bis zu ihrem Eintreten unternimmt. Wie viele Mystiker, die Bilder sehen, erblickt er sich selbst, wie er in einen Lichtschimmer getaucht ist. Feuer und Licht bilden oft den sichtbaren Rahmen für ein mystisches Erlebnis.

Das Subjekt beschreibt seine Erfahrung mit paradoxen Begriffen. Da philosophisches Denken als Technik eingesetzt wird, um diese spezifische Begegnung herbeizuführen, überrascht es nicht, daß das Subjekt eine Art visuellen Wissens erlangt. Er weiß nicht nur akut – er sieht, was er weiß. Dieses paradoxe »Hindurchsehen« bringt die tiefe Überzeugung mit sich, daß seine Entdeckung wahr ist, weil etwas spezifisch sinnlich Bewußtes erlebt wurde, das im wesentlichen abstrakt ist. Auf mystische Art etwas zu wissen, ist typisch paradox.

1 James, S. 385 und Anmerkung, in der er (geändert) R. M. Bucke: *Cosmic Consciousness*, Philadelphia 1901, S. 7f., zitiert.

Der Inhalt der noetischen Erfahrung in der Mystik wird oft als »ozeanisches Gefühl« beschrieben – ein Gefühl, daß der Mystiker von der übrigen Wirklichkeit nicht unterschieden ist. Ein mystisches Erlebnis gipfelt oft in der Auflösung der Grenzen der Individualität und des Selbst und mündet in ein Gefühl des »Einsseins« mit dem Universum. Gewöhnlich geht diese Empfindung vorüber, so daß der Mystiker zu seinem üblichen Bewußtsein zurückkehren kann und im Leben wieder voll funktionsfähig ist. Einige Mystiker können dieses »ozeanische Gefühl« aber nicht abwerfen und fühlen sich auch weiterhin ununterschieden. Menschen, die sich kein normales Bewußtsein bewahren können, leiden häufig an psychotischen Wahnvorstellungen. Mystiker und Psychotiker unterscheiden sich möglicherweise nur insofern, als daß beide zwar die gleiche Erfahrung machen, der Mystiker jedoch in die Welt der profanen Wirklichkeit zurückkehren kann. Phänomenologisch dürfte Mystik kaum von einer Art vorübergehenden Wahnsinns zu unterscheiden sein. Zwar ist der Mystiker in den meisten Fällen kein Psychotiker, trotzdem verändert er sich dank seines Erlebnisses.

Diese flüchtige Erfahrung, die viele Menschen im Laufe ihres Leben machen, wird oft als »Gipfelerlebnis« bezeichnet. Häufig begleitet sie das Gefühl, daß eine Kommunikation mit etwas stattfindet, das jenseits der normalen täglichen Welt liegt. Dem Mystiker kommt es sehr oft vor, als sei er über die Sinneswelt hinausgegangen und habe hinter den Schleier geblickt, der diese Welt von der Wirklichkeit dahinter trennt.

Nach Meinung vieler liegt einer religiösen Erfahrung ein transzendentes Erlebnis zugrunde. Im religiösen Kontext nimmt ein solches Erlebnis möglicherweise einen ganz bestimmten Charakter an. Manchmal gehört dazu ein visuelles Gefühl, als löse sich das gesamte Selbst vom Körper und steige über ihm auf. Das wird oft als »außerkörperliche Erfahrung« bezeichnet. Dann wieder erlebt das Subjekt nur eine innere Bewußtseinsänderung. Das folgende Beispiel aus dem Neuen Testament belegt diese Ambiguität:

Ich kenne einen Menschen in Christus, der vor vierzehn Jahren – ob im Leibe, das weiß ich nicht, oder außer dem Leibe, das weiß ich nicht, Gott weiß es – bis zum dritten Himmel entrückt wurde. Und ich weiß, daß der betreffende Mensch – ob im Leibe, das weiß ich nicht, oder außer dem Leibe, das weiß ich nicht, Gott weiß es – ins Paradies entrückt wurde und unsagbare Worte vernahm, die einem Menschen auszusprechen versagt sind. (2. Kor. 12,2–4)

Die bisher angeführten Beispiele – und es sind nur einige von vielen mystischen Erfahrungen, die man in der Weltliteratur findet – weisen mehrere der Merkmale auf, die für eine mystischen Erfahrung kennzeichnend und wesentlich sind. Eine mystische Erfahrung ist oft ein unsagbarer und unbeschreibbarer Zustand von verändertem Bewußtsein, bei dem die normalen Wahrnehmungsvorgänge außer Kraft gesetzt werden. Man kann sie aktiv durch Training und Vorbereitung herbeiführen oder aber auch passiv dank einer individuellen Neigung. Die Erfahrung selbst hat stets einen emotionalen Gehalt, entweder von Gelassenheit oder überwältigender Ehrfurcht. Oft ist der Gehalt noetischer Art, und es werden Einzigkeit und Einheit wahrgenommen. Häufig drückt sich das entweder als »ozeanisches Gefühl« aus, das heißt, in dem Gefühl, der Mensch ist ununterschieden von der Welt, oder als die spezifische Wahrnehmung widersprüchlicher oder paradoxer Erscheinungen oder auch als intensives intellektuelles Entdecken von Transzendenz. Alle mystischen Erfahrungen bewirken eine Veränderung, und viele erzeugen beim Menschen einen wesentlichen Wandel seiner Orientierung zur Welt. Oft sind bei der Mystik einige, wenn nicht alle dieser Merkmale gleichzeitig im Spiel.

Es fällt immer noch schwer, das Wesen der Mystik genau zu definieren. Die einen betrachten sie als fundamentales Element der menschlichen Erfahrung, weil man weiß, daß sie von ganz unterschiedlichen Menschen in sehr verschiedenen Kulturen gemacht wird. Ein Gelehrter, J. N. Findlay, der Verfasser von *Ascent to the Absolute*, beschreibt das so:

Zu allen Zeiten hat es zur Erfahrung des Menschen gehört, die Dinge mystisch zu betrachten. Die sogenannten großen Mystiker sind lediglich Menschen, die eine normale, gewöhnliche, unentbehrliche Seite der menschlichen Erfahrung auf einen genialen Höhepunkt tragen.[1]

Für die anderen ist mystische Erfahrung eine Verirrung der menschlichen Psychologie und sollte demnach als Illusion, Neurose oder, wenn sie anhält, als ernsthafte psychologische Störung betrachtet werden, wie ein Kritiker schreibt:

Mystik ist jene Form des Irrtums, die den Ablauf rein menschlicher Fähigkeiten irrtümlich für eine göttliche Äußerung hält.[2]

Sigmund Freud beschreibt das »ozeanische Gefühl« zum Beispiel als

ein Gefühl, das er die Empfindung der »Ewigkeit« nennen möchte, ein Gefühl wie von etwas Unbegrenztem, Schrankenlosem, gleichsam »Ozeanischem« Also ein Gefühl der unauflösbaren Verbundenheit, der Zusammengehörigkeit mit dem Ganzen der Außenwelt.[3]

Er setzt es also nicht mit der objektiven Wirklichkeit in Beziehung, sondern mit einem Zustand, in dem das Ego sich rückläufig entwickelt. Ein Säugling kann zwischen sich selber und einem Gegenstand nicht unterscheiden, deshalb schließt sein Ego alles ein. Später trennt er die Außenwelt von sich ab. Das »ozeanische Gefühl« ist nach Freud das Ergebnis eines Rückfalls in den Zustand als Säugling oder das primitive Festhalten an diesem Gefühl im späteren Leben. In beiden Fällen betrachtet Freud dieses mystische »ozeanische Gefühl« als psychologischen Zustand, nicht als objektives Erlebnis.

Freud erklärt, es gebe nur einen Zustand außer dem der Psychose, in dem die klaren, scharfen Trennlinien zwischen dem Ich und allem anderen aufgehoben werden: den der Liebe. Es überrascht demnach nicht, daß Liebe ein Gefühl von

---

1 Parrinder, S. 185, zitiert in: J. N. Findlay: *Ascent to the Absolute*, London (Allen and Unwin) 1970, S. 164.
2 W. R. Inge: *Mysticism in Religion*, London 1947, Anhang.
3 Sigmund Freud: *Gesammelte Werke*, 18 Bde., Frankfurt am Main (S. Fischer Verlag) 1961; Bd. 14, S. 422.

Mystik auslöst oder daß man bei einer mystischen Erfahrung Liebe empfindet.

Die absolute Überzeugung, daß man so etwas wie eine *unio mystica*, also eine Vereinigung erreicht hat, kennzeichnet die mystische Erfahrung am häufigsten. Das hat William James so definiert:

Dieses Überwinden der üblichen Schranken zwischen Individuum und dem Absoluten ist die große mystische Leistung. Im mystischen Zustand wird man eins mit dem Absoluten, ebenso wird man sich seiner Einheit bewußt. Das ist die unvergängliche, triumphierende mystische Tradition, die sich in einem anderen Klima oder durch eine andere Religion nur unwesentlich ändert... Mystischen Manifestationen wohnt eine ewige Einstimmigkeit inne, die einen Kritiker zum Einhalten und Denken veranlassen sollte.[1]

Im Anhang zu *Mysticism in Religion* bringt W. R. Inge eine Vielfalt von Definitionen der Mystik. Diese Beispiele zeigen, in welchem Maß Mystik eine Form der *unio mystica* ist. Gleichzeitig sind sie emblematisch für die verschiedenen Interpretationen des Begriffs *Einheit*:

Daß wir im Bild Gottes gemacht sind, ist der Ausgangspunkt, man könnte sagen, das Postulat jeder Mystik. Die völlige Vereinigung der Seele mit Gott ist das Ziel jeder Mystik.[2]

Diese Definition dürfte für Anhänger von Religionen wie Judentum und Christentum, die die Existenz eines transzendenten Gottes und der menschlichen Seele voraussetzen, gültig sein. Dagegen gilt sie wohl nicht für Religionen, die nicht auf der hebräischen Bibel beruhen, von der die Vorstellung »im Bilde Gottes« herrührt. Außerdem würde diese Definition nur unter jenen Umständen gelten, in denen eine »vollkommene Vereinigung mit Gott« für möglich gehalten wird, nicht aber in jenen Fällen, in denen das im allgemeinen für unmöglich erachtet wird wie im Judentum.

Es folgt eine weiter gefaßte Definition der Mystik, die aber

1 James, S. 404 (geändert).
2 Inge, Anhang.

immer noch nicht die Frage beantwortet, wie zwischen Religion und Mystik zu unterscheiden ist:

Mystik ist das unmittelbare Gefühl der Vereinigung des Selbst mit Gott; sie ist daher nichts anderes als das grundlegende Gefühl von Religion, als religiöses Leben direkt in seinem Herzen und Mittelpunkt.[1]

Eine weitere Definition betont die Vereinigung mit Gott:

Ich werde das Wort Mystik für die Art von Religion gebrauchen, die auf einer unmittelbar wahrgenommenen Beziehung zu Gott beruht, auf einem direkten und fast greifbaren Erlebnis göttlicher Gegenwart. Dies ist Religion in ihrer innerlichsten, tiefsten und lebendigsten Form.[2]

Andere betrachten Mystik als eine intensive Form des Bewußtseins, das nur wenig mit herkömmlichen westlichen Vorstellungen von Gott zu tun hat:

Der Gedanke, der beim Mystiker am intensivsten gegenwärtig ist, ist der einer höchsten, alles durchdringenden innewohnenden Macht, in der alle Dinge eins sind.[3]

Andere Definitionen betonen die noetischen Elemente in der Mystik anstelle der religiösen und verdunkeln mehr, als daß sie Klarheit schaffen:

Dem Wesen nach macht Mystik eine Intuition geltend, die über die weltlichen Kategorien des Verstehens hinausgeht und sich auf die rein theoretische Vernunft verläßt. Rationalismus kann den Menschen nicht zum Wesen der Dinge führen, deshalb braucht er eine intellektuelle Vision[4].

Und wieder andere, so auch der Philosoph Bertrand Russell, betrachten Mystik lediglich als eine Art Emotion:

---

1 Inge, Anhang.
2 Gershom Scholem: *Die jüdische Mystik in ihren Hauptströmungen*, (Zürich 1957) Frankfurt/M. (Suhrkamp) 1967, wo er Rufus Jones zitiert.
3 Inge, Anhang
4 Inge, Anhang.

> Mystik ist im wesentlichen kaum mehr als ein besonders intensives und tiefes Gefühl von dem, was man über das Universum glaubt.[1]

Es ist demnach offensichtlich, daß Mystik eng mit irgendeinem Gefühl der Einheit und Vereinigung zusammenhängt. Ebenso ist zu erkennen, daß unter Einheit nicht immer das gleiche verstanden wird und daß sie für verschiedene Menschen in unterschiedlichen Kulturen Unterschiedliches bedeuten kann.

James irrt, wenn er meint, Mystik sei eine universale Erscheinung der Vereinigung, denn jede Kultur hat vom »Absoluten«, vom Gegenstand der Vereinigung, eine andere Vorstellung. Ebenso irreführend ist es zu sagen, daß alle mystischen Erfahrungen vom Charakter her im wesentlichen gleich sind, obwohl sie unterschiedlich beschrieben werden. Jüngere Untersuchungen haben ergeben, daß die Erfahrung eines Mystikers auf Grund der jeweils gültigen kulturellen und religiösen Normen, nach denen sein Bewußtsein geformt wird, für seine Kultur spezifisch ist.[2] Obwohl viele Mystiker eine ähnliche Sprache gebrauchen, offenbart eine gründliche Analyse ihrer Erfahrungen, daß Einheit in ihren Berichten keineswegs das gleiche bedeutet.

Einige moderne Forscher, die sich mit Mystik befassen, wie William James, Aldous Huxley und Frithjof Schuon haben gefolgert, daß sich alle mystischen Erfahrungen von ihrem

---

1 Bertrand Russell: *Mysticism and Logic*, London (Longmans, Green and Co.) 1921, S. 3. Zitiert in: W. T. Stace: *Mysticism and Philosophy*, Philadelphia (Lippincott) 1960, S. 15.

2 Steven T. Katz: Language, epistemology and mysticism, in: *Mysticism and Philosophical Analysis*, New York (Oxford University Press) 1978, S. 22–74. Katz lehnt kulturübergreifende phänomenologische Berichte über mystische Erfahrungen als reduktiv und unflexibel ab, »weil sie vielfältige, ungemein unterschiedliche Formen der mystischen Erfahrung in unpassende interpretative Kategorien zwängen, die die grundsätzlich wichtigen Unterschiede beim Vergleich der Daten außer acht lassen« (S. 25). Er äußert sich eingehend und kritisch zu den verschiedenen methodologischen Verfahrensweisen bei der Erforschung der Mystik und führt als Veranschaulichung Beispiele aus der jüdischen Mystik und gelegentlich auch Gegenbeweise zu allgemein akzeptierten Vorstellungen über Mystik an.

Gehalt her im wesentlichen gleichen, ungeachtet aller Unterschiede von Kultur und Religion.[1] Ihrer Ansicht nach ist die jüdische, islamische, christliche und die buddhistische Mystik immer der ähnliche Ausdruck einer universalen Erscheinung.

Eine andere Lehrmeinung, wie sie von Rudolf Otto und Evelyn Underhill vertreten wird, hält alle mystischen Erfahrungen vom Inhalt her für ähnlich. Die Unterschiede zwischen den verschiedenen Formen der Mystik ergeben sich für sie aus dem unterschiedlichen kulturellen Umfeld, in dem die Erfahrung stattfindet.[2] Demnach läge der einzige Unterschied zwischen jüdischer, islamischer, christlicher und buddhistischer Mystik darin, daß jeder Mystiker seine Erfahrung in der Sprache seiner jeweiligen Kultur beschreibt.

Wieder einer anderen Lehrmeinung zufolge, die mit R. C. Zaehner, W. T. Stace und Ninian Smart in Verbindung gebracht wird, gibt es keine universelle mystische Erscheinung.[3] Dieser Überblick über gebräuchliche Definitionen der Mystik zeigt, daß über die Frage, was Mystik nun eigentlich ist, keine Einstimmigkeit herrscht. Wie noch gezeigt wird, kann man von einer großen Vielfalt verschiedener Formen von Mystik sprechen, und die Arten unterscheiden sich phänomenologisch und von der Erfahrung her voneinander. Nicht nur gibt es mehr als eine Art von Mystik, die verschiedenen Formen tauchen darüber hinaus auch in sehr unterschiedlichen Kulturen auf. Mystik ist daher nicht unbedingt kulturspezifisch. Aber oft fällt es schwer, die Hauptarten der Mystik zu identifizieren, die Kulturgrenzen überschreiten, weil die Schilderungen der mystischen Erfahrung kulturspezifisch sind und ihre Bestandteile analysiert werden müssen.

Kürzlich hat Steven Katz nachgewiesen, wie komplex Analyse und Definition von Mystik sind. Seiner Ansicht nach ist es nützlich, Mystik in verschiedene Kategorien einzuteilen, aber dabei ist die Tatsache zu berücksichtigen, daß die Kultur, in der ein Mystiker lebt, sein Bewußtsein formt und mitbestimmt,

---

1 Katz, S. 24.
2 Katz, S. 25.
3 Katz, S. 25.

welche Art von Erfahrung er unter bestimmten Umständen hat. Deshalb muß man sogar bei der Klassifizierung verschiedener Arten von Mystik berücksichtigen, wie komplex die kulturspezifischen Erfahrungen sind.[1]

Daher ist es praktisch unmöglich, Mystik im allgemeinen zu definieren, es sei denn innerhalb einer bestimmten Kultur. Dagegen lassen sich die verschiedenen Arten der Mystik beschreiben, die mehrere Kulturen umspannen. Eine Art der Mystik wurde von vielen als das *Gefühl von Einheit* bezeichnet.

Das Gefühl dieser Einheit umfaßt durchaus unterschiedliche, auch widersprüchliche Elemente. Wie die verschiedenen Definitionen von Mystik gezeigt haben, erfahren einige Mystiker die *unio mystica*, Einheit mit Gott, andere empfinden dagegen Einheit mit der Natur. Manche Mystiker erfahren bewußt Integration mit sich selbst, andere wieder haben das »ozeanische Gefühl« der Einheit mit allen Wesen. Jede mystische Erfahrung ist, wie noch zu sehen sein wird, für sich genommen, grundsätzlich anders. So legt zum Beispiel der englische Dichter Wordsworth in seinem berühmten Gedicht »Tintern Abbey« sehr schön Zeugnis von der mystischen Einheit mit der Natur ab:

> Und ich habe eine Gegenwart
> Gefühlt, die mich beunruhigt mit der Freude
> Erhabener Gedanken; ein überragendes Gefühl
> Von etwas sehr Tiefem durchdrungen,
> Dessen Wohnung das Licht untergehender Sonnen ist
> Und der runde Ozean und die lebende Luft
> Und der blaue Himmel und der Geist des Menschen:
> Eine Bewegung und ein Geist, der
> Alles Denkende, alle Gegenstände allen Denkens
> Antreibt und durch alles rollt.[2]

Für Wordsworth bedeutet Mystik Fühlen der Gegenwart »einer Bewegung und eines Geistes«, einer Macht, die die

1 Katz, S. 27.
2 William Wordsworth: *Tintern Abbey*. Siehe die verschiedenen Interpretationen von R. C. Zaehner: *Mysticism Sacred and Profane*, London (Clarendon Press) 1957, S. 33, und Parrinder, S. 23.

ganze Natur mit ihrer Gegenwart durchdringt. Nie erwähnt er eine »Einheit mit dem Absoluten«, weil seine Einheit der durchdringende Geist der Natur, die Gegenwart von etwas ist, das andere vielleicht als »Gott in der Natur« bezeichnen würden. Diese Vorstellung der geeinten Natur, die etwas Absolutes jenseits aller Wesen enthält, aus denen das greifbare Universum besteht, heißt ›Pantheismus‹.

Auch Meister Eckart, ein christlicher Mystiker des Mittelalters, vertritt eine pantheistische Auffassung von der Einheit der Natur:

> Alles, was ein Mensch hier äußerlich in Vielfalt besitzt, ist im wesentlichen eins. Hier sind alle Grashalme, alles Holz und jeder Stein, alles ist eins. Das ist die tiefste Tiefe.[1]

Dieses Beispiel beweist, wie unzulänglich William James' Definition der Mystik ist. Für Eckart ist Mystik nicht die »Vereinigung mit dem Absoluten«, sondern das Bewußtsein der Einheit, die allen Wesen innewohnt. Nicht jede Mystik bedeutet Vereinigung mit einem absoluten oder transzendenten Wesen. Oft versteht sich Naturmystik als Bewußtsein von der Einheit aller Dinge und der der Natur innewohnenden Einheit mit Gott. Berichte über mystische Erlebnisse lassen darauf schließen, daß Welt und Natur in anderen Religionen eine Illusion sind. Die Einheit, die man erreicht, ist tiefer, wenn man das eigene Bewußtsein von der Welt löscht und die Verbindung zu ihr löst. Das ist die »akosmische« oder weltverneinende Mystik, wie man sie in den *Upanishaden*, dem klassischen Text der Hindu-Mystik findet:

> Es ist ein reines, einheitliches Bewußtsein, in dem das Bewußtsein der Welt und der Vielfalt völlig ausgelöscht ist. Es ist unsäglicher Friede. Es ist das höchste Gute. Es ist das Eine ohne ein Zweites. Es ist das Selbst.[2]

---

1 Rudolf Otto: *West-östliche Mystik.* Vergleich und Unterscheidung zur Wesensdeutung, Gotha 1926. S. 61.

2 W. T. Stace: *Mysticism and Philosophy*, Philadelphia (Lippincott) 1960, S. 88.

Dieser Text läßt darauf schließen, daß das Bewußtsein ein »ozeanisches Gefühl« der Ununterschiedenheit ist. Diese starke akosmische Erklärung deutet an, daß das Selbst nicht das unterschiedene Ego des einzelnen ist. Das wahre Selbst wird paradoxerweise durch das Auslöschen von Selbstbewußtsein und Bewußtsein erreicht.

Pantheistische Mystik und akosmische Mystik stehen dem Geist des Judentums generell fern, außer bei einigen polnischen und litauischen chassidischen Mystikern im 18. Jahrhundert. Als Religion beruht das Judentum auf der Vorstellung, daß es einen transzendenten Gott gibt, dessen Wesen das der Welt transzendiert und von ihr losgelöst ist. Gott schafft und beherrscht die Natur, aber er steht auch über ihr. Die pantheistische Vorstellung von Gott als Synonym für die Natur oder die akosmische Idee, daß die Welt nicht real ist, entsprechen nicht der biblischen Weltsicht. Die jüdische Mystik geht von der Prämisse aus, daß Gott und die Natur sich grundlegend unterscheiden. Gott kann genausowenig identisch mit der Natur sein, wie man auch nicht von der Welt sagen kann, daß sie nicht existiert.

Die jüdische Mystik ist im allgemeinen »theistisch«, was bedeutet, daß Gott ein Wesen für sich ist, das sich in seiner Natur von der der Welt unterscheidet. Er ist ein höchstes Wesen, das die Natur transzendiert und sie beherrscht. Aber diese Mystik kann vielfältige Formen annehmen. Manchmal strebt die jüdische Mystik die Vereinigung zweier Wesen an, die noch in ihrer Vereinigung im wesentlichen verschieden bleiben. Ein gutes Beispiel für diese »nicht absorbierende« Mystik findet man in der folgenden Parabel vom Baal Schem Tow, der im 19. Jahrhundert den Chassidismus, eine mystische Bewegung, gründete:

Ein König hatte einen herrlichen Palast mit vielen Gängen und Unterteilungen gebaut, er selbst aber lebte in seinem innersten Gemach. Als der Palast vollendet war und seine Knechte kamen, um ihn zu ehren, stellten sie fest, daß sie sich wegen des verwirrenden Labyrinths nicht dem König nähern konnten. Während sie noch standen und staunten, kam der Sohn des Königs herbei und zeigte ihnen, daß es keine echten Trennwände, sondern nur Täuschungen waren, und daß der König in Wahrheit ohne Mühe zu erreichen war. Strebt tapfer voran, und ihr werdet kein Hindernis finden![1]

In diesem Beispiel bedeutet die Vereinigung mit Gott das Erreichen einer besonderen Verfassung, um zu erkennen, daß die Hindernisse für eine Vereinigung lediglich im Bewußtsein, nicht jedoch in Wirklichkeit existieren. Ein mystisches Bewußtsein ist nötig, um hinter den Schleier blicken oder den Abgrund zwischen sich und Gott überbrücken zu können, der zunächst einmal unerreichbar und nicht erkennbar ist.

Das setzt allerdings voraus, daß Gott und Mensch nie eins werden können, daß aber die Hindernisse, die eine Annäherung zwischen Gott und Mensch verhindern, lediglich eine Täuschung sind. Nur ganz selten, besonders in der akosmischen chassidischen Mystik lassen jüdische Mystiker anklingen, daß eine Vereinigung zwischen Mensch und Gott tatsächlich möglich ist:

Erreichen wir diese Vereinigung, denken wir von uns, als daß wir nichts anderes sind als Gott, der das Leben gibt. Er allein existiert, und es gibt nichts außer ihm. Und wenn wir dieses begreifen, daß wir in Wahrheit wie Nichts sind und daß nichts in der Welt außer Gott

---

1 G. Scholem: Devekut or Communion with God. *The Messianic Idea in Judaism*, New York (Schocken Books) 1971, S. 224. Für eine weitere Besprechung des Charakters jüdischer Mystik siehe Gershom Scholem: Mystik und religiöse Authorität, in: *Zur Kabbala und ihrer Symbolik*, Frankfurt (Suhrkamp) 1977, S. 5–31. Scholem, führender Experte für jüdische Mystik, war kürzlich Gegenstand mehrerer kritischer Untersuchungen, darunter Eliezer Schweid: *Judaism and Mysticism According to Gershom Scholem*, Atlanta (Scholars Press) 1985. Schweid konzentriert sich mit seiner Kritik auf Scholems tieferliegende Theorien über Judentum und jüdische Philosophie. Moshe Idel: *Kabbalah: New Perspectives*, New Haven (Yale University Press) 1988. Für eine intellektuelle Biographie von Scholem siehe David Biale: *Gershom Scholem: Kabbalah and Counter-History*, Cambridge (Harvard University Press) 1978. Für eine vollständige Bibliographie über die jüngste Forschung in der Kabbala siehe Joseph Dan: *Gershom Scholem and the Mystical Dimension of Jewish History*, New York (New York University Press) 1987.

existiert, genau wie vor der Schöpfung, dann wird er gewissermaßen von echter Freude erfüllt.[1]

In der traditionellen jüdischen Theologie stützt kaum ein Hinweis die Vorstellung, Mensch und Gott könnten identisch sein. Aber ein muslimischer Schriftsteller, Algazel, [auch: al Ghasah Anm. d. Übers.] beschreibt eine Art »absorbierender Mystik«, die dem Chassidismus nicht völlig fremd ist, in der das Ich des Mystikers in Gott, den Gegenstand seiner Verehrung, versinkt und von ihm nicht mehr unterschieden werden kann. In solch einem Fall erlangt der einzelne nicht nur die Einheit mit Gott, sondern wird wahrhaftig eins mit ihm:

Wenn der Gläubige nicht länger an seine Andacht oder an sich selbst denkt, sondern völlig in ihm, den er verehrt, versinkt, dann wird dieser Zustand Sterben der Sterblichkeit (*fana*) genannt; wenn eine Person sich dermaßen von sich selbst entfernt, daß sie nichts mehr von ihren Körpergliedern verspürt, noch von dem, was draußen an ihr vorübergeht, oder was durch ihren eigenen Geist geht... Der Mensch geht erst seinem Herrn entgegen und am Ende in seinen Herrn ein. Vollkommenes Versinken bedeutet, daß er sich nicht nur seiner selbst nicht bewußt ist, sondern auch nicht seiner Versunkenheit.[2]

Im Judentum will die mystische Suche im allgemeinen die nichtabsorbierende Einheit mit der transzendenten Gottheit als Ziel erreichen. Abraham Joshua Heschel, ein führender jüdischer Theologe, beschreibt jüdische Mystik als Theorie der göttlichen Transzendenz und als Methode, mit der diese Transzendenz zu erreichen ist.[3] Demnach beinhaltet jüdische Mystik die Erfahrung, die Schranken zu überwinden, die die Welt Gottes scheinbar von der Welt des Menschen trennen.

---

1 Meshullam Feibusch Heller me-Zborocz: *Sefer Derech Emet*, Jerusalem 1952, S. 14.

2 Stace, S. 228.

3 Abraham J. Heschel: The Mystical Element in Judaism, in: *The Jews: Their History, Culture and Religion*, Louis Finkelstein (Hrsg.), Bd. 2, S. 932–951.

Oft geben Mystiker oder Menschen, die mystische Traditionen aus eigener Anschauung kennen, selbst die prägnanteste Definition für Mystik. Der jiddische Schriftsteller und Nobel-Preisträger für Literatur von 1978, Isaac Bashevis Singer, hat in seiner persönlichen Autobiographie die folgenden Anmerkungen zur jüdischen Mystik gemacht:

Mystik ist kein von der Religion gelöstes Denken. Beide haben eine gemeinsame Grundlage in der menschlichen Seele, das Gefühl, daß die Welt weder Zufall noch blinde Kraft ist und daß Geist und Körper des Menschen eng mit dem Universum und seinem Schöpfer verbunden sind.

Der Unterschied zwischen Religion und Mystik, soweit es überhaupt einen gibt, besteht in der Tatsache, daß Religion fast völlig von Offenbarung abhängt. Alle Religionen predigen, daß Gott sich durch einen Propheten offenbart und durch ihn seine Forderungen bekanntgegeben habe. Religion ist nie Eigentum eines einzigen Menschen gewesen. Sie wendet sich an eine Gruppe. Häufig hat sie sich ausgebreitet und ganze Stämme und Nationen einverleibt. Oft haben Religionsgründer mit dem Schwert Gehorsam für ihren Glauben erzwungen. Deswegen ist die Religion im Laufe der Zeit vielfach in Routine erstarrt und eng mit einer bestimmten Gesellschaftsform verknüpft gewesen. Mystik geht dagegen ausschließlich den einzelnen an. Wahre Mystik war stets nur Sache einer Person oder einer kleinen Gruppe. Sie war esoterisch und ist es auch geblieben. Der Mystiker hat sich nie völlig auf die Offenbarungen anderer verlassen, sondern Gott auf seine eigene Art gesucht. Oft hat der Mystiker die Religion seiner Umgebung angenommen, aber er hat versucht, sie zu erweitern, indem er sie an höhere Mächte koppelte; praktisch ist er selbst zum Propheten geworden.

Ich persönlich definiere Religion als Mystik, aus der man eine Disziplin, ein Massenerlebnis gemacht hat, die auf diese Weise teilweise verwässert und oft verweltlicht wurde. Je erfolgreicher eine Religion ist, desto größeren Einfluß hat sie, aber desto weiter entfernt sie sich auch von ihrem mystischen Ursprung.[1]

1 Isaac Bashevis Singer und Ira Moskowitz: *A Little Boy in Search of God: Mysticism in a Personal Light*, New York (Doubleday) 1976, S. vii–viii.

Singer weist darauf hin, daß Mystik der Versuch ist, in Routine erstarrte Religion zu überwinden, indem er das Vorrecht des einzelnen auf religiöse Erfahrung geltend macht. Die Mystik, die einen starken Hang zum Individuellen enthält, geht manchmal mit antiinstitutionellen Tendenzen in der formalen Religion einher. Die etablierte Religion kümmert sich nicht unbedingt um die religiöse Erfahrung des einzelnen. Deshalb kommt der Mystik eine wichtige Aufgabe zu, weil sie die religiöse Bewegung wieder mit den mächtigen, auf dieser Erfahrung beruhenden Impulsen in Berührung bringt, die sie zu Beginn hatte.

Die mystische Suche ist oft ein Versuch, die religiöse Erfahrung zurückzubringen oder zu wiederholen, auf der eine Religion gegründet wurde. Die jüdische mystische Erfahrung nimmt inhaltlich oft die Gestalt einer Offenbarung an, eine Erfahrung, die ähnlich jener ist, wie sie Moses auf dem Berg Sinai erfuhr.

Mystische Erfahrungen sind so vielfältig wie die allgemeine menschliche Erfahrung in verschiedenen Kulturen und Zeitepochen. Der Begriff Mystik bezieht sich auf eine ganz bestimmte Kategorie der menschlichen Erfahrung, die mit bestimmten Merkmalen in Verbindung gebracht wird. Diese Merkmale sind in jeder Kultur jedoch oft anders. Deshalb läßt sich unmöglich genau definieren, was Mystik ist, außer in einer ganz bestimmten Kultur und dort zu einem ganz bestimmten Augenblick. Es ist nicht möglich, eine exakte, allgemein gültige Definition von Mystik zu geben. Um Mystik zu verstehen, muß man besondere Formen der mystischen Erfahrung verstehen.

2 Den Abgrund überbrücken

Die Geschichte der jüdischen Mystik

Nebukadnezar, der chaldäische König von Babylonien, der mächtigsten Nation der ganzen Region, schlug im März 597 v. d. Z. den judäischen König Jojachin (2. Könige 24,8–20). Nach der Eroberung Jerusalems deportierte Nebukadnezar einen großen Teil des Stadtadels in sein Reich. Darunter befand sich auch Ezechiel, ein verwitweter Priester und Aristokrat, für den Jerusalem alles war. Ezechiel ließ sich im Tal um das babylonische Tel Aviv am Fluß Kebar, einem Nebenfluß des Euphrats, nieder. Elf Jahre später belagerte der babylonische Feldherr Nebusaradan Jerusalem und zerstörte Salomons Tempel.

Ezechiel wurde von der Sorge um den Zustand der zerstreuten Jerusalemer verzehrt. Er litt sehr, weil dieses Unglück, von dem er meinte, es werde lange anhalten, seiner Meinung nach durch den Abfall vom Bund mit Gott über sein Volk gekommen war. Ezechiel stellte die schrecklichen Folgen der Verbannung für die ganze Nation in schonungslos bildhaften, eindringlichen Begriffen dar. Er prophezeite Verhängnis und Trostlosigkeit für Jerusalem, auf die schließlich die Wiederherstellung der Nation und die moralische Erneuerung Israels folgen würden.

Im Sommer 592 v. d. Z. wurde er plötzlich von einem unerwarteten, überraschenden Ereignis ergriffen: Eine überwältigende Erscheinung kam scheinbar auf ihn zu. Ezechiel sah eine donnernde Sturmwolke von Feuer, umgeben von Lichtglanz. Aus der Wolke leuchtete es wie Glanzerz, und wie in einer glänzenden metallischen Hülle wurde eine leuchtende, dramatische Erscheinung sichtbar: vier sehr merkwürdige Wesen, die wie der Glanz von geglättetem Erz leuchteten. Jedes Wesen besaß Menschengestalt, jedes hatte vier Gesichter: ein Menschengesicht und ein Löwengesicht zur Rechten und das Gesicht eines Adlers und ein Stiergesicht zur Linken. Jedes Wesen besaß vier Flügel, und unter jedem Flügel hatten sie Menschenhände, und ihre Fußsohlen waren rund wie die

Hufe eines Kalbes. Die Wesen kamen wie eins auf Ezechiel zu, die Flügel eines jeden Wesens berührten die seines Nachbarn, und sie bildeten mit ihrem Körper ein Quadrat. Feuer und Blitze begleiteten ihre Bewegung.

Während sich die Wesen Ezechiel näherten, erblickte er innerhalb der Erscheinung weitere Gestalten. Neben jedem Wesen befanden sich rollende Räder in Rädern. Auf der Felge jedes Rades waren unzählige Augen. Die ganze Vorrichtung glitzerte wie ein Topas. Die Wesen und die Räder bewegten sich zusammen, manchmal stiegen sie in die Luft auf, manchmal rollten sie auf dem Boden, während sie unter Donnern auf Ezechiel zukamen.

Als Ezechiel nach oben sah, erblickte er in der feurigen Sturmwolke eine weitere Erscheinung. Über dem Kopf der Wesen befand sich, in Feuer und Licht gehüllt, eine Art Feste aus Kristall. Auf der Feste stand ein leuchtender, strahlender Thron. Auf dem Thron saß eine menschenähnliche Gestalt mit einem unteren feurigen Rumpf und einem oberen Rumpf wie von Glanzerz. Die ganze Vorrichtung rollte unter Donnern und Blitzen scheinbar schnell auf ihn zu. Ezechiel verstand diese Gestalt auf dem Thron als Gott. Er warf sich auf den Boden nieder, um nicht von der Sturmwolke erdrückt zu werden. Aus diesem Ereignis ging Ezechiel, nachdem er sich davon erholt hatte, gestärkt hervor und brach auf, um die Gemeinde der Verbannten vor der bevorstehenden Katastrophe einer Zerstörung Jerusalems zu warnen (Ezechiel, 1).

Ezechiel hat wohl als erster aus dem jüdischen Volk von einer direkten, sichtbaren mystischen Begegnung mit Gott berichtet und sie auch überliefert. Er ist typisch für jene Mystiker, die wie R. M. Bucke in einem ausgeruhten, aufnahmebereiten Zustand unerwartet ein mystisches Erlebnis haben. Wasser, in Ezechiels Fall der Fluß ganz in der Nähe, führt oft einen meditativen, kontemplativen Zustand herbei, der der Mystik förderlich ist. Wie andere Begegnungen ist auch Ezechiels Erfahrung visueller Art und enthält stark leuchtende Elemente. Dieses Ereignis ist anscheinend eine völlig spontane Begegnung, die, weil sie so unvorhersagbar ist, umso stärker wirkt. Natürlich ist Ezechiel wegen dieser ergreifenden und offensichtlich unangenehmen Erfahrung ein Prophet geworden.

Die Form einer solchen Begegnung schockiert besonders, weil sie im wachen Zustand, nicht im Traum stattfindet. Die Gestalten, die er sieht, sind phantasmagorische Hybride von Menschen und Tieren. Durch das Auftauchen von Wesen, deren Formen der Natur widersprechen und im Gegensatz zu ihr stehen, wird die Erfahrung sehr furchterregend. Die Erscheinung ist die Antithese dessen, was seinem Bewußtsein zufolge wirklich ist. Und doch zweifelt Ezechiel wie alle Mystiker keinen Augenblick daran, daß er dieses Erlebnis tatsächlich hatte. So ergriffen ist er von der Erfahrung, daß er ihre Authentizität nicht in Frage stellt und nichts ihn dazu bringen kann anzuzweifeln, was er mit eigenen Augen gesehen hat.

Diese Erscheinung ist allumfassend und verdrängt alle normalen, vertrauten Anhaltspunkte der Wirklichkeit. Infolgedessen wird Ezechiel von der Macht und dem Rätsel dieser ehrfurchtgebietenden Vision ergriffen und unterwirft sich ihr. Er duckt sich in Furcht, bis eine Stimme aus der Erscheinung ihn anruft und ihm aufträgt, Prophet zu werden und Gottes Botschaft an die anderen Verbannten weiterzutragen. Ezechiel ist bereit, den Befehlen der Stimme Folge zu leisten.

Späteren jüdischen Mystikern galt Ezechiel als Prototyp des jüdischen Mystikers. Ezechiels Nachfolger unterschieden sich von ihm dadurch, daß sie seine Erfahrung durch strenge, disziplinierte Übungen nachzuvollziehen versuchten. Die frühesten überlieferten Versuche, bewußt einen mystischen, visionären, ekstatischen Zustand zu erreichen, stammen aus dem 2. Jahrhundert u. Z. Aus diesem frühen Stadium jüdischer Mystik haben sich kaum Belege erhalten, wenn auch vereinzelt Spuren in schriftlichen Zeugnissen aus jener Zeit festzustellen sind.[1]

---

1 Die Geschichte der jüdischen Mystik zwischen biblischer und rabbinischer Zeit ist Gegenstand beträchtlicher jüngster Forschungen. Zu einem Überblick über die Zeit siehe Isaiah Gafni: *The Historical Background,* in: *Jewish Writings of the Second Temple Period*, Michael

Rabbi Akiva ben Josef (50–135 u. Z.), einer der führenden Rabbinen im Land Israel im 2. Jahrhundert u. Z., war Meister einer kleinen Gruppe von Eingeweihten. Sie übten eine ekstatische, visionäre Form der mystischen Erfahrung, bei der sich jeder Rabbi durch Reinigungsrituale und Askese auf seinen Aufstieg in die Himmelswelt vorbereitete. Dabei stellte er sich vor, wie er durch sieben Himmel und sieben Paläste in den höchsten Himmel, die *Arawot*, aufsteigen würde. Auf dem Weg dorthin würde ihm zu jedem Himmel und Palast Zutritt gewährt, sobald er dem Torhüter, einem Engel, die richtige Losung gesagt hatte. Diese Losungen bestanden aus Zauberformeln und Geheimnamen Gottes oder seiner Engel. Er überquerte Brücken über Feuerflüssen und mußte an einer Vielzahl fürchterlicher Wesen vorbei, die ihm Einhalt gebieten wollten. Er wurde von den Hymnen der Engel im obersten Himmel hypnotisiert, die die Gestalt auf dem Thron lobpreisten. Oft verbarg sich die Gestalt auf dem Thron hinter einem Vorhang. Aber wann immer er hinter den Vorhang schauen durfte, sah er sich von Angesicht zu Angesicht mit Gottes Himmelsthron, und er komponierte spontan Hymnen auf Gott und brachte sie vor. Einige dieser Hymnen haben Eingang in die Standardliturgie der Synagogen gefunden (z. B. die Sabbathymne *El Adon*; die *Keduscha* für den Morgen und in verschiedenen *Ofannim*, *Sillukim* und *Keduschot*).[1] Einige dieser Mystiker hielten den Himmelsthron, den sie erblickten, für den gleichen leuchtenden Thron, den Ezechiel beschrieben hatte.

Stone (Hrsg.), Philadelphia (Fortress Press) 1984, S. 1–31. Dieser Band enthält jüngere Untersuchungen der jüdischen Sicht der Apokalypse und des Gnostizismus und Forschungsergebnisse über die Essener und die Gemeinde in Qumran.

1 Gershom Scholem: *Major Trends in Jewish Mysticism*, New York (Schocken) 1941, S. 40–79. Die jüdische Mystik in ihren Hauptströmungen, Frankfurt (Suhrkamp) 1967, S. 40–79. Für neuere Studien siehe Joseph Dan: *Gershom Scholem and the Mystical Dimension of Jewish History*, New York (New York University) 1987, S. 38–76.

Rabbi Akiva, der sich diesen Praktiken mit drei weiteren Kollegen widmete, nahm sein Studium des jüdischen Gesetzes erst als Erwachsener auf. Obwohl er nach der Sage zusammen mit seinem kleinen Sohn das hebräische Alphabet erlernt haben soll (ARN 6,15), fand er schon bald fast universale Anerkennung als außerordentlicher, außergewöhnlicher Gelehrter.

Sein Gegenspieler war Elisa ben Avuja, der sich über das Eindringen dieses Neophyten in die Rabbinenelite ärgerte. Schließlich erkannte jedoch auch Elisa Rabbi Akivas führende Stellung an und akzeptierte ihn als Kollegen.

Zu Elisa und Rabbi Akiva stießen Simon ben Asai, sein Schwiegersohn, und Simon ben Soma, und sie bildeten eine geheime Gesellschaft, die sich der mystischen Meditation hingab.

Wie die Sage berichtet, waren ihre Versuche, einen visionären Aufstieg zu erleben, nicht gerade ungefährlich. Ihre Anstrengung, metaphorisch als »Betreten eines Gartens« bezeichnet, wird im Talmud wie folgt beschrieben:

Vier traten in das Paradies ein, und zwar: Ben Asai, Ben Soma, Aher [Elisa ben Avuja] und Rabbi Akiva. Rabbi Akiva sprach zu ihnen: Wenn ihr an die glänzenden Marmorsteine herankommt, so rufet nicht: Wasser, Wasser, denn es heißt: »Nicht darf im Hause mir wohnen, der übet Betrug« (Psalmen 101, 7).

Ben Asai schaute und starb. Über ihn spricht der Schriftvers: »Teuer zu stehen kommt in den Augen des Herrn der Tod seiner Frommen« (Psalmen 116, 15).

Ben Soma sah und kam zu Schaden. Von ihm spricht der Schriftvers: »Hast du Honig gefunden, so iß nur deinen Bedarf; sonst bekommst du ihn satt und erbrichst ihn« (Sprüche 25, 16).

Aher haute die Triebe nieder.
Rabbi Akiva stieg in Frieden hinauf und kam in Frieden herab (B.T. *Hagiga* 14b; siehe auch *Tosefta Hagiga* 2,1).

Rabbi Akiva und seine Gefährten schwiegen sich über dieses Unternehmen lieber aus. Sie erkannten die großen Gefahren für Psyche und Religion, die dieser Meditation und Trance, in die sie verfallen waren, innewohnten. Akiva wies seine Kollegen warnend darauf hin, daß sie vermutlich getäuscht würden, wenn sie am Eingang zum sechsten Palast eine Vision hatten: »Wenn ihr an die glänzenden Marmorsteine herankommt, so rufet nicht: ›Wasser, Wasser!‹« Rabbi Akiva wollte seine Kollegen warnen, die Grenzen zu respektieren, die sie mit mystischer Imagination erreichen konnten. In ihrer Vision erblickten sie möglicherweise große Felsbrocken, die den Eingang zum Gemach des Königs versperrten. Rabbi Akiva ermahnt sie, nicht ihrer Imagination zu trauen, denn sie könnte sie täuschen, so daß sie diese ehrfurchtgebietenden Hindernisse vor dem letzten Palast in Wirklichkeit für flüssige, nicht feste Schranken halten. Er warnt sie, nicht über diese Grenzen hinauszugehen und nicht dort einzutreten, wo es ihnen nicht gestattet ist.

Mit seiner Warnung wollte Rabbi Akiva auf die Grenzen des mystischen Strebens hinweisen, die berücksichtigt werden müssen. Der visionäre Aufstieg bis zum obersten Palast war gestattet, wurde sogar gefördert. Aber er ermahnte sie, nicht vom Vorzimmer direkt in die Gegenwart des Königs zu gehen. Er warnte sie strikt vor jedem Versuch, bei einer derartigen Vision Gott direkt schauen zu wollen.

Anscheinend rechtfertigten die Folgen seine Warnung. Die visionäre Erfahrung war so stark, daß Ben Asai im ekstatischen Trancezustand starb, und Ben Soma überwältigte seine Begegnung dermaßen, daß er sein geistiges Gleichgewicht verlor. Elisa ben Avuja hat sich bekanntlich vom Judentum abgewandt, ist im Krieg zu Rom (132–135 u. Z.) übergegangen und hat danach seine ehemaligen Glaubensbrüder unterdrückt. Deshalb wurde er im Anschluß als *Aher*, »der Andere«, bekannt. Er verfolgte die jüdische Jugend und half den Römern, jüdische Lehrschulen zu schließen (J.T. *Hagiga* 2,1). Das wurde euphemistisch mit »die Triebe niederhauen« bekannt. Man hat seinen Abfall auf die Macht seiner mystischen Erfahrung und implizit auf jene Verzerrung und jenem Irrtum zurückgeführt, vor denen Rabbi Akiva gewarnt hatte.

Ezechiels Erlebnis hat Rabbi Akiva und anderen jüdischen Mystikern als Vorbild und Beispiel gedient. Die Übung, den Aufstieg durch die Himmel und Paläste nachzuvollziehen, wurde als das Streben betrachtet, bewußt das zu wiederholen, was Ezechiel spontan widerfahren war. Man hat es abwechselnd »Palast-« (*Hechalot-*) oder »Thronwagen-« (*Merkawa-*) Mystik oder »Ezechiels Visionen« genannt. Ihre Nachfolger diskutierten, ob sie auf ihrer Reise nach oben wirklich durch die Himmel aufgestiegen waren oder ob sie nur diesen Eindruck gehabt hatten.[1] Aber an der Wirklichkeit ihres Aufstiegs zweifelten sie nicht.

Andererseits betrachtete man Ezechiels Erfahrung als einen Akt gefahrvoller Möglichkeiten. Weil Mystik an sich als gefährlich galt, warnt das jüdische Gesetz streng, Ezechiels Erfahrung vorsätzlich nachvollziehen zu versuchen (M. *Hagiga* 2,1). Anscheinend war sogar die öffentliche Lesung des Schrifttextes über Ezechiels Vision außer am Wochenfest (hebräisch *Schawuot*) untersagt (M. *Megilla* 2, 10; *Tosefta Megilla* 4, 34). Spätere Kommentatoren kritisieren Ezechiel sogar, daß er bei seinem Bericht über das ihm Widerfahrene nicht zurückhaltender gewesen sei (*Midrasch Tanhuma*, *Parascha Tzav* 13).

In den achthundert Jahren danach experimentierte man mit Techniken einer visionären Mystik. Noch zur Zeit von Hai Gaon (939–1038), dem Oberhaupt der babylonischen Juden, waren diese Techniken unter Eingeweihten weit verbreitet. Hai Gaon hat diese Techniken, mit denen der gleiche visionäre Zustand hervorgerufen werden sollte, festgehalten:

Ihr wißt vielleicht, daß viele Weise der Ansicht sind, daß ein Mann, wenn er würdig und mit bestimmten Eigenschaften gesegnet ist und die Himmelswagen und die Hallen der Engel hoch oben schauen möchte, bestimmte Übungen machen muß. Er muß eine gewisse Zahl

1 Siehe die gründliche Analyse dieses Materials in David J. Halperin: *The Merkabah in Rabbinic Literature*, New Haven (American Oriental Society) 1980, S. 88f. Halperin bezweifelt die Existenz einer *Merkawa*-Mystik und hält sie von der Struktur her für *Hechalot*-Mystik. Halperin, S. 184. Zu weiteren Studien der Merkawa-Mystik siehe Gershom Scholem: *Jewish Gnosticism, Merkabah Mysticism and Talmudic Tradition*, New York (Jewish Theological Seminary) 1960; Ithamar Gruenwald: *Apocalyptic and Merkavah Mysticism*, Leiden (E. J. Brill) 1980.

von Tagen fasten, er muß den Kopf zwischen die Knie legen, während er die ganze Zeit über bestimmte Lobpreisungen Gottes vor sich hin flüstert, während er das Gesicht zum Boden gewandt hat. Als eine Folge davon blickt er in die verborgensten Winkel seines Herzens, und es wird ihm scheinen, als sehe er die sieben Hallen mit eigenen Augen, während er von einem Saal zum anderen geht, um zu sehen, was sich darin befindet.[1]

Dabei findet nach Hai Gaons Ansicht eine innere Reise »zum verborgensten Winkel des Herzens« statt, kein tatsächlicher Aufstieg der Seele zum Himmel und durch sie hindurch, ebensowenig sind hier irgendwelche Elemente enthalten, die für eine ›außerkörperliche‹ Erfahrung typisch wären. Die hier verwendeten Techniken bewirken einen Wandel der üblichen Körperreaktionen auf äußere Anreize und führen eine Neuordnung des Bewußtseins herbei. Dieser als ›Entautomatisierung‹ bekannte Zustand ist eine vorsätzliche Anstrengung, einen hypnotischen Zustand oder andere tranceähnliche Zustände auszulösen. Das gilt für viele *Merkawa*-Erlebnisse.

Im rabbinischen Judentum treten zwei Arten mystischer Erfahrungen häufig auf. Da ist zunächst Rabbi Akivas Erfahrung, die stellvertretend für die ›Extraversions‹-Mystik steht, bei der das Subjekt spürt, wie sein ganzes Wesen zum Himmel aufsteigt. Eine Abwandlung davon ist die ›außerkörperliche‹ Erfahrung, bei der das Bewußtsein oder die Seele des Mystikers, nicht jedoch sein physisches Selbst zum Himmel aufsteigt. Ganz anderer Art ist die Erfahrung von Hai Gaon, die für die ›Intraversions‹-Mystik typisch ist, bei der das Subjekt eine Fahrt ins Innere, eine »Reise ins Herz« macht. Sie wird durch im Bewußtsein des Mystikers verankerte Visualisierungstechniken ausgelöst. Der Unterschied zwischen diesen beiden Arten von Erfahrungen im rabbinischen Judentum liegt in der Frage, ob der Mystiker die Begegnung als eine äußere oder innere versteht.

Seit der Entstehung des Islam im 7. Jahrhundert bis zum

1 Benjamin Lewin: *Otzar ha-Geonim*, Haifa 1931, Bd. 4, S. 13–15. Zitiert in Louis Jacobs: *Jewish Mystical Testimonies*, New York (Schocken Books) 1977, S. 23.

Aufstieg der Mameluckendynastie im 13. Jahrhundert blühte die jüdische Mystik im islamischen Herrschaftsbereich. Die Beziehung zwischen Judentum und Islam in diesem Zeitraum spielte für die Geschichte beider Religionen eine Schlüsselrolle. Der Prophet Mohammed war zweifellos gut mit der jüdischen mündlichen Tradition vertraut, die auf biblischen wie rabbinischen Volkssagen beruhte, ebenso wie mit einigen Formen der jüdischen Religionsausübung, wie sie bei den jüdischen Stämmen, die im 7. Jahrhundert auf der Arabischen Halbinsel lebten, gebräuchlich waren. Vielleicht hat Mohammed auch die Inspiration für sein Verständnis der persönlichen Frömmigkeit und religiösen Gerechtigkeit aus den Erzählungen geschöpft, die er bei Juden über das beispielhafte Leben der hebräischen Propheten gehört hatte.[1]

Weil der Islam nach Mohammed der legitime Erbe der biblischen Berufung war und als solcher den hebräisch-monotheistischen Auftrag erfüllte, wollte er die arabisch-jüdischen Stämme zum Übertritt bewegen.[2] Seine wohlwollende Haltung dem Judentum gegenüber änderte sich, als diese mächtigen jüdischen Stämme seine Bemühungen ablehnten, sie unter seiner Führung zu konsolidieren. Als eine Folge davon spiegeln viele Äußerungen im Koran, die von moralischer Perversität, Verrat, Ausflüchten und sogar Götzenverehrung des jüdischen Volkes sprechen, Mohammeds Enttäuschung über die Juden wider. Aber gleichzeitig erkennt der Koran seine Schuld gegenüber den hebräischen Propheten als Träger der ursprünglichen monotheistischen Tradition an.[3]

Dieser zweideutigen Einstellung in den Anfangsjahren des Islam verdankten die Juden, die unter dem Islam lebten, später ihren komplizierten Status. Einerseits waren sie »das Volk des Buches«, ein bereits im Koran geprägter Begriff, den die Juden

1 David S. Ariel: The Eastern Dawn of Wisdom: The Problem of the Relations between Islamic and Jewish mysticism. *Approaches to Judaism in Medieval Times*, David Blumenthal (Hrsg.), Chico CA (Scholars Press) 1985, S. 149– 167.

2 *Koran*, Sure 2: 40, 57, 64, 122; 3, 64; 4, 23; 5: 3, 26, 32; 29, 41.

3 *Koran*, Sure 2, 86; 5: 70, 82; 9, 29; 59, 2.

später übernahmen. Als solche galten sie als geschützte Minderheit unter islamischer Herrschaft, die Recht auf Eigentum und freie Religionsausübung hatte. Andererseits besaßen die Juden jedoch keinerlei politische Rechte noch andere Privilegien wie die Angehörigen »der Gemeinde der Gläubigen«, und gelegentlich fielen sie antijüdischen Ausbrüchen zum Opfer.

Die Juden akzeptierten ihren Status unter dem Islam bereitwillig, denn er bot ihnen, praktisch gesehen, ein größeres Maß an Rechtssicherheit als das Christentum. Seit der Zerstörung des Zweiten Tempels in Jerusalem im Jahr 70 u. Z., als die rabbinischen Akademien die geistige Führung im Judentum übernahmen und zu seinem Zentrum wurden, betrachteten sich die Juden als eine Minderheit, die der Autorität der herrschenden fremden politischen Herrschaftssysteme unterstand. Sie verzichteten auf alle Ansprüche einer politischen Souveränität für sich, solange ihnen ein gewisses Maß an Selbstverwaltung und religiöser Toleranz zugesichert wurde. Dank dieser wichtigen Strategie für ein Leben in der Diaspora konnten sich die Juden an ihren Status als geschützte Minderheit in der islamischen Welt gewöhnen und gleichzeitig an ihren eigenen religiösen Einrichtungen und Traditionen festhalten.

Der Raum um Bagdad, Kufa und Basra bot Juden zwischen 635 und 1258 u. Z. einen besonders fruchtbaren Boden. Bagdad, Sitz des islamischen Abbasidenkalifats, war zu dieser Zeit das blühende Zentrum der islamischen Kultur. Unter abbasidischer Herrschaft entwickelte sich die Einrichtung des Exilarchen (*Resch Galuta*), des Laien, der der jüdischen Gemeinde in Babylonien vorstand. Die islamischen Behörden statteten den Exilarchen mit der Vollmacht aus, Steuern zu veranlagen und zu erheben, Recht zu sprechen und die Wohltätigkeitsfonds der Gemeinde zu beaufsichtigen. Die berühmten rabbinischen Akademien in Sura und Pumbedita lagen ebenfalls nahe bei Bagdad. Ihnen standen die *Geonim* (»der Stolz Jakobs«) vor, die führenden religiösen und intellektuellen Köpfe der babylonischen Juden, deren Autorität in der gesamten jüdischen Welt anerkannt war. Während dieser Zeit erfreuten sich Bagdads vierzigtausend Juden eines hohen

Maßes an religiöser Toleranz, Integration in die islamische Gesellschaft, autonomer Selbstverwaltung und religiöser Wechselbeziehung zu Muslimen.[1]

Auch die jüdische Mystik blühte im Islamischen Reich, besonders in dem während der gesamten jüdischen Geschichte als Babylonien bekannten Gebiet, dem heutigen Irak.[2] Diese Region, die auch die Stadt Bagdad einschloß, brachte so verschiedene Menschen wie Ezechiel und Hai Gaon hervor. Muslimische und jüdische Mystiker in und um Bagdad und Damaskus pflegten enge Kontakte miteinander. Einige vertraten sogar glaubensübergreifende Ansichten: den Glauben, daß Judentum und Islam zwar verschiedene, aber gleich gültige Wege seien, um eine mystische Vereinigung mit Gott zu erreichen. Man weiß von Muslimen, die unter ihrem Turban sichtbar die traditionelle jüdische Kopfbedeckung trugen und sich zum Glauben an eine Universalreligion bekannten. Als solch ein muslimischer Weiser einst von einem Schüler um geistige Führung gebeten wurde, antwortete er: »Auf welchem Weg, dem jüdischen, christlichen oder muslimischen?«[3]

Vermutlich hatten jüdische und islamische Mystiker gemeinsame Meditationstechniken und andere Methoden, um visionäre und ekstatische mystische Begegnungen herbeizuführen. So hat zum Beispiel Hai Gaon bei seinem Versuch, den Aufstieg des Propheten Ezechiel zum Himmelswagen nachzuvollziehen, vermutlich Amulette mit den magischen Namen Gottes verwendet, die ihn bei seinem mystischen Aufstieg von einem Himmel zum anderen schützen und als Losung dienen sollten.[4] Diese Technik mit magischen Amuletten dürfte Hai Gaon der muslimischen magischen und mystischen Kalligraphie entlehnt haben.[5]

Außer den Techniken für einen mystischen Aufstieg und der

---

1 E. Strauss (Ashtor): *Toledot ha-Yehudim ba-Mitzrayim ve-Suriah Tahat Shilton ha-Mamelukim*, Jerusalem 1944, Bd. 1, S. 47.

2 Ariel, S. 154.

3 Strauss, Bd. 1, S. 352f.

4 Joseph Dan: *Torat ha-Sod shel Hasidei Ashkenaz*, Jerusalem 1968, S. 124f.

5 Ariel, S. 159.

›Thronmystik‹ ist sonst kaum etwas über die Praktiken jüdischer Mystik in der islamischen Welt bekannt. In der zweiten Hälfte des 12. Jahrhunderts verlagerte sich das Zentrum jüdischer mystischer Aktivität vom Bagdader Raum nach Deutschland und in die Provence. Der hebräische Reisebericht, *Die Chronik des Ahimaas*, aus dem 11. Jahrhundert erklärt, die jüdische Mystik sei von Abu Aharon, einem jüdischen Mystiker aus Bagdad, nach Italien gebracht worden. Weitere Chroniken identifizieren andere als Träger der jüdischen Mystik aus »dem Orient« (Bagdad) in »den Okzident« (Europa).[1]

In Westeuropa hat die jüdische Mystik ihre tiefsten Wurzeln in Deutschland und in der Provence und dann in Spanien geschlagen. Angehörige der Familie der Kalonymiden brachten den Juden in Europa einige mystische Vorstellungen über Ezechiels »Bericht über den Thronwagen«, die sie vorgeblich von Abu Aharon aus Bagdad gehört hatten. Diese Familie gehörte in der Mitte des 12. Jahrhunderts zur religiösen Oberschicht der Juden in Deutschland, und aus ihrer Mitte stammten die Meister einer als *Chassidej Aschkenas* (»die Frommen in Deutschland«) bekannten geistigen Bewegung.[2] Viele ihrer Anschauungen wurden von ihren Anhängern im letzten Drittel des 12. Jahrhunderts wiederum in die Provence und nach Spanien getragen. Der Beginn des 13. Jahrhunderts kennzeichnet den Anfang der fruchtbarsten Periode in der Geschichte der jüdischen Mystik.

Der deutsche Chassidismus befürwortete ein neues religiöses Ideal geistigen Gleichmuts. Der *Chassid* oder wahre Fromme war fähig, alles Leid und alle Versuchungen der Welt gleichmütig zu ertragen. Er wandte sich sowohl vom körperlichen Schmerz wie von den Freuden der materiellen Welt ab und widmete sich ausschließlich der Betrachtung Gottes. Der *Chassid* war bewußt bemüht, sich gegen seine Leidenschaften und körperlichen Wünsche zu wappnen, indem er sich ihrer Freuden enthielt. Ebenso stellte er sich willig der Verachtung

1 Ariel, S. 156.

2 Der deutsche Chassidismus sollte nicht mit dem polnisch-litauischen Chassidismus verwechselt werden, der im 18. Jahrhundert entstand.

und dem Leid und nahm beides als Mittel auf sich, seine Fähigkeit, gleichmütig auf weltliche Anreize zu reagieren, zu vertiefen. Der *Chassid* war eine einsame, der Welt entrückte Gestalt, die sich ausschließlich Gott widmete.[1]

An die Stelle der Mystik rabbinischer Eingeweihter trat bei den deutschen *Chassidim* ein neues Verständnis des meditativen Gebets. Der Nachdruck lag jetzt nicht länger auf dem Aufstieg in den höchsten Palast Gottes, der trotz aller überschwenglicher Hymnen der Mystiker unzugänglich war und es auch blieb. Im deutschen Chassidismus verlagerte sich der Nachdruck einerseits auf Gottes absolute Einzigartigkeit und Entrücktheit und andererseits auf seine Zugänglichkeit und Immanenz. Die älteren mystischen *Merkawa*-Gebete waren spontane, unverfälschte Lobesergüsse über die verborgene Herrlichkeit auf dem Thron. Deutsche *Chassidim* verstanden das Gebet als Mittel, die Seele mit der Allgegenwart des Göttlichen zu vereinen.

Die deutschen *Chassidim* unterschieden zwischen dem verborgenen Gott und seiner Manifestation, wie sie Moses und andere Propheten erblickt hatten. Die sichtbare Erscheinung Gottes, abwechselnd als *Schechina* (»göttliche Gegenwart«), *Keruv* (»Cherub«), *Kawod* (»Herrlichkeit«) und *Gedula* (Größe«) bezeichnet, ist der »Bezugs«-Aspekt Gottes, wie er sich Propheten und Mystikern offenbart. Die *Schechina* kann ihrer Ansicht nach eine sichtbare Form in Gestalt von Feuer und Wolken annehmen. Die deutschen *Chassidim* gingen weiter als die *Merkawa*-Mystiker, denn sie schrieben Gott Aktivität anstelle von Passivität zu. Nicht der Mystiker steigt durch die Paläste hinauf, sondern der Bezugsaspekt Gottes steigt zum Menschen hinab.

Der deutsche Chassidismus enthielt im Rahmen einer neuen Theologie Elemente der »Thron«-Mystik, derzufolge Gott durch das Gebet in der Welt manifest gemacht werden kann. Sie stellten einen neuen Zugang zum Problem der göttlichen

---

1 Scholem: *Hauptströmungen*, S. 80–118; Dan: *Scholem*, S. 92–126. Siehe auch Ivan Marcus: *Piety and Society: The Jewish Pietists of Medieval Germany*, Leiden (E. J. Brill) 1981.

Einheit vor, indem sie zwischen dem verborgenen und dem offenbarten Aspekt Gottes unterschieden. Gott ist einer und einzig, und doch kann er gelegentlich Darstellungen seiner selbst schaffen, die in sichtbarer Form auf der Welt erscheinen. Trotz der auf Grund ihrer Aussage, Gott habe eine Darstellung auf Erden geschaffen, entstehenden Probleme konnten sie sowohl die Idee von Gottes absoluter Einmaligkeit wie auch seiner Zugänglichkeit zur Menschheit bewahren.

Etwa zur selben Zeit, wie sich der Chassidismus in Deutschland entwickelte, begann sich in der Provence die wichtigste aller mittelalterlichen jüdischen mystischen Bewegungen zu verbreiten. Im ausgehenden 12. Jahrhundert war die Provence das intellektuelle Zentrum der Juden Europas.[1] In der Provence pflegte man enge Beziehungen zu den Juden Spaniens, und hier begegneten sich zwei große Kulturen: die arabische und die christliche. Unter arabischer Herrschaft hatten die Juden Spaniens eine intellektuelle und literarische Blüte erlebt, die das 10. bis 12. Jahrhundert umspannte.

Al-Andalus oder *Sefarad*, wie Muslime bzw. Juden Spanien nannten, wurde die Arena, in der die größte kulturelle Wechselwirkung zwischen diesen beiden Völkern stattfand. Von 711 u. Z., als muslimische Streitkräfte unter dem Befehl von Tarik ibn Sijjad in Gibraltar (nach ihm *Dschebel al-Tarik*, arabisch »der Berg des Tarik«, benannt) landeten, bis 1145, als sich die fundamentalistische Almohaden-Dynastie bemühte, auf der gesamten Iberischen Halbinsel religiöse Konformität durchzusetzen, dienten muslimische und jüdische Wissenschaftler, Philosophen, Staatsmänner und Ärzte nebeneinander an andalusischen Höfen und leisteten ihren Beitrag zu einer Renaissance des Wissens, die sich von Spanien aus später über das restliche Europa ausbreitete.

Pflege und Verfeinerung der arabischen Prosa, Lyrik, Grammatik und Philosophie und ihre Einflüsse auf die Juden bewirkten eine anhaltende Umwandlung der jüdisch-hebräi-

1 Isadore Twersky: Aspects of the Social and Cultural History of Provencal Jewry. *Jewish Society Through the Ages*, H. H. Ben-Sasson und S. Ettinger (Hrsg.), New York (Schocken) 1969, S. 191.

schen Kultur. Muslime und Juden in Spanien erbrachten mit ihrer Tätigkeit reiche kulturelle Leistungen, die deutlich machen, wie fortschrittlich die muslimische Gesellschaft in diesem »Goldenen Zeitalter« war, verglichen mit dem »dunklen Mittelalter« des christlichen Europa zur gleichen Zeit.

Das muslimische Spanien war fruchtbarer Boden für eine jüdische intellektuelle und literarische Blüte. Schmuel ha-Nagid (993–1055), der führende geistige Vertreter der andalusischen Juden, zeichnete sich auch unter den Muslimen als Dichter, Staatsmann und militärischer Befehlshaber aus. Schlomo ibn Gabirol (1020 – ca. 1057) verfaßte nicht nur weltliche, ja, sogar erotische Gedichte, sondern auch zutiefst inspirierte religiöse Lyrik und bedeutende philosophische Werke. Bahja ibn Pakuda (spätes 11. Jahrhundert) zeichnete verantwortlich für die Vorstellung, daß die »Pflichten des Herzens«, die geistige und innere Dimension des Menschenlebens, für einen Juden so wichtig und verpflichtend sind wie die sichtbaren Handlungen, die das jüdische Gesetz vorschreibt. Jehuda ha-Levi (ca. 1075–1141) schuf mit seinem *Sefer ha-Kusari* ein originelles, überzeugendes Bild vom jüdischen Volksglauben. Das hellste Licht in dieser Zeit war jedoch Rabbi Mosche ben Maimon, genannt Maimonides (1135–1204), der glänzende jüdische Philosoph und Rechtsgelehrte, dessen Vorstellungen und Entscheidungen das gesamte spätere Denken der Juden und ihre Rechtsphilosophie geprägt haben.

Die Errungenschaften des »Goldenen Zeitalters« im muslimischen Spanien waren diejenigen einer Eliteklasse von Hofbeamten, Künstlern und Intellektuellen, die in einer Gesellschaft lebten, welche Muslimen zwar strenge religiöse Normen auferlegte, Nichtmuslimen gegenüber jedoch verhältnismäßig frei von Dogmatik war. Weil Andalusien, das ja bis zum 11. Jahrhundert ein Omajjaden-Kalifat war, so weit von Bagdad, dem Sitz der Abbasiden-Dynastie, entfernt lag, konnte es eine eigene kulturelle Autonomie entwickeln. Außerdem erlaubte der Reichtum der andalusischen Höfe, eine materiell reiche Kultur zu fördern und jene Individuen, ungeachtet ihrer Religion, zu begünstigen, die den politischen Ambitionen des Herrschers entgegenkamen und den Hof bereicherten.

Die arabische Literatur in Spanien spiegelte das Ideal der *arabijja*, wider, der Idee, die arabische Sprache im Koran und in der klassischen Dichtung zu vervollkommnen, und betonte ihre zentrale Stellung in Bewußtsein und Identität der islamischen Völker. Gelegentlich dürfte es vielen Andalusiern vorgekommen sein, als lebten sie in einer Kultur, die sich stärker durch die Bedeutung der arabischen Sprache als durch die islamische Religion definierte. Die Juden Andalusiens übernahmen die arabische Sprache als mündliches und literarisches Ausdrucksmittel, denn mit ihr definierte sich für sie eine kulturelle Gemeinsamkeit mit den Muslimen. Sie erkannten, daß der Erfolg herausragender Juden, die in einer arabischen Zivilisation lebten, in entscheidendem Maße von ihrer Fähigkeit abhing, mit der arabischen Sprache umzugehen. Die Übernahme des Arabischen durch die Juden ging so weit, daß die religiöse Literatur der Juden und ihre Bibelkommentare zur damaligen Zeit größtenteils auf arabisch statt auf hebräisch verfaßt wurden.

Das Ideal der *arabijja* drückte das nationale Identitätsgefühl der Muslime durch ihre Sprache aus. Arabische Dichtung galt bei Muslimen als die höchste Form literarischer Schöpfung, und die Fähigkeit, diese Kunst zu beherrschen, wurde zum Maßstab des Gebildetseins. *Arabijja* löste unter den Juden ein vergleichbares Gefühl des sprachlichen Nationalismus aus, und sie wandten sich dem klassischen Hebräisch der Bibel zu, um eine Sprache der dichterischen Ausdrucksmöglichkeiten zu schaffen, die genauso hochentwickelt war wie das Arabische. Zwar waren die Juden in allen Bereichen der andalusischen Gesellschaft kulturell voll integriert, doch der Ausdruck des nationalen Bewußtseins des jüdischen Volkes nahm in Spanien die Gestalt einer Renaissance der hebräischen Literatur an, vor allem der Lyrik. Weltliche wie religiöse Lyrik war die einzige Gattung, in der Juden fast ausschließlich hebräisch schrieben. Das Ideal der *arabijja* begünstigte demzufolge ein neues Wachsen der hebräischen Literatur und eine kulturelle Identität durch das Wachstum der hebräischen Lyrik.

Die Almohaden-Einfälle 1145 in Spanien und die damit einsetzenden antijüdischen Verfolgungen sowie die Desintegration der muslimischen Herrschaft nach den militärischen Erfolgen der christlichen *Reconquista* Spaniens führten dieses »Goldene Zeitalter« zu einem tragischen Ende.

Seit dem 11. Jahrhundert war die Provence Mittelpunkt einer rabbinischen Kultur, die Bibel- und Talmudforschung, pietistisches Denken und liturgische Komposition umfaßte. Nichts weist auf irgendeinen Einfluß der weltlichen andalusischen Kultur auf die Provence vor der zweiten Hälfte des 12. Jahrhunderts hin.

Den Beginn einer weltlichen jüdischen Kultur in der Provence kennzeichnet die Ankunft von Jehuda ibn Tibbon (1120–1190), der vor den Verfolgungen durch die Almohaden geflohen war. Tibbon, der eine umfangreiche Bibliothek und die intellektuelle Tradition der andalusischen Juden mitbrachte, wurde von den jüdischen Intellektuellen in der Provence bereitwillig aufgenommen. Kurz nach seiner Ankunft erhielt er von einem führenden Talmud-Gelehrten den Auftrag, eine Reihe bedeutender jüdischer Werke aus dem Arabischen ins Hebräische zu übersetzen. Angefangen mit Bahjas Werk *Pflichten des Herzens*, widmete er die nächsten 25 Jahre einer Reihe von Übersetzungen, die der Provence und dem christlichen Europa die spanisch-jüdische Kultur nahebrachten. Sein Sohn Schmuel (1160–1230) führte dieses Werk fort, indem er Maimonides' *Führer der Unschlüssigen* und andere Werke übersetzte. Die Provence entwickelte sich zu einem Zentrum jüdischen intellektuellen und literarischen Lebens in Europa. Im späten 12. und frühen 13. Jahrhundert dienten Juden als Vermittler und Übermittler der arabischen Zivilisation und sogar der klassisch griechischen und Hindu-Traditionen in Europa.

Die Provence war auch Heimat einer neuen jüdischen Mystik. Die als *Kabbala* bekannte Bewegung nahm gegen 1175 in Kreisen, die mit einer der großen führenden Rabbinerfamilien der Provence in Verbindung standen, ihren Anfang.[1]

1 Gershom Scholem: *Ursprung und Anfänge der Kabbala*, Berlin (Walter de Gruyter) 1962, S. 30, S. 216. Siehe auch Joseph Dan und Ronald Kiener: *The Early Kabbalah*, Ramsey NJ (Paulist Press) 1986.

Versteckte Hinweise auf mystische Offenbarungen des Propheten Elias traten in Äußerungen auf, die man damals führenden Rabbinen zuschrieb.

Elias, ein eifriger israelitischer Prophet im 9. Jahrhundert v. d. Z., beschreibt die Bibel als heftigen Gegner aller Formen des Heidentums innerhalb der Grenzen Israels (1. Könige 18, 19). Die Bibel spricht auch von einer Begegnung zwischen Elias und Gott, die an genau dem gleichen Ort erfolgte, an dem Gott Moses die Thora offenbart hatte. Nach einem gewaltigen Donnersturm und Feuer ist »in einem sanften Säuseln« Gottes Stimme zu hören, die zum Propheten spricht (1. Könige 19). Dieser Bericht endet damit, daß Elias verschwindet, indem er von einem Feuerwagen in den Himmel getragen wird (2. Könige 2, 1–11). Der Tradition nach lebt Elias im »Verborgenen« weiter. Er gilt außerdem als Vorbote des Messias (Maleachi 3, 23f.), der den Menschen erscheint, um Geheimnisse des Himmels zu offenbaren.[1]

Verschiedene jüdische Gelehrte wollen solche Offenbarungen durch Elias vernommen haben, so Avraham ben Jitzhak aus Narbonne (gest. 1179), der Vorsitzende des Rabbinergerichts in Narbonne, sein Schwiegersohn, Rabbi Avraham ben David (RABaD) aus Posquières (gest. 1198), der führende Talmudgelehrte seiner Generation, und RABaDs Sohn, Isaak der Blinde (gest. ca. 1236), der erste als solcher identifizierbare kabbalistische Autor.[2]

Gegen Ende des 12. Jahrhunderts waren in der Provence unter den Anhängern von Isaak dem Blinden Kopien einer Handschrift mit dem Titel *Sefer ha-Bahir* (»Das Buch des hellen Lichts«) in Umlauf, das Nehunja ben ha-Kana, einem Rabbinen und Zeitgenossen von Rabbi Akiva im 2. Jahrhundert, zugeschrieben wurde. Wenn auch das Buch damals noch der *Merkawa*-Tradition zugerechnet wurde, dürfte es erst lange nach dem 2. Jahrhundert entstanden sein. Das *Sefer ha-Bahir* mit Fragmenten von Legenden und Kommentaren zu

1 *Tanna de-Vei Eliyahu*, M. Friedmann (Hrsg.), Wien 1902, 1904, S. 27ff.

2 Scholem, *Ursprung*, S. 219–273.

Bibelversen wurde vermutlich im späten 12. Jahrhundert auf der Grundlage älterer Texte zusammengestellt, die man gesammelt und bearbeitet hatte. Als das Buch erschien, entbrannte ein heftiger Streit um seine Authentizität und sein Alter.[1]

Das *Sefer ha-Bahir* stellte einen gänzlich neuen Gottesbegriff vor. Gott war nicht mehr der transzendente König der *Merkawa*-Mystik. Im *Sefer ha-Bahir* ist Gott eine Mischung dynamischer Kräfte, die sich in einem Zustand ständiger Ebbe und Flut befinden. Dieses dynamische Wesen ist entsprechend dem Fließen seiner inneren Kräfte einer unaufhörlichen inneren Bewegung unterworfen. In einem Augenblick sind bestimmte Aspekte Gottes im Aufstieg, zu einem anderen im Niedergang begriffen. Das *Sefer ha-Bahir* betrachtet Gott als ein sich unablässig wandelndes Wesen, dessen innere Dynamik von menschlichen Handlungen bestimmt wird, die sich tief auf Gott auswirken und einen Nachhall zur Folge haben.[2] Die beiden herausragendsten Kräfte in diesem Pantheon göttlicher Dynamik sind die weibliche und die männliche Potenz. Beide Elemente sollten im kabbalistischen Gottesbegriff schon bald eine zentrale Stellung einnehmen.

Isaak der Blinde, der erste Kabbalist in der jüdischen Geschichte, wurde Jitzhak Sagi-Nahor (»Isaak des großen Lichts«) genannt, eine euphemistische Anspielung auf seine Behinderung. Trotz seiner Blindheit verkörpert er die mystische Erfahrung des menschlichen Geistes, der versucht, über die eigenen Grenzen hinauszugehen, indem er in farbigen greifbaren Bildern über den göttlichen Verstand meditiert. Für Isaak ist Gott der »Unbegreifbare«, der universale Verstand, der die Quelle allen Denkens und Seins ist, den der durchdringende Verstand des Mystikers zu ergründen sucht.

Die ersten Schüler Isaaks des Blinden und die Anhänger des *Sefer ha-Bahir* waren der Ansicht, es sei unmöglich, Gott durch rationale Mittel zu erreichen oder zu begreifen. Gott war nur anhand von Symbolen und Spuren seiner Existenz, die er überall im Universum hinterlassen hatte, zu erfassen. Alles ist

1 Scholem, *Ursprung*, S. 47–54.
2 Scholem, *Ursprung*, S. 59–159: Dan: *Scholem*, S. 127– 146.

Symbol für Gott: die menschliche Seele, die Thora, die Natur – man muß es nur verstehen, ihre Bedeutung zu entschlüsseln. Die frühen Kabbalisten haben die Bedeutung der Symbole definiert, mit denen Gott verstanden werden kann. Sie sahen sich selbst als Dekodierer, die Gott erreichen konnten, es mußte ihnen nur gelingen, in den Kode vorzudringen, nach dem Gott lebt.

Die Anhänger Isaaks des Blinden in Spanien griffen die Herausforderung auf, die darin bestand, Gottes Symbolik zu verstehen. Um die Wende zum 13. Jahrhundert war Spanien wieder das Zentrum jüdischer Mystik geworden. Bis 1225 hatten die Christen die Rückeroberung Spaniens von den Mauren beinahe vollendet. Daraufhin verlagerte sich der Schwerpunkt jüdischen Lebens von den Provinzen Südspaniens vor allem in die nördlichen Provinzen Aragonien, Kastilien und Katalonien. Die kleine katalonische Stadt Gerona bot der nächsten Kabbalistengeneration eine Heimat. Zum Geronenser Kabbalistenkreis zählten viele bedeutende Mystiker, die einen Beitrag zur frühen kabbalistischen Theorie und Praxis leisteten.

Rabbi Mose ben Nachman, kurz Nachmanides (1194–1270), der anerkannte führende Gelehrte der Geronenser Schule, zählte auch in der allgemeinen spanisch-jüdischen Geschichte des 13. Jahrhunderts zu den wichtigsten Gestalten. Seine mystischen Ansichten sind in seine zahlreichen Schriften eingestreut, obwohl er sich sehr bemühte, diese Ansichten vor Nichtkabbalisten geheimzuhalten. Laut Schülern hatte er seinen umfangreichen Thorakommentar ursprünglich als kabbalistisches Werk konzipiert, aber nach einem warnenden Traum schrieb er ihn für breitere Leserkreise um. Trotzdem stößt man in diesem Werk immer wieder auf Hinweise auf mystische Geheimnisse. Viele seiner aufgezeichneten Homilien und Bibelexegesen enthalten kabbalistische »Geheimnisse« über Gott, Engel, die Seele, Wunder und das Leben nach dem Tod. Er gilt auch als der erste herausragende kabbalistische Lyriker.[1]

1 Siehe H. H. Ben Sasson: Rabbi Mosheh ben Nahman: *Ish be-Sivkhei*

Nachmanides hat sein Streben nach Mystik erfolgreich mit traditioneller religiöser Praxis und dem Amt eines jüdischen Gemeindevorstehers vereint. Als Rabbinen in Nordfrankreich und Deutschland sich 1232 anschickten, Moses Maimonides' Schriften als häretisch zu verurteilen, riet Nachmanides, obwohl er als Kabbalist Maimonides' Rationalismus persönlich ablehnte, zu Mäßigung und Kompromiß. Seiner Meinung nach hatte Maimonides den Juden in Andalusien und in der Provence, die in einer den Lehren des Judentums abträglichen Atmosphäre des weltlichen, philosophischen Rationalismus aufgewachsen waren, religiöse Ideen wieder schmackhaft gemacht. Für Nachmanides und sein Kulturverständnis war Maimonides einfach zu rational und seine Ideen zu weit von der traditionellen Lehrmeinung entfernt.

Um diese Zeit gab es nicht nur einen Kulturkampf zwischen Traditionalisten und Intellektuellen, sondern die Juden im christlichen Spanien erlitten auch einen Rückschlag nach dem anderen. Schem Tow Falaquera, ein Zeitgenosse von Nachmanides, der die delphische Maxime des »Erkenne dich selbst!« ins Hebräische eingeführt hatte, beschrieb sie als »eine Zeit der Belastungen und Gefahren, [in der] viele Schwierigkeiten uns befallen und jeder Mensch von der zornigen Rute des Schicksals mit Armut geschlagen wird und auf der Suche nach Unterhalt durch das Land wandern muß«.[1] Die Restriktionen, mit denen die katholische Kirche die Wirtschaftstätigkeit der Juden in ganz Europa belegte, und die Intoleranz der christlichen Stadtbevölkerung führten dazu, daß immer weniger Juden im Dienst der Regierung, in Finanzen, Wissenschaft und Medizin vertreten waren.

Nachmanides war Arzt von Beruf und bei allen Verhandlungen mit den Behörden der offizielle Vertreter der katalonischen

---

Tequfato. Molad (n. s.), Nr. 1, 1967, S. 360– 366; Scholem: *Ursprung*, S. 360–365, S. 396–401.

1 M. H. Levine: *Falaquera's Book of the Seeker*, New York (Yeshiva University) 1976, S. 8.

Juden. Mit dem Aufstieg des Dominikanerordens 1216 änderte die katholische Kirche ihre Politik den Juden gegenüber, und aus Angriffen wegen vorgeblicher antichristlicher Häresie im Talmud wurde wachsender Druck, der beweisen sollte, daß schon die Bibel die Ankunft Jesu Christi prophezeit. In dieser Zeit mehrten die Dominikaner in Spanien ihre Anstrengungen, die Juden zum Christentum zu bekehren, und erhielten dabei Unterstützung durch ihren Verbündeten Jakob I. von Aragonien. Als während seiner Herrschaft die Inquisition nach Spanien gebracht wurde, zwang man die Juden, sich Debatten mit den Dominikanern zu stellen und sich Predigten anzuhören, die ihnen vor Augen führen sollten, daß das Judentum die Wahrheit des Christentums beweise.

Nachmanides mußte auch die Verantwortung, für das jüdische Volk zu sprechen, auf sich nehmen. 1263 befahl ihm Jakob I. von Aragonien, das Judentum gegen die Vorwürfe der Dominkaner zu verteidigen, an deren Spitze ein bekehrter Jude, Paulus Christiani, stand. Trotz Nachmanides' kühner, furchtloser Verteidigung der jüdischen Religion verstärkte sich der Konversionsdruck auf die Juden. 1265 stellten die Dominkaner Nachmanides wegen angeblicher Behauptungen, die Juden hätten den Disput »gewonnen«, vor Gericht. Der König unterbrach den Prozeß, aber Nachmanides mußte aus Spanien fliehen und ging ins Land Israel.[1]

Nachmanides' Einsatz für die *Kabbala* trug zur Verbreitung jüdischer mystischer Lehren in ganz Spanien, Italien und im Land Israel bei. Obwohl die *Kabbala* eine esoterische, einigen wenigen, aber bedeutenden Auserwählten vorbehaltene Disziplin blieb, nahm ihre Bedeutung im Laufe der folgenden beiden Jahrhunderte in jüdischen Gelehrtenkreisen ständig zu.

Ein neues literarisches Werk, *Sefer ha-Sohar* (»Das Buch des Glanzes«), stellte, als es erschien, das entscheidendste

1 Zum Disput in Barcelona siehe O. S. Rankin: *Jewish Religious Polemic*, Edinburgh (Edinburgh University Press) 1956, S. 157–176; M. A. Cohen: Reflections on the text and context of the disputation of Barcelona, in: *Hebrew Union College Annual*, Bd.35, 1964, S. 157–192.

Ereignis in der Geschichte der spanischen *Kabbala* dar. Mit der Entdeckung des *Sohar* um 1290 begann in Spanien ein völlig neues Zeitalter in der jüdischen Mystik.[1] Wenn auch das *Sefer ha-Bahir* noch einige Zeit lang als maßgeblicher *Kabbala*-Text galt, trat der *Sohar* als Haupttext zur *Kabbala* schon bald an seine Stelle.

Um 1290 wurde der *Sohar* von Moses de Leon aus Guadalajara in Spanien vorgestellt. De Leon schrieb den vorgeblich alten *Midrasch* ab und gab ihn an Kabbalisten seines Bekanntenkreises in Spanien weiter. Seine Entdeckung wurde zum Teil mit großer Erregung aufgenommen, denn das Werk wurde Rabbi Simon bar Jochai zugeschrieben, einem Weisen, der im 2. Jahrhundert gelebt hatte und ein Schüler von Rabbi Akiva gewesen war. Der Fund war wegen Alter und Ansehen des vermuteten Verfassers gleich doppelt wertvoll. Andere Zeitgenossen de Leons betrachteten seine Entdeckung mißtrauisch. Wie war es überhaupt möglich, fragten sie sich, daß solch ein grundsätzliches Werk verborgen war und tausend Jahre später plötzlich wieder auftaucht? Ein Bericht aus zweiter Hand zitiert sogar die Witwe von Moses de Leon wie folgt:

> Gott möge mich strafen, wenn mein Mann dieses ganze Buch nicht allein geschrieben hat. Er hat jedes Wort und jeden Buchstaben des *Sohar* geschrieben. Als ich sah, daß er jedes Wort eigenhändig niederschrieb, während er den Menschen erzählte, Simon bar Jochai sei sein wahrer Verfasser, fragte ich ihn, warum er den Menschen nicht die Wahrheit sage. Er sagte mir: »Wenn ich den Menschen sagte, daß ich die Worte des *Sohar* und seine herrlichen Mysterien verfaßt habe, würde ihm nicht die gebührende Aufmerksamkeit zuteil und auch nicht der Preis, den ein altes Buch erzielt. Wenn die Menschen hören, daß Simon bar Jochai diese Worte unter dem Einfluß des heiligen Geistes offenbart hat, akzeptieren sie sie.«[2]

Um den *Sohar* hat es immer Meinungsverschiedenheiten gegeben. Die kleine Gruppe von Kabbalisten in Spanien und

---

1 Scholem, *Hauptströmungen*, S. 156–204: J. Dan: *Scholem*, S. 203–229.

2 Isaiah Tishby: *Mishnat ha-Zohar*, Jerusalem (Bialik Institute) 1957, Bd. 1, S. 29 ff. (Englische Ausgabe: *The Wisdom of the Zohar*, Oxford 1989.)

im Land Israel war entzweit in jene, für die er ein alter *Midrasch* war, und in jene, die ihn für eine geschickte Literaturfälschung von Moses de Leon hielten. Der Ton in dieser Auseinandersetzung im 13. Jahrhundert war erstaunlich mild. Das läßt darauf schließen, daß der *Sohar* zwar als etwas umstritten galt, aber selbst die Verfechter seines Alters betrachteten ihn lediglich als einen unter anderen mystischen Klassikern.

Erst mehrere hundert Jahre später hatte der *Sohar* für die Kabbalisten seine herausragende Stellung als wichtigstes klassisches Literaturwerk erlangt. Der *Sohar* ist ein umfassender mystischer Kommentar über viele Thoraabschnitte. Er stellt den Thora-Text als Beschreibung des Innenlebens Gottes und der Dynamik göttlicher Kräfte dar. Durch ihn als dem vorrangigen Literaturwerk wurden mystische Lehren und die Symbolik der spanischen *Kabbala* vermittelt, zusammen mit beträchtlichen Neuerungen in ihrer Theorie und Interpretation. Weil die spanische *Kabbala* auch weiterhin das Anliegen nur eines kleinen Kreises Eingeweihter blieb, bewegte die Frage nach der Authentizität des *Sohar* nur wenige Gemüter.

In den zweihundert Jahren nach dem Erscheinen des *Sohar* blühte die spanische *Kabbala* lediglich in einem begrenzten Kreis. Keine Akademie widmete sich ausschließlich dem Studium der *Kabbala*, ebensowenig gab es besondere Zusammenschlüsse oder Gemeinden. In Spanien galt die *Kabbala* als geistiges Anliegen einer kleinen Zahl von in den rabbinischen Schriften bewanderten, religiös konservativen Juden. Lehren, Theorien und Widmungen wurden vom Vater an den Sohn, vom Lehrer an den Schüler weitergereicht. Die *Kabbala* war die geistige Bewegung einer Elite, genährt durch die Verbreitung mystischer Handschriften und privat weitergegebener mündlicher Lehre.

Die Kabbalisten betrachteten sich selbst als eine Feste traditioneller religiöser Werte, auf der Hut vor Einbrüchen eines philosophischen Rationalismus, den sie als Modernismus mit dem Bann belegten. Das Wort *Kabbala* bedeutet an sich »Tradition«, und sie trugen es als Emblem für ihre konservative

Haltung. Nach Ansicht der Kabbalisten ging diese Tradition auf den Sinai zurück, die von den alten Weisen eher zögernd in einer Reihe mündlich überlieferter Lehren und verschlüsselter Schriften umrissen worden war.

Die Kabbalisten widersetzten sich dem modernistischen Trend, die Thora als Allegorie für eine moralische und wissenschaftliche Lehre zu betrachten. Für sie war diese Tendenz ein Versuch, die Thora relevant zu machen, indem man sie durch Interpretation zeitgenössischen Sitten und Moral anpaßte. Für die Kabbalisten ist die Thora ein geheimnisvolles Gewebe, bestehend aus Anspielungen auf die göttliche Welt, die in einer dem Menschen verständlichen Sprache gehalten sind. Aber sie warnten davor, die Thora als Werk zu betrachten, das von echten geschichtlichen Ereignissen unserer Welt spricht. Zwar verwende sie eine menschliche Sprache, ihre Bedeutung sei jedoch göttlich.

Die Kabbalisten führten mit den Modernisten einen Kampf um die Bedeutung der Thora. Aber wegen der esoterischen Natur ihrer Lehre und ihrer geringen Anzahl übten sie kaum einen Einfluß auf das jüdische Leben in Spanien aus.

Trotz der glanzvollen Geschichte jüdischen Lebens in Spanien verschlechterten sich die Bedingungen für die Juden im 14. Jahrhundert. 1391 entlud sich die antijüdische Stimmung in Spanien in landesweiten Pogromen. Vermutlich bis zu einem Drittel der 750 000 spanischen Juden wurde abgeschlachtet und eine gleich große Zahl gewaltsam getauft. Die gewaltsam Bekehrten wurden später als *Marranos* bekannt. Während der folgenden fünfundzwanzig Jahre vergrößerte sich die Zahl der *Marranos* durch die freiwillige Bekehrung vieler Juden, den sogenannten *Conversos*, die das Judentum aufgaben, um dem Stigma und Schicksal ihrer Glaubensbrüder zu entkommen.

Das neue gesellschaftliche und religiöse Phänomen von bekehrten Christen, die zum Teil weiterhin Kontakte zu Juden und Judentum pflegten, weckte in der breiten Öffentlichkeit große Besorgnis. In Spanien debattierte man heftig über die Treue der neuen Christen zum Katholizismus. Trotz der großen Unterschiede, unter denen die Bekehrung stattgefunden hatte, und dem unterschiedlichen Grad an Loyalität zur angenommenen Religion betrachteten die Christen ihre neuen Glaubensgenossen oft als homogene Gruppe. Für die Kirche waren die Bekehrten häufig nichts anderes als Kryptojuden, die heimlich weiter jüdische Riten praktizierten. Rabbinische Autoritäten machten einen Unterschied in der rechtlichen Stellung von gewaltsam Bekehrten und freiwillig Bekehrten, und sie bemühten sich um die Definition von Kriterien, um festzulegen, wer nach jüdischem Gesetz noch als Jude galt und wer nicht.

1449 begannen die Franziskaner, die echten und eingebildeten Überreste von Judentum bei den neuen Christen mit der Wurzel zu vertilgen. Als Ferdinand und Isabella 1474 den Thron bestiegen, bemühten sie sich, ihre politische Herrschaft auf ganz Spanien auszudehnen. Religiöse und politische Kräfte vereinigten sich 1481, als die Königliche Inquisition in Spanien eingeführt wurde. Unter Torquemadas Leitung verfolgte die Inquisition ihre Ziele mit beispielloser Grausamkeit und schon legendärer Blindheit der Wahrheit gegenüber. Ferdinand und Isabella, die das jüdische Problem von zwei Enden angriffen, gestatteten es der Inquisition einerseits, gegen die neuen Christen einzuschreiten, und andererseits wiesen sie 1492 die verbliebenen Juden aus Spanien aus. Im Anschluß daran konnten sie ihre Herrschaft über die Nation auf der Grundlage ethnischer und religiöser Einheit konsolidieren.

Als Kolumbus 1492 in die Neue Welt aufbrach, endete unvermittelt die mehr als tausendjährige Geschichte der Juden in Spanien. Die Reste der spanischen Juden flohen nach Portugal, ins Osmanische Reich und in die wichtigsten Handelszentren Europas. Mit sich trugen sie das Selbstbewußtsein, die Elite der Juden der Welt zu sein. Schließlich hielten sie Spanien für den Ort, an den viele Verbannte nach der Zerstörung des Ersten Tempels 586 v. d. Z. zur Zeit des Propheten Ezechiel geflohen waren. Sie betrachteten sich als die älteste überlebende jüdische Gemeinde der ganzen Welt. Stolz blickten sie auf die Zeit zurück, als herausragende Juden bei arabischen Herrschern und in geringerem, aber nicht unbedeutendem Maß unter christlicher Herrschaft – Hofbeamte, Finanzberater, Wissenschaftler, Philosophen, Verwaltungsbeamte und Gelehrte gewesen waren. Stolz blickten sie auf Koryphäen wie Maimonides und Nachmanides, ebenso wie auf die Tradition der hebräischen liturgischen Dichtung. Viele erinnerten sich auch mit Stolz daran, daß die *Kabbala* in Spanien geblüht hatte.

Die Zerstörung jüdischen Lebens in Spanien bedeutete jedoch keineswegs das Ende der Tradition jüdischer Mystik. Sie hatte sich schon auf viele andere Gemeinden in Europa und um das Mittelmeer herum ausgebreitet, sollte aber auf Grund der Erfahrung der Ausweisung schon bald eine entscheidende Umwandlung erleben. Als das große Erbe der spanischen *Kabbala* in die Stadt Safed in Galiläa im Land Israel verpflanzt wurde, ging eine Phase in der Geschichte der jüdischen Mystik zu Ende, und eine neue begann.

An diesem Punkt sollen die wichtigsten Elemente der mystischen Suche im Judentum untersucht werden. Daran anschließend folgt eine Untersuchung der Geschichte der jüdischen Mystik von 1492 bis in die Gegenwart.

3 Mit dem Abgrund leben

Das Wesen der jüdischen Mystik

Eine mystische und eine religiöse Erfahrung sind nicht unbedingt das gleiche. Religion kommt vor Mystik. Mystik ist eine Art der religiösen Erfahrung, aber nicht alle religiösen Erfahrungen sind mystisch. Religion kann man als Reaktion des Menschen auf die Erfahrung der höchsten Wirklichkeit Gottes verstehen, dessen Wesen jenseits rationaler Vorstellungskraft liegt. Der Theologe Rudolf Otto (1869–1937) hat erklärt, daß eine religiöse Erfahrung durch das gekennzeichnet ist, was jenseits des rationalen Wissens liegt und je nach Fall »das völlig (oder heilige) andere« oder »die furchterregende, ehrfurchtgebietende Majestät« ist, die man nicht mit gewöhnlichen Worten beschreiben kann.[1] Religion hängt mit den Gefühlen zusammen, wie sie die Erfahrung hervorbringt, und mit dem Versuch, diese Erfahrung mitzuteilen und sie durch ein Ritual zu umschreiben.

Mystik ist eine bestimmte Theorie und Praxis, um die religiöse Erfahrung zu intensivieren. Dazu gehört, daß die religiöse Erfahrung in eine intensive Beziehung zur höchsten Wirklichkeit umgewandelt wird. Sie ist eine intensivere Form der Religion als die, die eine Religion formell sanktioniert. In vielen Religionen ist Mystik auch eine esoterische Erscheinung, die nur von ausgewählten Individuen, nicht von der Masse ausgeübt wird. Die jüdische Mystik ist also eine intensivere Form der religiösen Erfahrung, als man sie im allgemeinen im normativen, rabbinischen Judentum findet.

Gershom Scholem (1897–1982), der führende Gelehrte der modernen jüdischen Mystik, hat die Theorie aufgestellt, Mystik sei ein bestimmtes Stadium in der historischen Entwicklung

---

1 Rudolf Otto: *Das Heilige: Über das Irrationale in der Idee des Göttlichen und sein Verhältnis zum Irrationalen*, Breslau (Trewendt und Granier) 1922, S. 25ff.

einer Religion und sie trete unter bestimmten, klar definierten Bedingungen auf.[1] Ihm zufolge unterscheidet sich jüdische Mystik phänomenologisch von jüdischen religiösen Erfahrungen, wie sie aus Bibel und Talmud bekannt sind. Weiter vertritt er die Auffassung, die jüdischen Mystik sei in der Geschichte des Judentums eine verhältnismäßig späte Entwicklung. Um religiöse Erfahrungen von Mystik zu unterscheiden, teilt Scholem die Geschichte des Judentums in drei Etappen ein:

- mythische Periode
- institutionelle Periode
- romantische oder mystische Periode.

In der »mythischen« Periode, die mit der Zeit zwischen Abraham und Ezechiel zusammenfällt (1500 v. d. Z.– 350 v. d. Z.), entdeckt der Mensch, daß seine Welt eine unsichtbare Ordnung und Harmonie besitzt. Er erfährt die verborgene Hand eines Gottes, von Göttern oder anderer Kräfte, die die Welt lenken und seine Existenz beeinflussen. Die Erklärung mit den unsichtbaren Kräften in der Welt umfaßt alle Ereignisse, von Geburt, Ernte und Glück bis zum Tod, von Überschwemmungen und Hungersnöten. Oft entdeckt der Mensch verborgene Kräfte in der Natur und die Anwesenheit Gottes in Wind, Sonne und Regen. Der hebräische Genius entdeckte jedoch einen Gott, der außerhalb und über der Natur steht und die Natur in der Praxis zum Guten oder Bösen lenkt und sie beherrscht, je nach moralischer Aufrichtigkeit oder Versagen des Menschen. Der Gott Abrahams und Moses' war ein ehrfurchtgebietender, unsichtbarer Gott, den seine Unsichtbarkeit noch mächtiger machte. Gleichzeitig war er jedoch auch sehr vertraut und nahe.

Als Adam lebte, »wandelte die Stimme Gottes im Garten« (Genesis 3,8), wie es in der hebräischen Bibel heißt. Der Mensch konnte sich frei und ungezwungen mit Gott unterhal-

---

1 Gershom Scholem: *Die jüdische Mystik in ihren Hauptströmungen*, Frankfurt am Main (Suhrkamp) 1967, S. 7. Für eine Kritik von Scholems Philosophie der jüdischen Geschichte siehe Schweid: *Judaism and Mysticism*, S. 25–27, S. 61–68.

ten. Auch Abraham unterhielt sein Leben lang eine enge Beziehung zu Gott. Als Gott die Zerstörung von Sodom und Gomorrha androhte, handelt Abraham mit ihm, als sei er ein bekannter Kaufmann im Basar. Nachdem Gott sich einverstanden erklärt hat, die Städte zu verschonen, wenn sich fünfzig Gerechte fänden, versucht Abraham, die Zahl auf zehn herunterzuhandeln (Genesis 18, 24–33). Das war durchaus ein Gott, mit dem sich vernünftig sprechen ließ.

Als Moses mehrere hundert Jahre später in der Wüste mit Gott spricht, ist Gott nicht mehr der vertraute Fremde, der im Garten wandelt oder sich frei mit den Patriarchen unterhält. In den Erzählungen der Genesis kann der Mensch anscheinend noch selbst ein Gespräch mit Gott anknüpfen, das Buch Exodus stellt Gott dagegen als denjenigen dar, der den Dialog mit dem Menschen aufnimmt. Gott ist schon weniger zugänglich, auf jeden Fall aber ehrfurchtgebietender. Als Gott Moses befiehlt, seine Schuhe auszuziehen, denn der Ort, auf dem er stehe, sei heiliger Boden (Exodus 3, 5), hat Gott die Vorzeichen für ihr Verhältnis geändert. Gott ist immer noch auf der Welt gegenwärtig, aber seine Gegenwart auf der Erde beschränkt sich jetzt anscheinend nur auf kurze Augenblicke, in denen er verkündet, »ich bin, der ich bin« (Exodus 3, 13). Damit ist er nicht mehr der vertraute Gesprächspartner Abrahams, sondern hier zeigt sich der verborgene, unergründliche Gott, der schon bald in Rauch und Nebel gehüllt auf dem Gipfel des Berges Sinai erscheint (Exodus 20, 16–25).

Der aus der Genesis bekannte Gott Israels ist von der Welt kaum getrennt und führt anscheinend einen ständigen Dialog mit den Patriarchen. Die enge Beziehung zu Gott ähnelt der zwischen Mutter und Kind. Der Gott in Exodus ist immer noch vertraut und nahe, aber er entfernt sich zunehmend, wird immer distanzierter, ehrfurchtgebietender und furchteinflößender. Der emotionale Stil der Erzählung verlagert sich, und die affektive Stimmung läßt auf das schließen, was sich ereignet, wenn das Kind heranreift. Möglicherweise wird dem Kind jetzt weniger die alles umfassende Fürsorge der Mutter zuteil, stattdessen erfährt es mehr von der Macht und Autorität des Vaters. Die Gotteserfahrung wandelt sich von der eines nahezu prosaisch vertrauten Wesens zu einer wachsend distanzierten, gewaltigen und ehrfuchteinflößenden Macht. Der verborgene Gott des Sinai ist sehr viel weiter entfernt als der Gott des Paradieses, den Adam mittags gehen hörte.

Die Religionsgeschichte des alten Israel besteht aus der Entdeckung eines persönlichen, gleichzeitig jedoch transzendenten Gottes, der im Laufe der Zeit immer distanzierter und unzugänglicher für die ihn Suchenden wird. An die Stelle der primären religiösen Erfahrung Abrahams tritt der majestätische, ferne Gott Moses'. Die Bibel beginnt mit einem Bericht über Gottes Gegenwart und verfolgt, wie er sich allmählich von seinem Volk zurückzieht und entfernt. An die Stelle der früheren vertrauten Beziehung tritt ein Verhältnis, das durch eine permanente, unveränderliche Verkündung seiner Wünsche, der Thora, bestimmt wird. Nachdem er sozusagen sein letztes Wort gesprochen hat, tritt er fort und überläßt es dem Menschen, den Rest zu vollbringen. Gottes freiwilliger Rückzug aus den Angelegenheiten des Volkes, dem er sich offenbart hat, unterscheidet sich nicht sehr von dem Verhalten von Eltern, die es ihrem Kind, nachdem sie ihm eine gute Erziehung und Bildung gegeben haben, ermöglichen, zu reifen und eigenständig seine Entscheidungen zu treffen. Die Wünsche der Eltern werden nicht angezweifelt, nur ihr Aufenthaltsort.

Aus dieser Perspektive betrachtet, ist die Bibel eine Chronik der Geschichte der jüdischen religiösen Beziehung zu Gott und der anschließenden Entstehung eines Abgrunds zwischen Mensch und Gott, der nicht überbrückt werden kann. In der frührabbinischen Periode (70–200 u. Z.) hofften die Juden nicht mehr auf eine direkte, unvermittelte Beziehung zu Gott. Alle religiösen Erfahrungen bezogen die Juden aus ihrer Thora insofern, als Gott und Mensch sich wegen des nun fehlenden direkten Kontakts dann begegnen, wenn der Mensch Gottes Willen befolgt, wie er im Gesetz vorgeschrieben ist. Oder, klarer ausgedrückt, da Gott abwesend ist, hat der Mensch nur seine Thora.

Viele rabbinische und talmudische Lehren vermitteln dieses Gefühl eines unüberbrückbaren Abgrunds zwischen Mensch und Gott. Die rabbinische Literatur enthält viele Aussagen, die

die Vorstellung bestärken, Gott habe sich im Laufe der Zeit immer mehr vom direkten Kontakt mit dem Menschen zurückzogen. Solche Textstellen legen allem Anschein nach den Schluß nahe, daß Gott und das jüdische Volk sich im Laufe der Geschichte immer mehr voneinander entfernt haben und der Abgrund zwischen beiden sich verbreitert hat, nachdem sich Gott ursprünglich der Menschheit offenbarte. Diese Geschichtsauffassung der Rabbinen kommt deutlich in der folgenden bekannten Sage zum Ausdruck, in der Gott und Israel mit einem König und seiner Tochter verglichen werden:

Das gleicht einem König und seiner kleinen Tochter:

Bis sie aufwuchs und volljährig wurde, sprach er mit ihr, wann immer er ihr auf der Straße begegnete; er sprach mit ihr in den Gassen. Als sie jedoch groß und volljährig geworden war, sagte er: »Es schickt sich nicht um der Würde meiner Tochter willen, daß ich mit ihr in der Öffentlichkeit spreche. Baut ihr deshalb eine Laube, und ich spreche mit ihr in der Laube.« So kam es, daß anfangs geschrieben steht: »Als Israel ein Kind war, liebte ich es.«

Gott sagte: »Sie sahen mich in Ägypten; sie sahen mich am Schilfmeer, und sie sahen mich am Berg Sinai.« Aber sobald sie die Thora angenommen hatten und vor ihm eine richtige Nation geworden waren, sagte er: »Es schickt sich nicht um der Würde meiner Kinder willen, daß ich in der Öffentlichkeit mit ihnen spreche; aber laßt sie eine Stiftshütte bauen, und ich werde aus der Stiftshütte zu ihnen sprechen.[1]«

Dieser wunderbare Text zeigt, wie die Rabbinen in der Zeit des Talmud die Tatsache begründeten, daß Gottes spontane Offenbarungen vor einzelnen aufgehört hatten und warum sich jeder Kontakt mit Gott daraufhin an einen festen Ort, in Salomons Tempel verlagerte. Daß sich der Ort, an dem ein direkter Kontakt mit Gott stattfindet, von einem beweglichen an einen festen Platz verlagert, wird hier als Anerkennung einer wachsenden Reife des jüdischen Volkes gewertet. Als das jüdische

---

1 *Pesikta de-Rav Kahana*, Mandelbaum (Hrsg.), New York 1962, S. 3. Zitiert in E. Urbach: *The Sages*, Jerusalem (Magnes Press) 1975, Bd. 1, S. 52.

Volk noch eine junge Nation war, hatte der einzelne frei und leicht Zugang zu Gott. Sobald die Nation dann herangewachsen war und volljährig wurde, war sie weniger abhängig vom regelmäßigen Kontakt mit ihrem Gott und brauchte diese direkte Wechselbeziehung weniger. Nun, da sie die Thora besitzt, ist direkter Kontakt mit Gott für direkte Anleitung und Lenkung weniger wesentlich. Deshalb verringert sich die Häufigkeit der Kontakte, und Gott begrenzt den Ort der Begegnung. Das wird sogar als eine Geste elterlicher Achtung angesichts der Unabhängigkeit des Kindes dargestellt. Der Text sagt, daß das jüdische Volk weniger der unmittelbaren Offenbarung Gottes bedarf, nachdem es seine Thora erhalten hat.

Der Abgrund zwischen Gott und Mensch wird auch als Merkmal der historischen Umstände des jüdischen Volkes dargestellt. Nach der Zerstörung des Zweiten Tempels im Jahr 70 u. Z. zeichnet sich aus jüdischen Quellen die Ansicht ab, das moralische Versagen des jüdischen Volkes sei für diese Katastrophe verantwortlich. So drückt die Liturgie das Gefühl aus, die Zerstörung des Tempels und die gewaltsame Verbannung aus Jerusalem seien auf die Sündhaftigkeit der Juden zurückzuführen: »Wegen unserer Sünden wurden wir aus unserer Heimat verbannt.«[1] Einige Quellen nehmen sogar implizit an, Gott habe seinen Schutz vom Tempel abgezogen und ihn wegen der Sünde der Menschen Angriff und Zerstörung ausgesetzt. Diese rabbinischen Texte bestärken nachdrücklich die Auffassung, daß diese Verbannung eine direkte Folge menschlichen Handelns war, das Gott zwang, seinen Schutz vor Zerstörung aufzuheben, den er durch seine Gegenwart im Allerheiligsten des Tempels garantierte. Deshalb konnten die Römer, die Gott als Mittel seiner Unzufriedenheit mit seinem Volk dienten, Jerusalem angreifen und das jüdische Volk in die Verbannung führen:

Als der Heilige, gelobt sei sein Name, den Tempel zerstören wollte, sprach er: »Solange ich in ihm bin, werden die anderen Völker ihn

1 Steht in der Standardausgabe des *Mussaf Amida* für die Feiertage.

nicht anrühren. Deshalb höre ich auf, ihn zu hüten, und ich schwöre, ihn erst am Jüngsten Gericht wieder zu beachten.« In jenem Augenblick betrat der Feind den Tempel und brannte ihn nieder. Als er niedergebrannt war, sprach der Heilige, gelobt sei sein Name: »Ich habe keinen Sitz mehr auf Erden; ich nehme deshalb meine Gegenwart von ihr und steige auf in meine erste Wohnung.« In jenem Augenblick weinte der Heilige, gelobt sei sein Name, und sprach: »Weh mir! Was habe ich getan? Ich habe meine Gegenwart zum Wohl Israels [auf Erden] wohnen lassen, und nun, da es gesündigt hat, bin ich an meinen ursprünglichen Ort zurückgekehrt.«[1]

Somit hat auch die Sünde des Menschen dazu beigetragen, daß der Abgrund zwischen Gott und Mensch gewachsen ist. Diese Textstelle beschreibt den Abgrund ganz konkret als Aufstieg und Rückkehr Gottes in eine höhere Wohnung, von der er früher herabgestiegen war. Andere rabbinische Texte sprechen denn auch davon, wie Gott durch sieben Wohnungen zu seinem dauerhaften Wohnsitz »im siebenten Himmel« aufgestiegen ist. Alle zusammen bestärken die Vorstellung, daß sich Gott zunehmend vom Menschen entfernt hat, eine Vorstellung, die dem biblischen Gottesbegriff direkt widerspricht. Dort wird Gott manchmal als transzendentes Wesen beschrieben, verborgen in den Nischen seiner unzugänglichen Wohnung, und ein anderes Mal als in der Welt immanent, zugänglich und nahe.

Einige rabbinische Autoren wie der aramäische Übersetzer der Thora im 2. Jahrhundert gingen sogar so weit vorzuschlagen, der Gott der Bibel sei den Vorvätern nicht wirklich erschienen. Der Übersetzer führte einen neuen Begriff, die *Schechina* (wörtlich »die Gegenwart«) ein, um Gottes Auftreten vor dem Menschen zu charakterisieren.[2] Indem der Übersetzer zwischen Gott und seiner *Gegenwart* unterschied, wollte er Gottes Verborgenheit und Unzugänglichkeit bewahren und

---

1 *Eykhah Rabba*, S. Buber (Hrsg.), Einleitung 24, S. 13a. Zitiert in: Urbach, S. 55.

2 *Targum* zu Exodus 12, 11; 33, 14–15, 20; Numeri 14, 14, 42. Zur Geschichte des Konzepts siehe Scholem: *Von der mystischen Gestalt der Gottheit*, Frankfurt am Main 1973, S. 135–191.

gleichzeitig daran festhalten, daß er sich auch dem Menschen zeigen konnte. Der Gebrauch unterschiedlicher Begriffe läßt aber nicht auf zwei verschiedene Götter oder Aspekte Gottes schließen; mit den verschiedenen Substantiven soll lediglich die Doppelnatur Gottes – verborgen und offenbart – bekräftigt werden. Trotzdem ging der Hinweis, Gott habe zwei Naturen, an den Lesern der Übersetzung nicht spurlos vorüber. Sie lebten in der Zeit nach der Zerstörung des Tempels und spürten unter echten historischen Umständen den Abgrund, der den Menschen von Gott trennt. Ihrer eigenen Aussage zufolge erkannten sie, daß sich ihre religiöse Erfahrung von der ihrer Vorfahren unterschied. Sie waren sich schmerzlich des Abgrunds bewußt.

Zwar hindert der Abgrund den Menschen, sich Gott zu nähern, aber Gott kann, wann immer er will, die Kluft überbrücken. Schließlich hat er sie selbst geschaffen. Das hindert Gott nicht, göttliche Wache über der Welt zu halten:

Rabbi Levi sprach: Womit kann man das vergleichen? Mit einem Architekten, der eine Stadt gebaut hat und geheime Plätze, Verstecke und Gemächer schuf und schließlich ihr Herrscher wurde. Danach bemühte er sich, die Verbrecher in der Stadt zu greifen, und sie flohen und verbargen sich in jenen Verstecken. Er sagte ihnen: »Ihr Narren! Wollt ihr euch vor mir verbergen? Ich bin doch derjenige, der die Stadt erbaut hat, und daher kenne ich alle geheimen Plätze und die Eingänge und Ausgänge zu den Verstecken besser als ihr.« Ebenso spricht der Heilige, gelobt sei sein Name, zu den Bösen: »Ihr Narren! Wozu verbergt ihr die Bosheit in eurem Herzen? Ich habe den Menschen gebaut, und ich kenne alle Geheimkammern und Winkel in seinem Inneren.«[1]

Die Rabbinen hatten Respekt vor dem seltenen Menschen, der religiöse und geistige Kräfte in sich vereinte, mit denen er den Abgrund überwinden konnte. Sie leugneten nicht, daß es möglich war, den Abgrund zu überwinden. Im Gegenteil, sie hielten mehrere Fälle fest, in denen ein einzelner mystischen Kontakt mit Gott herstellen oder direkte Kommunikation mit

---

1 *Midrasch Tehillim*, S. Buber (Hrsg.), 14, 1, S. 121. Zitiert in: Urbach, S. 29.

ihm aufnehmen konnte. Aber die Rabbinen maßen, wenn sie bestimmte Gesetzesfragen entschieden, solchen spontanen Kontakten mit Gott kein Gewicht bei, weil sie den einzelnen zu der Behauptung verführen konnte, seine Erfahrung verleihe ihm größere Autorität als die legale Autorität der Thora oder das rabbinische Gericht. Da das rabbinische Judentum auf der Thora als Fundament sowie auf Mehrheitsentscheidungen und dem gemeinsamen Konsens des jüdischen Volkes, die Entscheidungen der Rabbinen als rechtlich bindend zu akzeptieren, beruht, stellte der Mystiker für das rabbinische Rechtssystem eine potentielle Herausforderung dar.

Die Rabbinen erkannten die Wahrheit und Gültigkeit von Mystik und anderen Formen intensiver persönlicher religiöser Erfahrungen an. In der Praxis betrachteten sie solche persönlichen Erfahrungen jedoch als zu irrelevant, als daß sie die Grundlage für Rechtsentscheidungen hätten abgeben können. Die Mystik verleiht dem Mystiker nun einmal keinen besonderen Status. Das geht aus der folgenden Geschichte im Talmud klar hervor:

An jenem Tag machte Rabbi Elieser alle Einwendungen der Welt, man nahm sie aber von ihm nicht an. Hierauf sprach er: Wenn die Halacha so ist, wie ich lehre, so mag dies dieser Johannisbrotbaum beweisen. Da rückte der Johannisbrotbaum hundert Ellen von seinem Ort fort; manche sagen vierhundert Ellen. Sie erwiderten: Man bringt keinen Beweis von einem Johannisbrotbaum.

Hierauf sprach er ferner: Wenn die Halacha so ist, wie ich lehre, so mag dies dieser Wasserkanal beweisen! Da trat der Wasserkanal zurück. Sie erwiderten: Man bringt keinen Beweis von einem Wasserkanal.

Hierauf sprach er ferner: Wenn die Halacha so ist, wie ich lehre, so mögen dies die Wände des Lehrhauses beweisen! Da neigten sich die Wände des Lehrhauses [und drohten] einzustürzen. Da schrie sie Rabbi Josua an und sprach zu ihnen: Wenn die Gelehrten einander in der Halacha bekämpfen, was geht dies euch an? Sie stürzten hierauf nicht ein, wegen der Ehre Rabbi Josuas, und richteten sich auch nicht gerade auf, wegen der Ehre Rabbi Eliesers; sie stehen noch geneigt.

Darauf sprach er ferner: Wenn die Halacha so ist, wie ich lehre, so mag dies der Himmel beweisen! Da erscholl ein [himmlischer]

Widerhall und sprach: Was habt ihr gegen Rabbi Elieser; die Halacha ist stets nach ihm zu entscheiden!

Da stand Rabbi Josua (auf seine Füße) auf und sagte: *Sie ist nicht im Himmel* (Deuteronomium 30, 12). – Was heißt: sie ist nicht im Himmel? Die Gesetzeslehre ist bereits am Berg Sinai verliehen worden; wir beachten diesen Widerhall nicht, da bereits vom Berg Sinai her in der Gesetzeslehre geschrieben steht: *Nach der Mehrheit ist zu entscheiden* (Exodus 23, 2).

Rabbi Nathan traf Elias und fragte ihn, was der Heilige, gebenedeit sei er, in dieser Stunde tat. Dieser erwiderte: Er freute sich und sprach: meine Kinder haben mich besiegt, meine Kinder haben mich besiegt. (B.T. *Baba Metzia* 59b)

Aus diesem Text ergibt sich die überraschende Schlußfolgerung, daß Meinungsverschiedenheiten unter den rabbinischen Gelehrten über bestimmte Gesetzesfragen Gott nichts angehen! Gott hat das Recht, seine Thora zu interpetieren, freiwillig kompetenten rabbinischen Rechtsgelehrten übertragen. Diese Juristen haben zur Beilegung von Meinungsverschiedenheiten in Rechtsfragen Verfahren festgelegt. Kein Individuum hat das Recht, den Vorgang der Rechtssprechung zu umgehen, indem er sich auf Sonderrechte oder eine Autorität beruft. Zwar leugnen die Rabbinen nicht, daß Propheten und Mystiker durchaus mit Gott im Zwiegespräch stehen können, aber sie betonen ausdrücklich, daß solche Erfahrungen aus rechtlicher Sicht irrelevant sind. Die Rabbinen des Talmud betrachteten Mystik einfach als etwas Außergewöhnliches.

Darüber hinaus verweisen die Rabbinen auf einen weiteren Grund, warum sie dem einzelnen von einem Versuch, den Abgrund überbrücken zu wollen, abraten. In der Sage von den vier Weisen hatte das Betreten des Gartens bei dreien verschiedene, unvorhergesehene Folgen: Tod, Wahnsinn und Abtrünnigkeit. Die Rabbinen warnen vor der mystischen Suche, nicht, weil sie unerreichbar, sondern weil sie gefährlich ist. Die jüdische Mystik, warnen sie, stellt großen Aufruhr und verunsichernden Schrecken, nicht Ruhe und Gelassenheit in Aussicht. Die mystische Suche ist ein Pfad voller Gefahren und Bedrohungen, selbst wenn der Weg jenen offensteht, die ihn beschreiten möchten. Deshalb haben die Rabbinen den Glauben gefördert, Gott mache seine Gegenwart, nicht sein Wesen selbst, jenen bekannt, die die Thora studieren und sich an einen moralischen Verhaltenskodex halten.

Mit dem Begriff von Gottes Gegenwart oder *Schechina* wird die Wahrnehmung Gottes in der Welt umschrieben. Obwohl Gottes Wesen tatsächlich unzugänglich ist, gibt es Augenblicke, in denen einzelne sich akut seiner Nähe und seines Eingreifens in menschliche Angelegenheiten bewußt sind. Solche Augenblicke können auftreten, wenn man Zeuge von Gottes Handeln in der Welt wird. Um zwischen dem transzendenten Wesen und den gelegentlichen Momenten religiöser Intimität zu unterscheiden, haben die Rabbinen für den zweitgenannten den Begriff *Schechina* geprägt. Dieser Begriff bändigt das Wesen Gottes und macht Mystik völlig unnötig, weil Gott nahe ist. Ohne klaffenden Abgrund kann es keine Mystik geben.

Ein frührabbinischer Text versucht, die wörtliche Interpretation eines Bibeltextes, die andeutet, der Mensch könne Gott erreichen, zu entkräften. Dieser rabbinische Text erklärt, man könne nicht erwarten, sich Gott wirklich zu nähern, noch ihm direkt zu begegnen. Sie läßt durchblicken, sich Gott nähern bedeutet, seinen moralischen Eigenschaften nachzueifern.

»Dem Herrn, eurem Gotte, sollt ihr nachfolgen« (Deuteronomium 13, 5); ist es denn einem Menschen möglich, der *Schechina* [der Gottheit] zu folgen? Vielmehr [lehrt dies], daß man den Handlungen des Heiligen, gebenedeit sei er, folge (B.T. *Sota* 14a).

Indem die Rabbinen den Begriff der *Schechina* einführten, konnten sie den Fortbestand des Glauben an die Nähe und Unmittelbarkeit Gottes in der Welt sichern und gleichzeitig den unüberbrückbaren Abgrund beibehalten.

In der jüdischen religiösen Literatur gibt es kaum eine andere Aussage, die die Vorstellung, Gott sei beim Akt des Studierens und Gehorsams anwesend, fundamentaler einfängt als das folgende Diktum:

Wenn zwei beisammen sitzen und sich mit den Worten der Thora beschäftigen, weilt die *Schechina* unter ihnen (*M. Awot* 3, 2).

Das rabbinische Judentum ist schließlich und endlich ein religiöses System, in dem ein Ritual von Studium, priestergleicher Reinheit und moralischer Güte die direkte religiöse Erfahrung zwischen Mensch und Gott ersetzt. In dieser Hinsicht ist das rabbinische Judentum antimystisch oder versucht wenigstens, den mystischen Impuls, der jeder Religion innewohnt, zu neutralisieren. Das Judentum ist eine Religion, in der der Abgrund mit einem Ritual von Gebet, Studium, Reinheit und moralischem Wesen gefüllt wird.

Das Gebet ist eines der wichtigsten Mittel im rabbinischen Judentum, um Gott nahezukommen und sich Gottes Gegenwart in der Welt bewußt zu werden. Der Gott, der die Geschichte lenkt, der vom Himmel aus sein Urteil über den Menschen spricht, der die Bitten seines Volkes erhört und beantwortet und die innersten Winkel des Herzens kennt, ist Gegenstand dieser Gebete. Das Gebet ist ein mächtiger Ausbruch des Glaubens, daß der transzendente Gott Sorge für die Welt trägt. Ohne den Abgrund ernsthaft zu leugnen, versichert das Gebet, daß die flehende Stimme ihn überqueren kann.

Mystik ist eine Form religiöser Erfahrung, die der Mensch erlebt, wenn er sich akut des Abgrunds bewußt ist, der ihn von Gott trennt, wenn er weiß, daß seine Vorgänger eine Beziehung hatten, die er nicht haben kann, und versucht, den Abgrund zu überbrücken. Deshalb konnte sich Mystik aus der Sicht der jüdischen Geschichte erst im zweiten, dem *institutionalisierten* Stadium der Religion entfalten. Jüdische Mystik ist der Versuch, den Abgrund zu überbrücken, der in rabbinischer Zeit formalisiert wurde, und zu den religiösen Erfahrungen zurückzukehren, die in der ersten, der *schöpferischen* Periode üblich waren. Aber genau wie in der Geschichte kann die Zeit auch in der Religion nicht zurückgestellt werden. Mystik ist eine Form von Religion, die sich mit dem Abgrund zwischen Mensch und Gott abgefunden hat.

Das rabbinische Judentum hat bestimmte Normen festgelegt, die der Art, wie Juden über religiöse Fragen denken, ihre Form gegeben haben. Die rabbinische Gottesvorstellung beruhte allerdings auf der paradoxen Formulierung, daß Gott sowohl transzendent wie immanent ist. Er ist von Natur aus fern und verborgen, und doch kann sich der Mensch, wenn er seine Gebote befolgt, seiner unvergänglichen Gegenwart bewußt werden; mit seinen Taten kann er es seiner *Schechina* erlauben, unter den Menschen zu weilen. Das rabbinische Judentum mußte das Problem lösen, wie die Gotteserfahrung in einer Zeit gemacht werden konnte, in der keine Stimmen vom Himmel zu hören waren. Es verwarf die rechtliche Zulässigkeit der religiösen Erfahrung des einzelnen, des direkten Kontaktes mit Gott sowie die Prophetie zugunsten einer indirekten Beziehung zu Gott, die durch die Erfüllung der Thora möglich wird.

Aber die Lösung, die das rabbinische Judentum fand, führte lediglich zu einem weiteren, noch ernsteren Dilemma: Wie kann der einzelne Gottes Wille erfüllen, ohne ihn direkt zu erfahren wie seine Vorfahren? Wenn die ganze Macht der Religion auf der zwingenden Offenbarung Gottes vor seinen Vorgängern beruht, wie sie von der Thora überliefert wird, warum sollte nicht auch er Gott erfahren?

Auf einer fundamentaleren Ebene könnte ein religiöser Jude fragen, warum seine Religion ihm Nähe verspricht angesichts des Paradoxes, daß Gott sich in einer so wesentlichen Entfernung befindet. Welches von beiden stimmt dann? Wenn Gott transzendent ist, wie kann man eine Beziehung zu ihm aufnehmen? Und wenn es keine Beziehung zum verborgenen Gott gibt, welche Bedeutung haben dann grundlegende Rituale im Judentum wie das Gebet? Es ist schließlich unmöglich, die Berichte über die direkte Begegnung der Vorfahren mit Gott zu wiederholen, ohne irgendwann einmal zu fragen, ob diese Erfahrungen auch heute noch möglich sind. Der Wunsch, Gott so tief wie Abraham oder Moses zu erfahren, ist der Kern des mystischen Impulses im Judentum genau wie die Versuchung, den Abgrund zwischen dem verborgenen Gott und dem Gott zu überbrücken, der die Gebete des Menschen vernimmt, annimmt und erhört.

4 Das Verborgene und das Offenbarte

Die Grundsätze der jüdischen Mystik

Das rabbinische Judentum hat eine allumfassende Theologie entwickelt: ein Lehrsystem, mit dem es über Gott und seine Beziehung zur Welt unterrichtet. Diese Theologie beruhte auf mehreren wichtigen Grundsätzen. Obgleich diese Grundsätze nie kodifiziert wurden, wohnen sie den Lehren aller jüdischen Denker seit rabbinischer Zeit bis zur Gegenwart inne. Sie sind auch ein wichtiger Schlüssel, um zu verstehen, wie sich die jüdische Mystik aus dem rabbinischen Judentum heraus entwickelt hat.

Kurz vor der Zerstörung des Zweiten Tempels durch die Römer im Jahr 70 u. Z. waren die Juden im Land Israel durch einen bitteren inneren Zwist entzweit. Sie stritten über die taktische Frage, wie sie auf die Römer im Lande Judäa und ihren Druck reagieren sollten, und auch über die strategische Frage, wie das Judentum als Lebensform zu definieren sei. Die einen setzten sich für eine Politik der Aussöhnung und Beschwichtigung ein, denn sie glaubten, es sei möglich, die Einrichtungen des jüdischen Volkes durch Konzessionen an das Römische Reich zu erhalten.

Diese Ansicht vertraten vor allem die Sadduzäer, die Priesterklasse, der Tempelverwaltung, Steuereinzug, der Tempelschatz und der Opfergottesdienst anvertraut waren. Ebenso waren die Sadduzäer fest der Ansicht, daß das jüdische Volk nur eine zentrale religiöse Einrichtung, den Tempel in Jerusalem besitze und daß Gott sich dort im Allerheiligsten aufhalte. Ihnen zufolge gab es kein Judentum ohne Tempel und keinen Tempel ohne Zustimmung der Römer. Deshalb verfolgten sie eine zweigleisige Politik, die einerseits Unterwerfung unter römische Herrschaft, begleitet von einem gewissen Maß an Assimilation an die römische Stadtkultur, vorsah, andererseits verteidigten sie die zentrale Rolle des Tempels und der Priester im Judentum.[1]

Andere Juden, darunter vor allem die Pharisäer, kritisierten die Sadduzäer, weil sie ihrer Meinung nach zuviel von der römischen Kultur übernommen hatten und die zentrale Rolle des Tempels überbetonten. Für sie war die jüdische Religion ihrem Wesen nach mehr als die von den Priestern im Namen des jüdischen Volkes, das den Tempel mit Schenkungen, einem Zehnten und anderen Leistungen unterstützte, im Tempel gebrachten Opfer. Außerdem teilten sie nicht die Vorstellung der Sadduzäer, daß nur Priester Sünde sühnen und sich mit Bitten an Gott wenden konnten. Sie stellten auch ihren Anspruch in Frage, daß nur Priester berechtigt seien, die Thora zu interpretieren, denn damit wurde der Eindruck erweckt, daß nur Priester Gott dienen konnten.

Die Pharisäer lehnten sich gegen das fundamentale Verständnis auf, das die Sadduzäer von der Thora hatten. Sie glaubten zwar, die schriftliche Lehre bekräftige den sadduzzäischen Anspruch auf Priesterprivilegien, aber auch, daß die alten Richter und Propheten eine den Priestern gleichrangige Autorität besaßen. Sie untermauerten diese Ansicht mit der Tatsache, daß die Führung nach Moses' Tod sowohl an die Priester wie auch an die Ältesten übergegangen war. Und Nachfolger der zweitgenannten waren erst die Richter, später die Propheten. Die Pharisäer waren der Meinung, zusätzlich zur schriftlichen Lehre, die die Grundlage für die Priesterautorität bildete, gebe es eine andere Quelle für Autorität, und zwar eine, die auf die Zeit Moses' zurückgeht und die sie »die mündliche Lehre« (*Thora sche-be-al-pe*) nannten. Diese Autoritätsquelle wird gleich zu Beginn eines der ältesten pharisäischen Manifeste im Mischnatraktat *Awot* (hebräisch »Väter«) beim Namen genannt:

1 Siehe Jacob Neusner: *First Century Judaism in Crisis*, Nashville (Abingdon Press) 1975, S. 34ff. Zu einer vollständigeren Analyse von Pharisäern und Sadduzäern siehe M. Stone: *Jewish Writings*, S. 23–24, S. 27–31.

Moses erhielt die Thora auf dem Sinai und übergab sie Josua. Josua [gab sie weiter] an die Ältesten, die Ältesten an die Propheten und die Propheten an die Männer der Großen Versammlung.

Da die Pharisäer Nachfolger der Männer der Großen Versammlung waren, verlieh dieser Traktat ihrer Ablehnung der sadduzäischen Ansicht, nur Priester hätten das Recht, die Thora zu interpretieren, Nachdruck. Die Pharisäer behaupteten, eine andere Interpretationstradition sei ebenfalls legitim, nämlich die der mündlich überlieferten Richtlinien über die religiösen Rechte und Pflichten von Nichtpriestern und religiösen Ritualen außerhalb des Tempels.

Mit diesen Ansichten stellten die Pharisäer die sadduzäische Vorstellung in Frage, das Judentum sei eine ausschließlich auf den Tempel orientierte Religion. Die Pharisäer lehrten, jedermann sei Priester, jedes jüdische Haus sei ein Tempel, jeder Tisch ein Altar und jede Mahlzeit ein Ritualopfer.[1] Darüber hinaus komme jede Mahlzeit, die ohne Worte der Thora gegessen wurde, einem unsachgemäßen Opfer gleich. Mit ihren Ritualen beabsichtigten die Pharisäer, Heiligkeit und Unantastbarkeit des Tempels auf das Haus auszudehnen, indem sie die Vorstellung ausbauten, daß neben der schriftlichen Lehre eine mündlich überlieferte Interpretation der Thora stand, die dem jüdischen Haushalt neue Verpflichtungen auferlegte.

Der Krieg zwischen den Juden in Israel und den Römern wütete von 66 bis 70 u. Z. Mit ihrem Sieg und der Zerstörung des Tempels setzten die Römer den sadduzäischen oder priesterlichen Bestrebungen nach einem Judentum mit dem Tempel als Mittelpunkt ein Ende. Die pharisäische Religionsauffassung machte es möglich, das Judentum auch ohne Tempel fortzuführen.[2] Die Frage nach Autorität und Legitimität, die Sadduzäer und Pharisäer entzweit hatte, hatte sich erledigt, und die Grundlage für ein Fortbestehen des Judentums war

---

1 Neusner: *Understanding Rabbinic Judaism*, New York (Ktav) 1974, S. 13ff.

2 Neusner: *Rabbinic Judaism*, S. 165ff.

gesichert. Damals wußten die Pharisäer noch nicht, daß ihre mündliche Lehre für den künftigen Weg des jüdischen Volkes genauso wichtig werden würde wie die schriftliche Lehre.

Die Pharisäer machten aus der Not eine Tugend. Sehr bald hatten sie neue Institutionen und Rituale geschaffen, um Israel seine Religion zu erhalten. Auf ihre Veranlassung entstanden nun überall »Versammlungshäuser« (Synagogen), in denen die Menschen an Markttagen und am Sabbat zusammenkamen, um dort wie zuvor im Tempel von Jerusalem der laut vorgetragenen Thora-Lesung beizuwohnen. An die Stelle der nun nicht mehr möglichen Opfer traten Dankgebete und Bitten, die vor und nach der Thoralesung in den Versammlungshäusern gesagt wurden. Schon bald hatte sich eine regelrechte Liturgie herauskristallisiert, und die Versammlungshäuser spielten als Stätte des Gebets und der Lehre eine zentrale Rolle.

Die Rituale, mit denen die Priester sich auf den Opfergottesdienst vorbereitet hatten, wurden jetzt auf das Haus übertragen, wo das Familienoberhaupt das heilige Amt des Priesters wahrnahm. Er sollte sich durch Rituale wie Waschungen und Segenssprüche rituell und moralisch rein halten. Aus einer ganz gewöhnlichen Mahlzeit wurde eine dramatische Wiederholung der Priesteropfer mit Wein, Getreide, Früchten und Fleisch für Gott, und dem Akt wohnte deshalb priesterliche Heiligkeit inne. Personen, die in den besonderen Anforderungen der priesterähnlichen Rituale ausgebildet waren, hießen *Rabbi* (Meister), weil sie die mündliche Lehre kannten.

Das Judentum der letzten zweitausend Jahre war die Hinterlassenschaft der Pharisäer und der Neuerungen, die auf ihrem Verständnis der mündlichen Lehre beruhten. Alle späteren Schritte, die darauf abzielten, Änderungen im Judentum einzuführen, bezeichneten die beabsichtigten Reformen als festen Bestandteil der mündlichen Tradition im Judentum. Insbesondere bemühte man sich im allgemeinen, alle Neuerungen anhand stützender Bibelverse oder Aussagen von Talmud-Gelehrten, die die ununterbrochene mündliche Tradition verkörpern, zu rechtfertigen.

Im 12. Jahrhundert vollendete Moses Maimonides (RaMBaM) (1135–1204) eine drastische neue Kodifizierung des jüdischen Gesetzes unter dem Titel *Mischne Thora* (hebräisch »Wiederholung des Gesetzes«). Der Titel legt kühn eine Wiederholung oder Rekapitulation des Gesetzkodexes der mündlichen Lehre und damit ein Werk nahe, das in seiner Bedeutung nur der Thora selbst nachsteht. Dieses vierzehnbändige Werk wurde von einigen Kreisen heftig angegriffen, weil es keine der älteren rabbinischen Autoritäten zitierte. Bei diesem Werk und seinen weiteren Werken[1] regte sich außerdem der Verdacht, Maimonides sei über einige seiner Vorgänger viel zu weit hinausgegangen und maße sich damit eine größere Autorität als selbst die mündliche Tradition an. Allerdings fand sein *Mischne Thora* schon bald allgemeine Anerkennung, und ihm wurde als grundsätzlicher Kodex des jüdischen Gesetzes große Bedeutung beigemessen.

Maimonides' *Führer der Unschlüssigen* bietet eine Interpretation von zwei der wichtigsten Themen, die die mündliche Lehre enthält. Diese Lehren, »Der Schöpfungsbericht« und »Der Bericht vom Thronwagen«, sind eine Deutung über den Ursprung der Welt bzw. die ekstatische Gottesvision des Propheten Ezechiel.[2] Da die Berichte über diese beiden Ereignisse in der Bibel eher kurz und rätselhaft sind, wurden verschiedene mündliche Überlegungen und Theorien angestellt und als nicht schriftliche Interpretationen im Rahmen der mündlichen Lehre überliefert; schließlich wurden einige dieser Ideen im Talmud und anderen Schriften festgehalten.

Maimonides, den die Frage nach dem Ursprung der Welt interessierte sowie das Problem, ob man Gott erkennen könne, hielt diese biblischen Texte für verwirrend. Ihn befriedigten die Erklärungen der Rabbinen über Schöpfung und Gesetzeslehre nicht ganz, denn ihnen widersprachen die damaligen wissenschaftlichen Erkenntnisse und philosophischen Lehrmeinun-

1 Daniel Jeremy Silver: *Maimonidean Criticism and the Maimonidean Controversy*, Leiden (E. J. Brill) 1965; A Shohat: Birurim be-Parashat ha-Pulmus ha-Rishon al Sifrei ha-Rambam, *Zion*, Nr. 36, 1971, S. 27–60; Y. Shatzmiller: Le-Temunat ha-Mahloqet ha-Rishona al Kitbhei ha-Rambam, *Zion*, Nr. 34, 1969, S. 126–144.

2 Moses Maimonides: *Führer der Unschlüssigen*, A. Weiss (Übers.) Leipzig (Meiner) 1923/24, II, 13–31; III, 17 ff.

gen. Er fühlte sich von den Lehren der alten griechischen und mittelalterlichen islamischen Philosophen angezogen. Dort fand er einleuchtende Erklärungen für diese Probleme, aber als Rabbi stieß er sich an der Tatsache, daß diese Interpretationen der Wahrheit sehr viel näher standen als jene, die ihm aus dem Talmud bekannt waren. Um nicht behaupten zu müssen, Aristoteles habe zu diesen Fragen mehr zu sagen als das Judentum, wollte er genial den Beweis erbringen, daß die wahre Bedeutung des »Schöpfungsberichts« und des »Berichts von dem Thronwagen« mit Aristoteles' Lehren identisch waren. Seine Behauptung, Aristoteles' Philosophie sei mit der mündlichen Lehre vereinbar, wurde heftig angegriffen, weil sie vorgeblich die Integrität der authentischen jüdischen mündlichen Überlieferungen beleidigte.

Die *Kabbala*, die kurz nach Maimonides' Tod in der Provence und in Spanien entstand, sah sich einer ähnlichen Herausforderung gegenüber. Mit der *Kabbala* wollte man ein neues Verständnis der Spiritualität einführen, ohne jedoch neu zu erscheinen. Der Ausdruck *Kabbala* bedeutet ja »das, was empfangen wird«. So leitet sich der Name *Kabbala* denn auch vom gleichen Verb [im Präteritum] *kibél* her, das im Traktat *Awot* gebraucht wird, um die Überlieferungskette der mündlichen Lehre darzulegen. In diesem Sinn bedeutet *Kabbala* auch »Tradition«, da sie den Anspruch erhebt, lediglich ein weiteres Glied in der ununterbrochenen Überlieferung der mündlichen Lehre zu sein, die auf den Sinai zurückgeht.

Die frühen Kabbalisten bedienten sich einer anderen Technik, der Pseudepigraphie, um ihre neuen Lehren als Teil der mündlichen Tradition zu kennzeichnen. Pseudepigraphie bedeutet, Literatur unter einem Pseudonym zu veröffentlichen. Die Kabbalisten haben viele ihrer wichtigsten Werke unter dem Namen einiger der eminentesten Gestalten der mündlichen Tradition veröffentlicht. In einigen Fällen stellten sie Fälschungen bewußt als echt vor. In anderen wurden bestimmte Texte im Laufe der Zeit und je nach Umlauf einem falschen Verfasser zugeschrieben. *Sefer ha-Bahir* (»Das Buch des reinen Lichtes«), dessen tatsächlicher Verfasser unbekannt ist, wurde Rabbi Nehunja ben ha-Kana, einem Weisen, der in der zweiten Hälfte des ersten Jahrhunderts lebte, zugeschrieben. *Sefer ha-Sohar* (»Buch des Lichtglanzes«), das bedeutendste literarische Werk der *Kabbala*, dürfte im späten 13. Jahrhundert von Moses de Leon aus Guadalajara geschrieben worden sein, der es Rabbi Simon bar Jochai, einem Schüler von Rabbi Akiva, zuschrieb. Trotzdem hielten die Kabbalisten ihre Theorien, die sie entdeckt hatten, im Sinne der mündlichen Lehre wirklich für wahr.

Weil die Pharisäer und ihre rabbinischen Nachfolger, die Gelehrten des Talmud, am Grundsatz von Authentizität und Kontinuität der mündlichen Tradition festhielten, mußte jede Reform- oder Erneuerungsbewegung im Judentum danach beweisen, daß sie auf der mündlichen Lehre beruhte oder dazu gehörte. Jüdische Mystiker konnten keinen Anspruch erheben, sie seien auf Grund ihrer Erfahrungen zu besonderem Wissen oder Status innerhalb des Judentums berechtigt, ebensowenig konnten sie behaupten, über dem Gesetz der Thora zu stehen. Im Judentum findet man nur wenig Ermutigung für Reformer, die öffentlich Anspruch auf Originalität erheben; Kontinuität und Tradition gelten als die größeren Tugenden. Jüdische Mystiker waren im allgemeinen Rabbinen, die die Thora befolgten und versuchten, ihre mystischen Erfahrungen in das traditionelle Judentum einzugliedern, indem sie sich auf ihrer mystischen Suche des Gebets als Medium bedienten. Jüdische Mystiker erklärten ihre Erleuchtung mit Hilfe der schriftlichen und mündlichen Lehre.

Das rabbinische Konzept Gottes, wie im vorhergehenden Kapitel besprochen, baut auf der paradoxen Formulierung auf, Gott stehe dem Menschen im wesentlichen nahe, gleichzeitig bleibe er jedoch jenseits des unüberbrückbaren Abgrunds fern und verborgen. Rabbinisches Judentum beruht auf Ritualen wie dem Gebet, das den Zweck hat, den Abgrund mit der menschlichen Stimme zu überbrücken. Die schriftliche Lehre enthält zahlreiche Berichte über Vorfahren, die eine enge Beziehung zu Gott unterhielten, dagegen legen die Traditionen der mündlichen Lehre den Nachdruck auf den Abgrund zwischen Mensch und Gott und die Mittel, ihn zu überwinden. Versuche, den Abgrund zu überbrücken, werden auch in der mündlichen Tradition gerechtfertigt. Wenn ein jüdischer Mystiker zu seiner Suche aufbricht, dürfte er sich ganz natürlich vom biblischen und rabbinischen Gottesverständnis leiten lassen.

Möglicherweise überzeugt Maimonides mit seiner Behauptung, seine Interpretation der Schöpfung und der Vision Ezechiels beruhe auf der mündlichen Lehre, nicht ganz. Dagegen basiert seine Diskussion über Gott eindeutig auf rabbinischen Traditionen. Maimonides akzeptiert in der Tat die rabbinische Vorstellung vom Abgrund und verfeinert das Konzept auf viele neue Arten.

Wie die rabbinischen Weisen lehrt Maimonides, daß Gott einzigartig, transzendent, nicht verursacht, nicht körperlich und grenzenlos ist (I, 71ff.). Aber mit seiner Behauptung, Gott sei deshalb unkennbar, geht er weiter als sie. Wir können nur wissen, behauptet er, daß Gott existiert. Wenn das jedoch der Fall ist, wie lassen sich dann all die Beschreibungen in der Bibel und der Rabbinen erklären, die Gott mit körperlichen Attributen wie einem Gesicht, Hand und Arm und emotionalen Eigenschaften wie Mitleid und Zorn darstellen?

Maimonides erklärt, diese Beschreibungen seien das Ergebnis von Ereignissen in der Welt, deren Ursache wir Gott zuschreiben. In Wirklichkeit habe Gott keinen »ausgestreckten Arm«, noch ein »Gesicht«, ebensowenig zeige er Zorn oder Mitleid. Aber Gott handelt, und die Folgen seines Handelns werden in menschlichen Begriffen jenen ähnlich beschrieben, wie man sie als Folge des Wirkens einer Hand oder einer Handlung aus Zorn oder Mitleid kennt. Aber, warnt Maimonides, man solle menschliches und göttliches Handeln nicht miteinander verwechseln, indem Gott rein menschliche körperliche oder emotionale Eigenschaften zugeschrieben werden. Von seiner Natur her steht Gott darüber. (I, 50–61)

Maimonides stieß sich an vielen Ausdrücken in Bibel und Talmud, die Gott in sehr menschlichen Begriffen darstellen. Die Bibel spricht von Gottes Hand, Antlitz, Brust, Rücken und Augen und wie er hört, sieht und zornig wird. Die rabbinische Literatur stellt Gott sogar dar, wie er weint und einen Gebetsmantel trägt. Sollte man sie wörtlich nehmen, als ließen sie darauf schließen, Gott besitze die gleichen Eigenschaften, Emotionen und Gewohnheiten wie ein Mensch? Im Mittelalter waren tatsächlich mehrere Bücher beliebt, in denen behauptet wurde, Gott habe körperliche Dimensionen von furchterregenden Ausmaßen. Oder sollte man sie nur als Metapher, Symbol, als einfache Redewendungen verstehen? Wenn das der Fall ist, wie muß man sie interpretieren und verstehen?

Maimonides erklärte, die biblischen Vermenschlichungen des Göttlichen, die Ausdrücke, die Gott menschliche Körpereigenschaften zuschreiben, seien notwendig gewesen, um den alten Israeliten ein Gefühl für Gottes Existenz, Handeln und Vorsehung zu geben. Die menschenähnlichen Ausdrücke, die Gott Emotionen zuschreiben, vermittelten in Wirklichkeit Gottes moralische Eigenschaften und die unzähligen Wege, auf denen er das Universum lenkt. Maimonides stieß sich auch an Textstellen in der mündlichen Lehre, die Gott als Weinenden und Betenden schildern. Dazu sagt Mainomides: »Jeder, der meint, Gott habe einen Körper, ist ein Abtrünniger!« (Maimonides, *Hilkhot Teschuvah* 3, S. 7). Aber seine Ansichten wurden im 13. Jahrhundert von Rabbi Avraham ben David (RABaD), dem Vater von Isaak dem Blinden und einem der führenden Rabbinen Frankreichs kritisiert; der RABaD verteidigte den Glauben, Gott besitze menschgestaltige und menschenähnliche Eigenschaften (RABaD zu *Hilkhot Teschuvah*, 3, S. 7).

Allmählich wurde Maimonides' Gottesbegriff allgemein akzeptiert und ersetzte viele der volkstümlicheren Ansichten über Gott mit körperlichen und emotionalen Eigenschaften. Für Maimonides war Gott der verborgene Gott der rabbinischen Tradition. Maimonides erklärte, die Textstellen in Bibel und Talmud, die von Gott in menschlichen Begriffen sprechen, seien nicht wörtlich zu verstehen. Es seien lediglich Redewendungen, denn es scheint nur, »*als spreche* die Thora in der Sprache der Söhne des Menschen.« (B. T. *Jewamot* 71a. Zitiert in Maimonides, I, S. 26).

Maimonides versichert, daß es keine echte Beziehung zwischen Gott und Mensch geben kann, weil Gott einzigartig, nicht körperlich und transzendent ist. Zwischen Gott und Mensch gibt es nichts Gemeinsames, weil der Mensch körperlich und in der körperlichen Welt verwurzelt ist. Es kann keine Beziehung zwischen zwei Wesen geben, die nichts gemeinsam miteinander haben. In einem Versuch, die rabbinische Auffassung von Gott zu verfeinern und zu reinigen, stellt Maimonides Gott so weit entfernt von der Menschheit dar, daß es praktisch keinen menschlichen Kontakt mit ihm gibt. Maimonides bemühte sich, das der rabbinischen Ansicht innewohnende Paradox zu zerstören, Gott sei sowohl fern wie nahe, indem er den Schluß zog, daß Gott, da er nicht beides sein könne, er das eine oder das andere sein müsse. Seine philosophische Logik führte ihn zu der Schlußfolgerung, Gott müsse fern und unzugänglich sein.

Maimonides verbreiterte den Abgrund, der Gott vom Menschen trennte. Er lehrte, Gott sei einzigartig und nicht erkennbar. Seit Maimonides hat kaum jemand seine Auffassung Gottes als wesenhaft einzigartig und fern in Frage gestellt. Übrig blieb die Herausforderung, eine Beziehung zwischen Mensch und einem nicht erkennbaren Gott anzuknüpfen. Dieser Herausforderung stellten sich die Kabbalisten, die die verlorengegangene Einheit wiederfinden wollten. Die *Kabbala* entstand zur gleichen Zeit, in der der Aufstieg des deutschen Chassidismus erfolgte, unter Mystikern in der Provence und in Spanien, die ebenfalls den Abgrund überbrücken wollten.

Unter Maimonides' Zeitgenossen und Philosophen wurde nicht der biblische und traditionell schriftlich verwendete Name JHWH (das sogenannte Tetragrammaton) gebraucht, der als *Adonai* ausgesprochen wird. Gott hieß vielmehr *bilti Baal tachlit* (eine Übersetzung aus dem Arabischen *la nihaja*, »der, der keine Grenzen hat«), *Sibbat kol ha-Sibbot* (hebräisch »die Ursache aller Ursachen«) oder *Schoresch ha-Schoraschim* (hebräisch »die Wurzel aller Wurzeln«). Die Philosophen unterstrichen den unpersönlichen Aspekt Gottes, um das Anderssein Gottes zu betonen. Für sie war der persönliche Gott der Bibel nur ein Mythos, ein Mittel, mit dem ein primitives Volk sich seinen Gott vorstellte. Jemand, der in der exklusiven Atmosphäre der Philosophie lebte, konnte sich kaum vorstellen, wie man Gott eine Persönlickeit zuschreiben konnte, ohne seine Größe zu schmälern.

Kabbalisten wie deutsche *Chassidim* haben Maimonides' Konzept eines einzigartigen, nicht erkennbaren Gottes größtenteils akzeptiert. Die Mystiker hatten Mühe einzusehen, wie man auf das Konzept eines persönlichen Gottes verzichten konnte. Der Gott der Philosophen war kaum ein Gott, zu dem ein Jude beten konnte. Trotzdem herrschte über den Begriff der absoluten Unpersönlichkeit von Gottes Wesen kaum Uneinigkeit.

Im späten 12. Jahrhundert verfaßte Elasar von Worms, führendes Mitglied der deutschen *Chassidim* und ein Zeitgenosse Isaak des Blinden, ein Gedicht an Gott, in dem der Unterschied zwischen dem persönlichen, aber verborgenen Gott des rabbinischen Judentums und dem unpersönlichen, verborgenen Gott Maimonides' zum Ausdruck kommt. Die Textstelle stammt aus seinen *Kapiteln über Mysterium, Einheit und Glauben*.

> Gott ist eins, seine Weisheit kennt keine Grenzen, sein Verstehen kein Maß, seine Macht ist unbegrenzt, und seine Einheit hat kein Ende. Er hat keinen Anfang und kein Ende. Der Gestalter von allem und der, der alles weiß, hat weder Rücken noch Brust, weder Höhe noch Tiefe, denn er hat weder Grenzen noch ein Ende in allem, das er hat. Der Schöpfer der Welt hat weder Grenzen noch Glieder.[1]

Wenn dieser unpersönliche Gott keine der ihm in biblischer und rabbinischer Literatur gegebenen Eigenschaften besitzt, wie sind die traditionellen Eigenschaften dann zu verstehen? Die Antwort der Kabbalisten und *Chassidim* ist kühn: Alle Hinweise auf menschgestaltige und menschenähnliche Züge in den Schriften und rabbinischer Literatur beziehen sich nicht auf den verborgenen Gott! Einer der späteren Kabbalisten erklärt in seinen Schriften, der wahre, nicht erkennbare, transzendente Gott sei kein einziges Mal weder in der Thora

1 Die Textstelle steht in A. Habermanns: *Shirei ha-Yihud ve-ha-Kavod*, Jerusalem 1948, S. 173. Siehe auch meine unveröffentlichte Dissertation: *Shem Tob ibn Shem Tob's kabbalistic critique of Jewish philosophy in the commentary on the Sefirot*, Waltham (Brandeis University) 1981, S. 58f.

noch den Propheten oder in den Schriften erwähnt.[1] Auf wen sonst aber beziehen sich die Hinweise?

Die Kabbalisten haben, und das ist ihre Neuerung, zwischen dem verborgenen und dem offenbarten Aspekt Gottes unterschieden. Der verborgene, unendliche Aspekt Gottes heißt *En Sof* (ohne Ende). Dieser Ausdruck wurde später als der für den verborgenen Aspekt Gottes angemessene Name verstanden: *der Unendliche*. Er läßt lediglich auf die Existenz Gottes schließen, ohne etwas über seinen Charakter auszusagen. Die Kabbalisten waren der Meinung, man solle sich auf Gott als *Es* anstelle von *Er* beziehen, obwohl es im Hebräischen kein Neutrum gibt. Weil Gott so erhaben und transzendent ist, bekommt das *Es* keinen Namen. Der Begriff *En Sof* besagt lediglich, daß Gott ungleich allem ist, was man kennt. Nach diesen Mystikern ist *En Sof* nicht Gegenstand von Gebeten, weil *En Sof* keinerlei Beziehung zu seinen Schöpfungen hat.

Der persönliche Aspekt des verborgenen Gottes wird als *Ésser Sefirot* bezeichnet, was hebräisch »die zehn Zahlen« bedeutet. Einfach ausgedrückt, glaubten die Kabbalisten, *En Sof* besitze zehn Aspekte Seines Seins. Demzufolge vereint Gottes Sein zwei Naturen in sich: das unendliche, nicht erkennbare Wesen und die zehn identifizierbaren, nicht unendlichen Aspekte seines Daseins. Das Hauptwerk der *Kabbala*, das *Sefer ha-Sohar*, enthält nur wenige Textstellen über *En Sof*, aber viele über die *Ésser Sefirot*. Eine Untersuchung mehrerer wichtiger Textstellen im *Sohar* zeigt, daß sie etwas über die neuen Gottesvorstellungen aussagen.

Die erste Textstelle im *Sohar* beginnt mit einer Diskussion über die Beschaffenheit von Gebet und Opfern. Sie beruht auf einem Bibelvers, der erklärt, ein Opfer sei ein »Brandopfer für den Herrn, ein lieblicher Geruch« (Exodus 29, 18). Der *Sohar* fragt, ob der liebliche Geruch zu Gott aufsteigt. Bei dieser Textstelle stellt sich das Problem, ob Gott, der hoch über allen endlichen Dingen steht, wirklich Freude an solchen Opfer haben kann:

1 *Sefer Maarekhet ha-Elohut*, Manuta 1558, 82b.

Rabbi Elasar fragte Rabbi Simon: »Die Verbindung zwischen Brandopfer [und Gott] erfolgt im Allerheiligsten, um [der Welt] Erleuchtung zu bringen. Wie hoch steigt die Vereinigung des Willens von Priestern, Leviten und Israeliten?«

Rabbi Simon sprach: »Unsere Meister [der mündlichen Lehre] lehrten: Die Vereinung steigt zu ›dem Unendlichen‹ auf. Jede Verbindung, Vereinigung und Vollendung ist in der Verborgenheit des Einen verborgen, den man weder erreicht, noch kennt und in dem sich der höchste Wille befindet. ›Das Unendliche‹ ist weder erkennbar, noch hat es Anfang oder Ende.

Aber es gibt »das Unendliche«, das weder Willen noch Lichter oder Erleuchtung innerhalb der eigenen Unendlichkeit besitzt. Alle Lichter und Erleuchtungen hängen für ihre Existenz von ihm ab und sind deshalb selbst nicht wahrnehmbar.«[1]

Wie hoch steigt der liebliche Duft? Erreicht er Gott? Kann ein einzelner den Abgrund überbrücken und Gott mit seinem Opfer erreichen? Die Antwort ist unzweideutig positiv: »Die Vereinung steigt zu *En Sof* auf«. Somit ist es tatsächlich möglich, den Abgrund mit gewissen rituellen Handlungen und unter ganz bestimmten Umständen zu überbrücken. *En Sof* ist dagegen absolut unpersönlich und jenseits jeder Charakterisierung. Von diesem Gott kann man lediglich sagen, daß er über allem steht und *En Sof* heißt.

Die Kabbalisten begreifen Gott so, wie Maimonides ihn beschreibt, aber mit einem entscheidenden Unterschied. Ihr unpersönlicher Gott wird vom Menschen beeinflußt, und deshalb kann man von ihm sagen, daß zwischen ihm und dem Menschen eine Beziehung besteht. In einer anderen Textstelle dieses gleichen Werkes wird *En Sof* als unpersönlich beschrieben; gleichzeitig wird er als Gott der Bibel charakterisiert:

Rabbi Simon fuhr fort [mit einer Erklärung der Stelle]: ›Seht jetzt, daß ich er bin, nur ich / und kein Gott sonst bei mir!‹ [Deuteronomium 32, 39). [Simon] sprach: Freunde, hört diese alten Worte, denn ich habe vor, [ein Geheimnis] zu offenbaren, nachdem ich von oben dazu die Erlaubnis erhielt. Was ist die Bedeutung von ›Seht jetzt, daß ich er

1 *Sefer ha-Sohar*, II, 239a. Tishby: *Mishnat ha-Zohar*, Jerusalem (Bialik Institute) 1957.

bin, nur ich?‹ Dieses ist die höchste Ursache, die, die ›die Ursache der Ursachen‹ genannt wird, denn sie ist die Ursache aller bekannten Ursachen (d. h., der *Sefirot*). Keine jener bekannten Ursachen kann wirken, es sei denn, sie erhielten die Erlaubnis von einer höheren Ursache, wie ich mit dem Hinweis auf: ›Laßt uns einen Menschen machen!‹ erklärt habe. Ich meine, ›Laßt *uns* machen‹ ist wörtlich! Es bezieht sich auf zwei, von denen eine zu der über sich sagt: ›Laßt uns, usw..‹ Sie hat nichts getan, bevor sie nicht die Erlaubnis und Zustimmung von der Ursache über sich erhalten hat, die wiederum nicht handeln konnte, bis sie ihrerseits die Zustimmung von der Ursache darüber erhalten hatte. Aber von der einen, die ›die Ursache aller Ursachen‹ genannt wird, über der es keine andere mehr gibt und unter der es ihresgleichen nicht gibt, heißt es: ›Wem also wollt ihr mich vergleichen, daß ich ihm ähnlich sei?‹ (Jesaja 40, 25). Dies ist die eine, die sagt: ›Seht jetzt, daß ich er bin, nur ich / und kein Gott sonst bei mir.‹[1]

Der verborgene Gott ist aktiv und ruft andere Stufen des Seins hervor. Er ruft die *Sefirot* ins Leben. Sie wiederum sind die Ursache, die andere Stufen des Seins hervorbringt. Jede Ursache hat eine Ursache, außer dem *En Sof*, das die unverursachte Ursache ist. Es verursacht, wird aber nicht selbst verursacht. Die höchste Ursache ist mit Gott identisch, der ungleich jeder der geringeren Ursachen ist und nicht mit ihnen verglichen werden kann. Das ist auch eine der seltenen Gelegenheiten, von der die Kabbalisten sagen, *En Sof* sei in der Bibel erwähnt. Die geringeren Ursachen, die *Sefirot*, stellen den persönlichen Aspekt Gottes dar, der in den Bibelerzählungen offenbar ist. Nicht *En Sof* ist zum Beispiel Schöpfer des Menschen, sondern die *Sefirot*. Das Unendliche und das Endliche, das Unpersönliche und das Persönliche, die höheren und die niederen Aspekte Gottes zusammen bilden das als Gott bekannte Wesen.

Hundert Jahre vor dem Erscheinen des *Sohar* hat der spanische Kabbalist Asriel aus Gerona einen Katechismus mystischer Aspekte des jüdischen Glaubens in Form von Fragen und Antworten zusammengestellt. Auf diese Weise

1 *Sefer ha-Sohar*, I, 22b. Tishby, 1, S. 119–120.

versucht er, die mystische Vorstellung des unendlichen Gottes in einer direkten Sprache zu vermitteln:

Wenn jemand fragt: ›Warum sollte ich an *En Sof* glauben?‹, sage ihm: Du solltest wissen, daß alles dem Herzen Sichtbare oder Wahrnehmbare endlich ist. Alles Begrenzte hat ein Ende und alles Endliche ist nicht vollkommen. Deshalb muß es jenes geben, das ohne Grenzen ist und das *En Sof* heißt. Es ist absolut vollkommen in vollständiger Einheit, die sich nicht ändert. Wenn es ohne Grenze ist, gibt es nichts außer ihm. Da es erhaben ist, ist es die Wurzel alles Sichtbaren und Unsichtbaren. Da es verborgen ist, ist es die Grundlage von Glaube und Unglaube. Die Meister der Theorien gestehen, daß wir unfähig sind, es zu begreifen, außer indem wir sagen, was es nicht ist.[1]

Asriel hat mit einer einfachen deduktiven Methode bewiesen, daß das Universum endlicher, erkennbarer Wesen, die es ja nun einmal gibt, seine Ursache in einem Wesen haben muß, das unendlich und nicht erkennbar ist. Er war ein Vertreter der kabbalistischen Schule, die sich bemühte, die Stufen des Seins auf die erste Ursache zurückzuführen. Als solcher folgerte er, die erste Ursache sei einzigartig, unendlich, unpersönlich und nicht erkennbar. Sonst könne man über dieses Wesen kaum etwas aussagen.

Dieses Verständnis von Gottes Wesen geht weit über die Vorstellungen göttlicher Transzendenz hinaus, wie sie in der Bibel stehen. Es widerspricht direkt den intimeren, persönlichen Charakterisierungen Gottes, wie man sie in der biblischen und rabbinischen Literatur findet. Diese kabbalistische Auffassung stimmte aus philosophischer Sicht folgerichtig mit den Prämissen von Gottes Einzigartigkeit überein, aber sie dehnte den Begriff bis zum Äußersten. Das Unendliche ist sicher nicht der Gott, mit dem man eine Beziehung haben kann oder an den man sich im Gebet um Hilfe wendet. Man hat sogar Mühe, sich vorzustellen, daß dies möglicherweise der Gott war, der auf dem Berggipfel in der Wüste sprach.

1 Asriel von Gerona: *Shaar ha-Shoel* (bekannt als *Perush Eser Sefirot*). Abgedruckt in Meir ibn Gabbai: *Sefer Derekh Emunah*, Warschau 1890, S. 3.

Die Einführung des Begriffs *En Sof* war das gemeinsame Erbe von Maimonides und der frühen Kabbalisten. Die jüdischen Mystiker hielten sich an die von Maimonides eingeführte Grundauffassung von Gott, der das Konzept Gottes seiner menschgestaltigen und menschenähnlichen Eigenschaften entblößt hatte. Aber sie folgten nicht der philosophischen Auffassung, derzufolge Gott sogar über jeder Beziehung mit dem Menschen steht. Die Kabbalisten hielten an der unpersönlichen, unendlichen Seite Gottes fest, gleichzeitig bewahrten sie aber auch die im wesentlichen religiöse Beziehung zwischen Mensch und Gott. Paradoxerweise beteten die Kabbalisten zu dem einzigartigen, nicht erkennbaren Gott Maimonides', womit sie die Vorstellungen von Gottes Transzendenz und Nähe auf eine neue Art bewahrten. Sie akzeptierten, daß sich der Abgrund verbreitert hatte, aber gleichzeitig stellten sie die Herausforderung, diesen unendlichen Gott zu erreichen, in den Mittelpunkt ihrer Religion. Ihre Mystik beruht auf ihrem Streben nach dem einzigartigen und unerreichbaren Gott.

5 Die Infinitesimalrechnung der göttlichen Welt

Die Lehre der Sefirot

Ein anonymer Text aus dem 13. Jahrhundert, *Sefer Maarechet ha-Elohut* (»Die Struktur des Göttlichen«) enthält die folgende Definition der jüdischen Religion:

[Die Grundlage des Glaubens sind] die Negationsaussagen, die mit Bezug auf Gott um der Vervollkommnung seiner Einheit willen gemacht werden müssen, sowie die richtige Reihenfolge, in der diese Negationsaussagen zu machen sind. Jeder, der unserem Glauben angehört, sollte glauben, daß Gott in absoluter Einheit einer und einzigartig ist.

Das Wort der Weisen des Altertums über die Einheit bestätigt die vollkommene Einzigartigkeit. Ihr Wort verpflichtet jeden, der in seinem Glauben an [Gottes] Einheit vollkommen ist, und jedermann, der aufgeklärt ist über die Einheit, sollte drei ausdrückliche Negationsaussagen [über Gott] machen, und diese sind: [das Verneinen von] Körperlichkeit, Zusammensetzung und Veränderung [bei Gott].

Das Verneinen von Körperlichkeit bedeutet, daß Gott nicht begrenzt ist und daß er weder ein Körper noch eine Kraft in einem Körper ist. Dieses Verneinen beruht auf dem Grundsatz, daß Gott weder in Raum noch Zeit begrenzt ist. Denn er ist, war und wird stets sein.

Zu verneinen, daß [bei Ihm] eine Zusammensetzung vorliegt, bedeutet, daß Gott reiner Geist ist. Man sollte glauben, daß ein reiner Geist nicht nur ein vom Körper getrennter Geist bedeutet. Er ist reiner Geist, einzigartig in absoluter Einheit, ohne Ende oder Begrenzung der Vollkommenheit seiner Einheit.

Das Verneinen von Veränderung [bei Ihm] schließt zwei Arten von Änderungen aus: einen Wandel des Denkens und ein Ändern des Handelns.[1]

Gottes Hauptmerkmale sind seine Unkörperlichkeit, seine absolute Körperlosigkeit und seine Unveränderlichkeit. Die Definition, daß Gott unpersönlich ist, ist das Ergebnis von

1 *Sefer Maarekhet ha-Elohut,* 5a–6a.

Gottes absoluter Unähnlichkeit mit allem dem Menschen Bekannten und demnach seiner Unfähigkeit, etwas Positives über Gott auszusagen. Von Gott kann man nur wissen, daß er ungleich allem Menschlichem ist. Deshalb ist die einzig mögliche Beschreibung Gottes die, die all jene menschlichen Eigenschaften ausschließt, mit denen der Mensch sich selbst beschreibt, wie seine Körperlichkeit, die Zusammensetzung von Körper und Geist und seine sich ändernden Taten und Gedanken. Die Kabbalisten glaubten, von ihm könne lediglich gesagt werden, was er nicht ist. Das bedeutete allerdings nicht, daß dem Menschen Gottes Existenz unbekannt ist. Ganz im Gegenteil, unergründlich ist nur Gottes Natur.

Diese Mystiker hielten eine Beschreibung Gottes als reinem Verstand für die geeignetste. Er ist Verstand ohne Körper, eine universale Intelligenz, die unähnlich jedem anderen Verstand ist, der unendliche, unvorstellbare Verstand des Universums. Dieser unendliche Verstand denkt unablässig, ändert sich nie und denkt nur unendliche Gedanken über sich selbst. Somit ist »das Unendliche« der vollkommene Verstand, der vollkommene, unendliche Gedanken denkt, die völlig losgelöst von allem außer seiner selbst sind. Gott ist derjenige, der denkt, ist der Akt des Denkens selbst und Gegenstand seines eigenen Denkens.

Das wäre eine passende und angemessene Charakterisierung einer universalen Intelligenz, wenn es keine Welt gäbe. Gott, der reine Verstand, denkt an nichts anderes als an sein eigenes Wesen und kümmert sich nicht um die Welt. Aber das Judentum lehrt, daß es eine von einem Gott erschaffene Welt gibt mit einem Gott, der sich um die Welt kümmert und eine Beziehung zur Welt unterhält. Die Kabbalisten lehren, daß dieser unendliche Verstand weder Schöpfer einer Welt ist noch mit ihr irgendwie in Verbindung steht. Das ist nicht der Gott der Bibel, genausowenig wie Gegenstand des traditionellen Gebetes. Wie lösen sie das Problem, Gottes Einheit zu bewahren, während sie gleichzeitig an der traditionellen Beziehung zwischen Gott und Mensch festhalten? Wie kann man Gott außerdem als unveränderlich beschreiben, wenn er zu gewissen Zeiten zum Menschen gesprochen hat, zu anderen jedoch schwieg? Wollen diese Kabbalisten etwa sagen, daß alle traditionellen Lehren des Judentums über Gott falsch sind? Oder wollen sie andeuten, daß nicht der wahre Gott Gegenstand unserer Gebete ist, sondern irgendeine niedrigere, weniger unendliche Manifestation Gottes?

Die Kabbalisten haben vorgeschlagen, daß *En Sof* zehn Aspekte seines offenbarten Seins oder Instrumente des Handelns besitzt, die sogenannten *Sefirot*. Der Ausdruck *Sefirot* hat ursprünglich »Zahlen« bedeutet und entstammt dem ältesten hebräischen Text über die Beschaffenheit von Zahlen und Buchstaben, dem *Sefer Jezira* (hebräisch für »Buch der Gestaltung«). Es ist ein Artenname, der für sich genommen lediglich bedeutet, daß die Aspekte von Gottes Sein oder die Instrumente von Gottes Handeln gezählt werden können; es gibt zehn *Sefirot*, so wie es zehn Kardinalzahlen gibt. Einige Mystiker deuten den Ausdruck als Ableitung von der hebräischen Wurzel *sapér*, was »erzählen« bedeutet, womit sie andeuten, daß diese Aspekte uns etwas von Gott »erzählen«. Andere haben vorgeschlagen, das Wort komme vom hebräischen Ausdruck für »Saphir«, weil die *Sefirot* wie ein strahlender Edelstein unser Wissen von Gott erleuchten. Der Ausdruck an sich sagt kaum etwas über Bedeutung und Natur der *Sefirot* aus.

Es hat verschiedene Versuche gegeben, den Ausdruck zu übersetzen. Oft benannte man sie »Sphären«, »Strahlen« und mit weiteren Begriffen mit okkulter Bedeutung. Die *Sefirot* sind Symbole für verschiedene Aspekte von Gottes Sein oder Tätigkeiten, und es gibt insgesamt zehn davon. Exakter wäre die Wiedergabe des Ausdrucks als »Infinitesimalrechnung«, ein Begriff, der einerseits ein Rechenmittel kennzeichnet und andererseits den Gebrauch von Symbolen einschließt, denn die *Sefirot* sind zahlenmäßig identifizierbare Symbole von Gottes Sein und Handeln. Wiewohl eine gute Übersetzung wünschenswert wäre, ist der Gebrauch des ursprünglichen hebräischen Begriffs dennoch vorzuziehen.

Die *Sefirot* sind die Brücke über den Abgrund, das Bindegewebe zwischen dem unendlichen Gott und der endlichen Welt. Sie sind das Glied, das es ermöglicht, Gottes absolute Einigkeit zu bewahren und gleichzeitig die Beziehung zwischen Gott und Mensch. Sie und nicht *En Sof* sind Gegenstand des Gebetes des Menschen, und auf sie beziehen sich alle biblischen Anthropomorphismen und Menschenähnlichkeiten. Die *Sefirot*, nicht *En Sof* sind der Gott der Bibel.

Indem man zwischen *En Sof* und *Sefirot* unterscheidet, kann man sagen, daß Gott unkörperlich, immateriell und unveränderlich ist, gleichzeitig behält man den traditionellen Begriff von dem Gott bei, der am Berg Sinai sprach. Jede Anspielung auf den traditionellen Begriff eines aktiven, persönlichen Gottes bezieht sich auf die *Sefirot*. Sie sind das Subjekt der menschgestaltigen und menschenähnlichen Aussagen. Ebenso beziehen sich auch alle Hinweise auf Gott, die Körperlichkeit, Zusammensetzung und Wandel beinhalten, auf die *Sefirot*, nicht auf *En Sof*.

Deshalb behauptet das *Sefer Maarechet ha-Elohut* ganz zu Recht, daß »*En Sof* nirgends in der Bibel erwähnt ist«. Die Bibel bezieht sich ausschließlich auf die *Sefirot*, nicht auf den verborgenen Gott.

Die Theorie von den *Sefirot* stellt einen Versuch dar zu erklären, wie der unendliche Gott eine Beziehung zu etwas Endlichem haben kann und wie der Mensch einen nicht erkennbaren Gott kennen kann. Das Verhältnis zwischen *En Sof* und *Sefirot* kann im allgemeinen nur mit Hilfe einer Analogie erklärt werden. Eine der häufigsten kabbalistischen Analogien ist die vom Verhältnis zwischen Körper und Seele. Die Seele, die unsichtbar und nicht kennbar ist, wohnt im Körper. Obwohl es in jedem Körper nur eine Seele gibt, wirkt die Seele über eine Vielzahl von Körperorganen. Die Seele ist daher die Essenz, die sich für ihre Tätigkeit der »Instrumente« des Körpers bedient. Es ist immer noch rätselhaft, auf welche Art die Seele mit dem Körper verbunden ist. Trotzdem glaubt der Mensch, von der Existenz der Seele zu wissen, selbst wenn sie wegen ihrer nicht körperlichen Beschaffenheit unergründlich bleibt.

Eine Schule von Kabbalisten faßt die *Sefirot* als Gefäße oder Instrumente auf, durch die Gott handelt.[1] *En Sof* gleicht der Seele in seinem Verhältnis zu den *Sefirot*, die seine Gefäße oder Organe sind. Um den Anschein zu vermeiden, daß *En Sof* selbst handelt, erklären diese Kabbalisten, die man als »Instrumentalisten« bezeichnen könnte, daß die *Sefirot* Gottes Gefäße sind. Ihrer Ansicht nach bleibt *En Sof*, dessen unendliche Natur nichts mit den *Sefirot* gemeinsam hat, völlig passiv und unveränderlich. Was wie Veränderung aussieht, sind nur die verschiedenen Arten, auf die die *Sefirot* das Wesen von *En Sof* weiterleiten, widerspiegeln und nutzen. Nur der Betrachter ändert sich, wie ein englisches Sprichwort besagt.

Für andere Kabbalisten, man könnte sie als »Verfechter der essentiellen Theorie« bezeichnen, sind die *Sefirot* die Essenz Gottes, und *En Sof* und *Sefirot* haben eine gemeinsame Natur. Sie haben sich dieser Theorie verschrieben, weil sie den Anschein vermeiden wollten, der Mensch bete zu den *Sefirot*, die sich von Gott unterscheiden. Richtete sich das Gebet an die *Sefirot*, würde der Gläubige einen falschen Gott oder, was noch schlimmer ist, andere Götter anbeten, es sei denn, die *Sefirot* können von *En Sof* nicht unterschieden werden.

Diese beiden Ansichten, die Theorie von den »Gefäßen« und die von der »Essenz«, waren einer der wenigen Hauptpunkte, an denen die Meinungen unter den Kabbalisten auseinandergingen. Obwohl es nur eine *Kabbala* gab, stellten diese beiden Lehrmeinungen zwei grundsätzlich verschiedene Einstellungen zu dem Problem dar, wie Gott verborgen und gleichzeitig offenbar sein konnte.

Die »instrumentalistische« Lehre von den *Sefirot* als Gefäßen will vermeiden, Gottes Essenz Veränderung oder Zusammensetzung zuzuschreiben, indem sie sie mit seinen Gefäßen, nicht seiner Essenz in Verbindung bringt. Die einzige Essenz Gottes ist seine unendliche, unveränderliche Essenz. Die

1 Diese Ansicht wurde von Menahem Rekanati eingeführt, einem italienischen Kabbalisten des 14. Jahrhunderts. Siehe R. J. Zvi Werblowsky: *Karo: Lawyer and Mystic*, Philadelphia (Jewish Publication Society) 1977, S. 200ff.

Sefirot sind lediglich Instrumente seines Handelns. Keine der Änderungen, die Gott in den vermenschlichten oder menschenähnlichen Schilderungen in der Bibel zugeschrieben werden, beziehen sich auf den verborgenen Gott, sondern auf die *Sefirot*, die sich vom verborgenen Gott unterscheiden. Jede *Sefira* (Singular von *Sefirot*) ist vom verborgenen Gott losgelöst und verschieden, weil jede ein Instrument ist, durch die *En Sof* handelt. Jedes Instrument ist eine andere Dimension göttlicher Tätigkeit. Wenn die Bibel von Gottes Erbarmen oder Gericht spricht, bezieht sie sich nicht auf *En Sof*, das über jeder Definition steht, sondern auf die *Sefirot*, auf die »Erbarmen« oder »Gericht« genannten Instrumente. Spricht die Bibel von Gottes Hand, Auge, Stirn oder Rücken und ähnlichem, bezieht sie sich symbolisch auf die *Sefirot*. Also beziehen sich alle Eigenschaften Gottes auf die *Sefirot*, die Gefäße, durch die Gott handelt und die anders als Gottes Essenz sind.

Die *Sefirot* sind so zu verstehen, daß sie die göttliche Essenz enthalten, wie der Körper die Seele enthält. In gewisser Hinsicht ist ihnen die unendliche Natur der Essenz gemeinsam, die durch sie handelt. Die *Sefirot* sind nicht der verborgene Gott, aber genausowenig sind sie nicht der verborgene Gott. Sie sind beides, unendlich wie endlich, weil sie die Brücke sind, die Gottes Unendlichkeit mit allem anderen verbindet. Sie sind unendlich, weil sie Gefäße von *En Sof* sind, und sie sind endlich, weil sie nicht *En Sof* sind. Gott handelt durch die *Sefirot*, indem er alles andere ins Leben ruft und die Welt lenkt. Gebete, Lobpreisungen und Beschreibungen Gottes richten sich an die *Sefirot*, nicht an den unendlichen Gott, der unverständlich und unergründlich, unendlich und unpersönlich und der Welt gegenüber ohne jede Beziehung und gleichgültig ist. Die Lehre von den *Sefirot* als Gefäßen vermeidet es, dem verborgenen Gott auf Kosten des Konzepts eines persönlichen Gottes Wandel oder Handeln zuzuschreiben.

Der als *Ra'aja Mehemna* (»Der treue Hirte«) bekannte Abschnitt im *Sohar* spiegelt in vielen Teilen die »instrumentalistische« Theorie wider. In einem wird Gott als der unbekannte Handelnde beschrieben, weil er durch die Instrumente der *Sefirot* handelt:

Wehe, wer ihn [d. h. *En Sof*]
irgend einem Attribut gleichsetzte
von seinen eigenen
und gar erst von solchen der Menschen,
»die im Staube gegründet sind«,
als vergängliche Gefäße.
Die Vorstellung von ihm
entspricht nur seiner Herrschaft
über irgend ein Attribut [z. B. einer der *Sefirot*]
oder auch über alle Geschöpfe.
Wird dieses aber nicht mehr von ihm vorgestellt,
dann ist an ihm kein Attribut,
keine Vorstellung, keine Form.

Dem Meere gleich,
dessen Wasser,
soweit sie nur aus ihm hervorgehen,
nicht Fassung und nicht Form haben,
erst wenn sie sich ausbreiten
und in ein Gefäß aufgenommen werden,
welches die Erde ist,
kommt Vorstellung zustande
und können wir rechnende Gedanken bilden.
So ist da zuerst der Ursprung aus dem Meere,
der in seiner Ausbreitung in ein Gefäß aufgenommen wird,
das die Rundung des Jod hat –
dieser Ursprung ist eins.
Und der Quell, der daraus hervorkommt – zwei.
Dann erst wird ein großes Gefäß geschaffen,
wie wenn einer eine weite Grube gräbt,
die mit dem Wasser des Quells sich füllt ...
es ist das dritte

Wenn aber der Meister diese Gefäße,
die er gebaut, zerbräche,
dann kehrte das Wasser zum Ursprung zurück
und verblieben zerbrochene Gefäße,
dürr und wasserlos.
So hat die »Ursache der Ursachen«
zehn *Sefirot* hervorgebracht
und nannte die »Krone« Ursprung:
in ihr ist kein Ende des Stromerquellens:

deshalb nannte er sich selbst: »Endloser« [d. h. *En Sof*].
So hat er nicht Bild und Form,
und kein Gefäß ist, ihn zu fassen,
von ihm irgend nur zu wissen.[1]

Die ersten drei *Sefirot* werden wie folgt geschildert: *En Sof* wird als nicht unterscheidbar vom ersten Gefäß beschrieben. Diese erste *Sefira*, die unendliche und undifferenzierte Weite, ist die Quelle alles anderen. Danach wird die Essenz von *En Sof* in einen Fluß geleitet, der der grenzenlosen Weite eine erste Definition gibt. Dieser Fluß ist die zweite *Sefira*. Als nächstes mündet der Kanal in ein Becken, das seine Form durch die Umrisse des umgebenden Lands erhält. Das Becken ist die dritte *Sefira*, und das Land um sie herum stellt die anderen *Sefirot* dar. Diese Analogie läßt darauf schließen, daß die *Sefirot* Gefäße oder Kanäle sind, die das unendliche *En Sof* begrenzen und allem anderen eine endliche Definition geben. Die Beschreibung erinnert auch an die Schöpfungsgeschichte in Genesis und spielt auf eine Parallele zwischen der Schaffung der *Sefirot* und der Schöpfung der Welt an.

Die »instrumentalistische« Vorstellung von *En Sof* ist ausgesprochen unpersönlich. *En Sof* steht allem völlig fern und offenbart sich nie selbst. Alles was man gemeinhin mit der persönlichen Vorstellung von Gott als dem Wesen verbindet, das sich offenbart, sich um den Menschen kümmert und seine Gebete beantwortet, wird auf die *Sefirot* übertragen. Um *En Sof* als Gott zu betrachten, muß der Mystiker bereit sein, sich zu einem ungewöhnlichen Maß an Unnahbarkeit und Abstraktion zu verpflichten.

Die Lehre von den *Sefirot* als der Essenz Gottes ist ein Versuch, den Begriff eines persönlichen Gottes zu retten. Allerdings beinhaltet diese Vorstellung, daß sich Gottes Essenz entsprechend der Unterschiede zwischen den einzelnen *Sefirot* ändert. Für Kabbalisten, die diese Ansicht vertraten, war es wichtiger, die Idee eines persönlichen Gottes zu bewahren, als die Einheit Gottes. Diese Kabbalisten vergleichen die Bezie-

1 *Sohar* II, 42b–43a; Tishby: *Mishnat ha-Zohar* 1, S. 126– 127.

hung von *En Sof* zu den *Sefirot* mit einer Kerze. Von einer einzigen Kerze können viele Kerzen angezündet werden, ohne daß sich dadurch je die Beschaffenheit der ersten Kerze verändert. Deshalb kann die einzigartige Essenz Quelle vieler anderer Essenzen sein, ohne daß sie selbst sich je wesentlich verändert.

Die Vertreter der essentiellen Theorie glaubten auch, daß sich die Beschreibungen und Eigenschaften, wie sie in der Bibel stehen, auf die *Sefirot*, nicht auf *En Sof* beziehen. Aber im Gegensatz zu den Instrumentalisten vertreten sie die Ansicht, daß Gott in der Bibel dargestellt ist, weil die *Sefirot* Gottes Essenz sind. Auf diese Weise können sie die Vorstellung vom persönlichen Gott beibehalten, während sie gleichzeitig die anthropomorphen und menschenähnlichen Züge den *Sefirot*, nicht *En Sof* zuweisen.

En Sof und *Sefirot* unterscheiden sich nur in ihrem Umfang. Die *Sefirot* werden von *En Sof* wie von einem starken Sender, der Signale durch den Raum schickt, ausgestrahlt und ausgeströmt. Dieser Vorgang wird als *Azilut* (hebräisch für »Emanation«) bezeichnet. Die *Sefirot* sind Signale, die sich nicht wesentlich von den ursprünglich gesendeten unterscheiden, gleichgültig, aus welcher Entfernung sie kommen. Die *Sefirot* sind das gleiche wie *En Sof*, aber wegen der Entfernung von der Quelle ändert sich ihr Empfang geringfügig. Deshalb liegt der einzige Unterschied zwischen *En Sof* und den *Sefirot* beim Empfänger. Gott ist *En Sof*, aber manchmal wird er als *Sefira*, zu anderen Zeiten wird er als ein anderer *wahrgenommen*. Gott verändert sich nie, nur die Wahrnehmung des Menschen ändert sich. Die Abstufungen in der Wahrnehmung oder Empfang beim Menschen entsprechen den verschiedenen *Sefirot*.

Im »essentiellen« Schema unterscheidet sich jede *Sefira* je nach ihrer Entfernung von *En Sof*. Es gibt insgesamt zehn *Sefirot*, und jede ist eine Emanation von *En Sof*. Die erste ist höher und reiner als die zehnte, aber jede enthält die Essenz von *En Sof*. Jede spiegelt einen anderen Aspekt von Gottes Natur oder Essenz wider. Wenn es so aussieht, als handle Gott unterschiedlich, handelt in Wirklichkeit eine andere *Sefira*.

Wenn die *Sefirot*, wie die Vertreter der essentiellen Theorie behaupten, nur verschiedene Aspekte einer unendlichen Essenz sind, bleibt zwar der persönliche Aspekt Gottes erhalten, aber die Einheit Gottes ist gewissermaßen gefährdet. Andererseits bewahren die Instrumentalisten die Integrität der göttlichen Einheit, gleichzeitig opfern sie aber den persönlichen Aspekt Gottes. Obwohl keine der beiden Theorien an der persönlichen Seite und gleichzeitig an der Einheit festhalten konnte, blühten beide Lehrmeinungen nebeneinander je nach Vorliebe und theologischen Neigungen der Kabbalisten.

Der Begriff *Sefirot* taucht zum ersten Mal im *Sefer Jezira* auf, später dann auch im *Sefer ha-Bahir*. Aber diese Texte verwenden den Begriff nicht in dem Sinn, den er später in der *Kabbala* bekommen hat. Die ältesten kabbalistischen Abhandlungen aus Gerona, besonders Asriels Schriften, beschreiben die *Sefirot* so, wie sie später von allen anderen kabbalistischen Verfassern übernommen wurden. Die Geronenser Kabbalisten haben außerdem die Namen der einzelnen *Sefirot* kodifiziert, wenn sich auch einige Abweichungen bei den Namen erhalten haben.

Gemäß den Kabbalisten, die der Definition im *Sefer Jezira* folgten, gibt es zehn *Sefirot*. Den Geronenser Kabbalisten, den Schülern Isaak des Blinden, fiel die Aufgabe zu, die *Sefirot* namentlich zu identifizieren. Sechs der Namen wurden von Bibelstellen hergeleitet:

Dein, Herr, ist die Größe (*Gedula*) und die Macht (*Gevura*), die Pracht (*Tiferet*) und der Ruhm (*Nezah*) und die Majestät (*Hod*), dein, Herr, ist die Königsmacht (*Mamlacha*). (1. Chronik 29, 11)

Jedes Substantiv wurde als Eigenschaft Gottes verstanden, die die Kabbalisten in ihre Liste der zehn *Sefirot* aufnahmen. Diese sechs erweiterten sie um drei weitere, um die Vorstellung zu verdeutlichen, daß Gott reiner Verstand ist. Die drei, *Keter* (Krone), *Hochma* (Weisheit) und *Bina* (Einsicht) führen die Liste an. Eine neunte, *Jessod* (Grund), wurde hinzugefügt, und damit waren die zehn *Sefirot* komplett.

Keter (Krone) ist die erste *Sefira*, die aus *En Sof* hervorging. Sie ist die höchste, ruhmreichste der *Sefirot* und *krönt* alle anderen. *Keter* steht als Schranke zwischen *En Sof* und den anderen *Sefirot* und umgibt *En Sof* und *krönt* es. Weil jede *Sefira* aus einer anderen hervorgegangen ist, steht die oberste, *Keter*, über allen anderen.

Keter *(Krone)*
Hochma *(Weisheit)*
Bina *(Einsicht)*
Gedula *(Größe),* gewöhnlich **Hessed,** Gnade, genannt
Gevura *(Macht),* gewöhnlich **Din,** richtende Macht, genannt
Tiferet *(Pracht)*
Nezah *(Ruhm oder beständige Dauer)*
Hod *(Majestät)*
Jessod *(Grund)*
Malchut *(Königsmacht)*

Abbildung 1: Die kanonische Liste der *Sefirot*

Keter wird manchmal mit *En Sof* identifiziert. Häufiger wird *Keter* jedoch von *En Sof*, das über ihr steht, als erste *Sefira* ausgestrahlt oder ausgeströmt. Die Kabbalisten, die *Keter* mit *En Sof* identifizieren, neigen der »essentiellen« Ansicht zu und betrachen die *Sefirot* nur als verschiedene Stadien der sich entfaltenden unendlichen Essenz Gottes. Dagegen vertreten die Kabbalisten, für die *Keter* die erste *Sefira* und nicht mit *En Sof* identisch ist, im allgemeinen die Meinung, *En Sof* handele durch Gefäße, die *Sefirot*, und Gott und seine Gefäße seien nicht ähnlich. Die Vertreter der essentiellen Theorie bevorzugen deshalb die »auf die Person« Gottes ausgerichtete Vorstellung und vertreten die Theorie, *Keter* sei das gleiche wie *En Sof*. Nach Auffassung der Instrumentalisten ist Gott unpersönlich, und *En Sof* steht über *Keter*.

Die *Kabbala* enthält viele andere Namen für *Keter*. Oft wird es als *Ajin* (hebräisch für »Nichts«) bezeichnet, weil es jenseits jeder Existenz steht und trotzdem die Ursache alles Bestehenden ist. Im *Gebet von Nehunja ben ha-Kana*, das im 13. Jahrhundert niedergeschrieben wurde, ist eine Hymne an *Keter* enthalten:

Alles ist in ihr,
denn die inneren Kräfte der *Sefirot* sind in ihr.
Lebenskraft und Existenz von allem rühren von ihr her.
Sie gleicht der Seele,
die dem Körper Leben gibt
und ihn bildet.
Die Bildung von allem ist in *Keter*.
Es gibt kein Hinten und kein Vorne,
kein Rechts oder Links in dieser *Sefira*.
Sie heißt ›Ununterschiedene Einheit‹.[1]

Ebenso wird sie auch *Hochma penimit* (hebräisch für »innere Weisheit«) genannt, weil sie das verborgene Potential [Möglichkeit] der göttlichen Weisheit vor ihrer Offenbarung ist, oder auch *Mahschawa elohit* (hebräisch für »göttliches Denken«), weil aus *En Sof*, dem reinen Verstand, hervorgegangen. *Keter* ist in vielerlei Hinsicht *En Sof* ähnlich, in anderen Aspekten dagegen anders. Sie unterscheidet sich, weil sie der höchste Aspekt Gottes ist, der aus der Ruhe [Möglichkeit] von *En Sof* zur Verwirklichung schreitet. Sowohl *En Sof* wie *Keter* sind nicht erkennbar und nicht wahrnehmbar. *Keter* ist die aktivere Vertreterin von Gottes Willen, den man nicht erkennen kann, außer in jenen seltenen Augenblicken, in denen Gott beschließt, sich als *Ehje ascher ehje* (hebräisch für »Ich bin, der ich bin«) zu offenbaren. Die Kabbalisten verhalten sich in bezug auf die Frage, ob man *Keter* nun kennen kann oder nicht, ziemlich zweideutig.

Im folgenden Text werden *En Sof* und *Keter* paradoxerweise als der verborgene bzw. der offenbarte Wille Gottes beschrieben. *Keter* kann man allerdings nicht erkennen, außer durch die einzigartige Intuition, wie sie von einer mystischen Offenbarung ausgelöst wird.

Rabbi Simon spricht:
Ich hebe die Hände hoch im Gebet.
Wenn der göttliche Willen darüber [d. h. *En Sof*]
auf den Willen scheint,

1 Zitiert in Shlomo (Mordechai) Elishov: *Sefer Hakdamot u-Shearim*, Pietrakov 1904, S. 3a–4b.

der ewig unbekannt und nicht wahrnehmbar ist,
erzeugt der erste verborgene obere Wille [d. h. *Keter*]
seine unerkennbare Schöpfung
und strahlt aus, was er im Geheimen tut.
Dann verfolgt der Wille des göttlichen Denkens
den ersten Willen,
um von ihm erhellt zu werden.
Ein Vorhang öffnet sich dann,
und von innen, während der göttliche Wille
[den oberen Willen] verfolgt,
reicht er heran und reicht doch nicht [hinauf],
und der Vorhang fängt an zu strahlen.
Dann wird das göttliche Denken
heimlich erhellt
und bleibt unbekannt, verborgen.
Die Erhellung, die von dem
verborgenen oberen unbekannten Willen kommt,
trifft auf das Licht des Vorhangs,
der von dem Willen erhellt wird,
der unbekannt, nicht erkennbar und verborgen ist.
Das Licht des verborgenen Denkens
trifft auf das Licht des Vorhangs,
und sie beide strahlen
und schaffen neun Paläste.[1]

Dieser Text zeigt, wie Rabbi Simon bar Jochai, die Stimme des *Sohar*, in Augenblicken tiefster Offenbarung sein mystisches Wissen offenbart. *En Sof* verströmt seine Essenz auf *Keter* und aktiviert es. *Keter* wendet sich seinerseits nach *En Sof* zurück, um weitere Essenz herabzuziehen, die sie miteinander verknüpft. Während *Keter* sich umdreht, um sein Licht nach *En Sof*, seiner Quelle, zurückzuspiegeln, trifft es auf eine Schranke, die sich zwischen ihr und *En Sof* erhebt. Die Schranke spiegelt das Licht von *Keter* auf sie zurück und schafft die zweite *Sefira*. Dieser Vorgang von Verströmen und Widerspiegeln bringt die zehn *Sefirot* hervor.

Die Kabbalisten haben dem inneren Wirken Gottes, besonders dem Verhältnis zwischen *En Sof* und *Keter*, eine große

1 *Sohar* I, 65a; Tishby 1, S. 176–177.

Bedeutung beigemessen. Sie bemühten sich zu erklären, wie der unendliche Gott den Abgrund zwischen sich und der Welt überbrücken kann. Der Text weiter oben unterscheidet kaum zwischen *En Sof* und *Keter*, außer geringfügigen Abstufungen bei der Unterscheidung zwischen göttlichem Willen und oberem Willen. Und doch gibt es einen Vorhang, der sie trennt. Wenn sie diese Trennwand beiseiteschieben, strahlen sie gegeneinander und bringen die übrigen *Sefirot* hervor.

Einige Kabbalisten stießen sich an der Vorstellung, daß der Unterschied zwischen *En Sof* und *Keter* nur sehr klein ist. Sie glaubten an die Existenz einer Folge von drei nicht wahrnehmbaren leuchtenden Wesen, die zwischen *En Sof* und *Keter* stehen. Sie strahlen von *En Sof* aus und verankern sich in *Keter*. *Keter* wird dann Gottes reines Denken. Diesen Vorgang beschreibt der folgende Text aus dem *Responsum von Hai Gaon*:

> Die drei oberen Lichter haben keinen Anfang, denn sie sind Name und Essenz und Wurzel aller Wurzeln. Denken kann sie nicht erkennen, denn sie zu erkennen ist unmöglich, und das Wissen aller Geschöpfe ist zu schwach, um den heiligen Namen zu begreifen. Wir haben ihren Namen erfahren: ›inneres Urlicht‹, das in der verborgenen Wurzel strahlt und aus seiner strahlenden Macht wie das Ebenbild der beiden großen Himmelskörper leuchtet. Das ›polierte Licht‹ und das ›klare Licht‹, sie alle sind ein Licht, eine Essenz und eine Wurzel, die unendlich verborgen ist.[1]

Keter kann man nicht kennen, denn sie ist mit *En Sof* entweder identisch oder unterscheidet sich nur ganz leicht von ihm. Wie ein König, der dem Großteil seiner Untertanen verborgen bleibt, kann man ihn an seiner ehrwürdigen Krone erkennen, die mit Edelsteinen und Diamanten besetzt ist. *Keter* wird allerdings als göttliches Denken und als die Quelle aller anderen *Sefirot* identifiziert. Die *Tradition der Weisheit der Weisen von Mata Mehasja* aus dem 13. Jahrhundert beschreibt *Keter*:

1 A. Jellinek: *Beiträge zur Geschichte der Kabbala II*, Leipzig 1852, S. 12–13.

Die obere *Keter* ist eine in sich selbst verborgene Welt. Alle *Sefirot* erhalten von ihr Emanation, obwohl sie losgelöst, unverständlich und mit der Wurzel aller Wurzeln verbunden ist, die nicht mit Denken zu begreifen ist. *Keter* empfängt von der Wurzel ununterbrochen in einem feinen Wispern. Sie verströmt und schüttet aus ihrem Behälter auf die anderen Kronen, die ihrer Emanation immer nahe sind.[1]

Keter kann man nicht erkennen, weil sie identisch mit *En Sof* ist oder sich in seiner nächsten Nähe befindet. Gleichzeitig ist sie jedoch auch die Wurzel aller anderen Erscheinungen in der Welt, besonders der anderen *Sefirot*. Sie ist die Ursache der *Sefirot* und erzeugt sie durch *Azilut* (»Emanation«). Die meisten Kabbalisten betrachten die Emanation als einen Vorgang der Hypertrophie oder des Überfließens von *En Sof*. *En Sof* ist von sich aus strahlend und neigt dazu, seine Essenz nach außen auszubreiten. Die *Sefirot* sind da, um diese Essenz aufzunehmen.

Für andere Kabbalisten, und hier vor allem Nachmanides, ist die Emanation ein Vorgang, bei dem *En Sof* seine eigene Unendlichkeit durch Zusammenziehen oder Verengen beschränkt. Gott kann nicht beliebig direkt aus seiner eigenen grenzenlosen und unendlichen Essenz schaffen, es sei denn, er schränkt sich selbst freiwillig ein.[2] Die Kabbalisten greifen zur Analogie von der Sonne, um diesen Prozeß zu verdeutlichen. Das strahlende Licht der Sonne scheint wegen ihrer großen Macht und Leuchtkraft endlos. Man könnte jedoch nichts sehen, es sei denn, das ungezügelte Sonnenlicht würde eingeschränkt, so daß Formen, Umrisse und Einzelheiten hervortreten können. Auf die gleiche Weise muß das Strahlen von *En Sof* durch die Emanation von *Keter* zusammengezogen und begrenzt werden, wodurch der unendliche Geist und Wille in stärker definiertes Denken und Willen geleitet werden. *Keter* ist das Mittel, mit dem der unendliche Gott alle anderen

1 In David S. Ariel: *Shem Tob ibn Shem Tob's kabbalistic critique of Jewish philosophy* S. 49, Zeilen 7–11 (hebräischer Teil) zitiert.

2 Nahmanides: *Commentary on Sefer Yetzira*, in Gershom Scholem: Perakim me-toledot sifrut ha-Kabbala, *Kiryat Sefer* 6, 1929–1930, S. 402–403.

Schöpfungen ermöglicht. Sie ist der Schnittpunkt zwischen Gottes Unendlichkeit und der endlichen Welt.

Es entbehrt nicht der Ironie, daß die Kabbalisten über einen nicht erkennbaren Gott soviel zu sagen hatten. Sie stellten endlose Betrachtungen über die Natur von Gott und seiner *Sefirot* an. Obwohl die Kabbalisten sich viel Gedanken über *En Sof* und *Keter* machten, erkannten sie, daß das Wissen des Menschen nie ausreichen würde, um bis zu den Geheimnissen des unendlichen Gottes vorzudringen. Deshalb wurden die *Sefirot* unterhalb von *Keter* einer sehr viel genaueren Analyse unterzogen, und *Hochma* kam als erste an die Reihe.

Im Buch der Sprüche ist an mehreren Stellen von Gottes Weisheit die Rede, die neben ihm existierte, bevor er die Welt erschuf:

> Mich hat der Herr geschaffen, als Erstling seines Waltens, als frühestes seiner Werke von urher (8, 22).

Später entwickelten die rabbinischen Weisen diese Vorstellung weiter, die nahelegte, Gott habe bei der Schöpfung der Welt seine Weisheit (*Hochma*) genutzt.[1] Die Kabbalisten erhoben seine Weisheit, gaben ihr eine eigene Existenz und machten sie zur zweiten *Sefira*. Sie nannten sie *Hochma* (»Weisheit«), *Reschit* (»Anfang«), *Jesch* (»das Seiende«) und *Abba* (»Vater«), weil sie die erste außerhalb von *En Sof* war, die »Sein« oder Existenz besaß.

Hochma trägt in sich die Urtypen, die ideale Ankündigung aller Dinge. Sie ist das göttliche Reich des vollkommenen Musters und die Blaupause von allem, das zu einem späteren Zeitpunkt, wenn Gott sein Wesen entfaltet, möglicherweise einmal bestehen wird. Da *En Sof* und *Keter* der göttliche Wille sind, ist *Hochma* die Gesamtsumme aller Existenzmöglichkeiten. Was immer irgendwo und irgendwann entstehen könnte, ist in *Hochma* als reine Möglichkeit angelegt. In *Hochma* existieren die Dinge allgemein als Konzept, Idee oder Grundsatz, nicht als Einzelerscheinung. Die Urbilder sind statisch und undifferenziert, und sie sind die Blaupause, der das

---

1 *Bereschit Rabba* a, 1.

Universum schließlich nachgebildet wird. *Hochma* enthält Gottes Vorstellung, wie die Welt beschaffen sein sollte.

Hochma gilt als ideales Muster der Welt, das tief in den Winkeln des göttlichen Verstands existiert. Da *Hochma* sowohl mit der Essenz Gottes wie auch mit dem Plan des Universums zusammenhängt, setzen die Kabbalisten voraus, daß das Universum zunächst einmal in *Hochma* vorhanden sein muß, bevor es auf eigenen Füßen stehen kann. Das Universum ist letztendlich nicht von Gottes Essenz zu unterscheiden. Was immer später im Universum enthalten ist, befindet sich zuerst in *Hochma*.

Schon die Tendenz, die Urbilder der Existenz auszuströmen, hängt mit *Hochma* zusammen. *Hochma* ist die zeugende, aktive Kraft in Gott, die die Urtypen in die Wirklichkeit ausströmt. Weil *Hochma* als aktiv und sogar fortpflanzungsfähig verstanden wird, gibt man ihr häufig männliche Attribute und nennt sie »Vater« (*Abba*) der anderen *Sefirot*. *Hochma* ist demnach das Urbild von Männlichkeit und Aktivität.

Die geschlechtlichen Beiklänge und die Verbindung von Männlichkeit mit Aktivität führen dazu, daß zwischen sogenannten männlichen und weiblichen *Sefirot* unterschieden wird. Wenn *Hochma* männlich ist, dann ist *Bina* (»Einsicht«), die aus ihr hervorging, weiblich. Kabbalistische Abhandlungen beschreiben, wie *Hochma* die dritte *Sefira*, *Bina*, ausströmt, die auch *Ima* (»Mutter«) genannt wird. In *Bina* ruhen die in *Hochma* vorhandenen Urtypen. Bei *Bina* werden aus embryonischen Urbildern deutlichere, differenziertere spezifische Erscheinungen.

Hochma wird mit Männlichkeit und Aktivität in Verbindung gebracht, *Bina* mit Weiblichkeit und Aufnahmefähigkeit. Zwar zeigen diese Begriffe, wie die Kabbalisten Emanation als Prozeß verstanden, aber sie verraten auch mittelalterliche Vorstellungen über die unterschiedliche Rolle der Geschlechter. Mit diesen beiden *Sefirot* schufen die Kabbalisten die Voraussetzungen, unter denen gegensätzliche oder widersprüchliche Kräfte den Emanationsprozeß verwirklichen würden. Von diesem Punkt an teilen sich die *Sefirot* in männliche und weibliche Gefäße oder Essenzen.

Die vierte und fünfte *Sefira*, *Hessed* (»Gnade« oder »Liebe«) (andere Quellen bezeichnen sie als *Gedula*) und *Din* (»richtende Macht«) (in anderen Quellen heißt sie *Gevura*), sind eine Emanation von *Hochma* und *Bina*. Auch sie stellen Urtypen gegensätzlicher Kräfte dar, die in der Welt handeln. Von *Hochma* wird *Hessed* ausgestrahlt, das die Macht grenzenloser Liebe und Gnade symbolisiert. Überraschenderweise fällt *Hessed* in den männlichen Bereich. *Din*, das für strenge Macht und absolute Gerechtigkeit steht, geht aus *Bina* hervor. Wie ihre beiden Vorgänger gelten *Hessed* und *Din* als gegensätzlich, weil sie Extreme verkörpern.

Hessed veranschaulicht Gottes Neigung, mit seiner Emanation das Universum zu füllen, und *Hessed* hängt mit der Tendenz zusammen, die unendliche Essenz von *En Sof* ohne Ende auszustrahlen. Geschähe das tatsächlich, würde die göttliche Essenz alle Winkel des Universums durchdringen, so daß für nichts außer Gott Platz bliebe. Deshalb mußte Gott sich zwingen, nicht so vorzugehen, und sich stattdessen Schranken auferlegen. Daraus ergab sich für ihn die Notwendigkeit, *Hessed* durch *Din* zu mäßigen. *Din* steht für Gottes Fähigkeit, seine Gütigkeit einzuschränken, indem er ihre Emanation einstellte. Dieses Attribut ist mit dem Urtyp der Weiblichkeit verbunden, das die Kabbalisten als Strenge und Einschränkung verstanden. *Hessed* ist die Tendenz zur Emanation, *Din* die Tendenz, die Emanation zurückzuhalten. Da zu viel Emanation keinen Raum für die Existenz des Universums erlauben würde, werden beide gebraucht.

Auch naive Vorstellungen, die Weiblichkeit mit sinisteren Kräften verbanden, fanden Eingang in die *Kabbala*. Obwohl die wörtliche Bedeutung von sinister eigentlich nur »links« ist, haben die Kabbalisten die *Sefira Din* mit Weiblichkeit, links, und dem Dämonischen verknüpft. Als weibliche Kraft beschneidet *Din* das Wirken von *Hessed*. *Din* selbst soll außerdem fähig sein, eine eigene Emanation hervorzubringen, die außerhalb der Welt der *Sefirot* als Reich dämonischer Kräfte Gestalt annimmt. Die »linke Emanation« aus *Din* führt zur Entstehung eines Universums des Bösen, das mit der Kraft der *Sefirot* in einem unaufhörlichen tödlichen Ringen begriffen ist. Die Mythologie von *Din* soll veranschaulichen, daß kein großer Unterschied zwischen Gut und Böse besteht und daß ein Gott beide erschaffen hat.

Die Urbilder von *Hochma*, *Bina*, *Hessed* und *Din* stellen die idealen Bilder intellektueller und moralischer Eigenschaften dar, wie man sie im Menschen findet. Die Urtypen sind das Modell, auf dem Gott seinen Weltenplan ausbreitet. Aber in der Natur gibt es kaum ideale Urbilder, außer verbunden mit anderen Eigenschaften. Überdies sind diese Idealtypen Extreme, die im Widerspruch zu ihren Gegenstücken stehen. Deshalb haben die Kabbalisten die sechste *Sefira* eingeführt, *Tif eret* (»Pracht« oder auch *Rachamim*, das heißt, »Barmherzigkeit«), um die intellektuellen und moralischen Gegensätze innerhalb der *Sefirot* miteinander in Einklang zu bringen.

Die Kabbalisten haben gelehrt, daß die Welt ein Ort ist, an dem gegensätzliche Kräfte zusammenstoßen: Gut und Böse, Leben und Tod, Heiliges und Unreines, Gehorsam und Sünde, Belohnung und Strafe, Männlichkeit und Weiblichkeit, Wissen und Unwissen. Sie glaubten auch, daß diese polaren Eigenschaften in den *Sefirot* wurzelten, besonders in den polaren *Sefirot Hessed* und *Din*. Andererseits konnte ihnen zufolge keine Macht aus sich heraus allein wirken. Die männlichen *Sefirot* brauchten die weiblichen, um zu handeln. Ohne ihr Gegenstück konnte jede *Sefira* nur verzerrt wirken. *Hochma* wurde erst dann richtig schöpferisch, wenn *Bina* die Urtypen in sich definiert hatte. *Hessed* konnte kein Universum hervorbringen, wenn *Din* dazu keine Definition und Grenze angab. Allein bleiben die polaren Kräfte der *Sefirot* – rechts und links, aktiv und passiv, männlich und weiblich, gut und böse – unwirksam. Ein Universum der Extreme hat keinen Bestand. Alle Gegensätze müssen durch ein anderes Element gemäßigt werden, damit ein Zustand der Harmonie und des Gleichgewichts entsteht.

Die Mäßigung von Gegensätzen zwischen den *Sefirot Hessed* und *Din* geschieht durch die Emanation von *Tif eret*. Diese *Sefira* harmonisiert die grenzenlose Liebe von *Hessed* und die strenge Gerechtigkeit von *Din*. Sie wird häufig als der männliche Sprößling der *Sefirot Hessed* und *Din* bezeichnet. Sie ist der Punkt, an dem Harmonie zwischen den oberen *Sefirot* und jenen, die nach ihnen kommen, hergestellt wird. Wegen ihrer entscheidenden Rolle, die verschiedenen gegensätzlichen Tendenzen zu harmonisieren, gilt *Tif'eret* als Achse und stabiler Mittelpunkt der *Sefirot*.

Weil *Tif'eret* den Zustand von Harmonie zwischen den *Sefirot* symbolisiert, wurde diese *Sefira* mit dem in der rabbinischen Literatur traditionellen Namen für Gott verbunden: *Ha-Kadósch barúch hu* (»Der Heilige, gesegnet sei sein Name«). *Tif'eret* war demnach Gegenstand vieler traditioneller Gebete, und Gebete, bei denen der Nachdruck auf Gott als Vater und König lag, bezogen sich meistens speziell auf *Tif'eret* oder durch sie auf die *Sefirot* im allgemeinen. So wurde *Tif'eret* oft als Vertreterin der anderen *Sefirot* dargestellt.*Tif'eret* symbolisiert damit jenen Aspekt Gottes, den man als den traditionellen Gott des Judentums, als Gott der hebräischen Bibel, kennt. Die *Sefira Tif'eret* stand der transzendenten Gottheit am nächsten. Diese *Sefira* sprach damals auch als Vertreterin der anderen *Sefirot* auf dem Berg Sinai.

Die *Sefirot* N*ezah* (»Ruhm« oder »beständige Dauer«) und *Hod* (»Majestät«) werden oft als die Mittel bezeichnet, durch die Gott die Welt beherrscht. Sie entsprechen *Hessed* bzw. *Din* und stellen die untere Manifestation dieser oberen *Sefirot* dar. Göttliche Vorsehung oder Herrschaft wurden als Gottes Emanation seiner Essenz auf die Welt begriffen. Je weiter entfernt diese Emanation von Gott auf die Welt strömt, desto dünner wird sie. Die Emanation würde vorübergehend aufhören und die Welt verwundbar durch dämonische Kräfte oder Chaos, enthielte Gott der Welt seine Gunst vor. Die *Sefirot* dienen der Übertragung dieser göttlichen Würde auf die Welt sozusagen als Leitung. Die *Sefirot* N*ezah* und *Hod* wurden als Filter verstanden, die die Emanation von *Hessed* und *Din* zu den *Sefirot* darunter weiterleiten. Diese beiden *Sefirot* sind die Kanäle, in denen die göttliche Essenz von den oberen *Sefirot* – *Tif'eret* – zu den unteren *Sefirot*, und hier besonders zu *Malchut* (»Königsmacht« oder »Reich«), geleitet wird. Mit ihnen als Mittel wird das Erhalten der Welt durch Gott sichergestellt.

Die zehnte und letzte *Sefira*, *Malchut* (»Königsmacht« oder »Reich«), wird auch *Schechina* (»göttliche Gegenwart«), *Attara* (»Diadem«) und *Kawod* (»Würde«) genannt. Sie ist das letzte Gefäß von Gottes Handeln und das Gefäß, durch das die übrigen *Sefirot* wirken. Die *Sefira Malchut* stellt die Grenze des göttlichen Bereichs dar und ist das am weitesten außen gelegene Gefäß, durch das Gott handelt. Wenn die Kabbalisten eine hierarchische Rangordnung für die *Sefirot* aufstellen, ist sie die letzte *Sefira*. Darunter liegt der Beginn des nichtgöttlichen Bereichs, liegt das Ende Gottes. *Malchut* ist damit der am wenigsten unendliche Aspekt von Gottes Aspekten und die zugänglichste Dimension seiner Persönlichkeit. Diese *Sefira* ist gleichzeitig auch die dem Menschen bekannteste und diejenige, an die er sich mit seinem Gebet am häufigsten wendet. *Malchut* ist der Trichter, durch den die göttliche Essenz, über die Gefäße der *Sefirot* geleitet, auf den Menschen und die Welt hinabströmt.

Dieses Hinabströmen führt zur *Erschaffung* der Welten unterhalb von Gott und gibt der Menschheit Materie und Nahrung. Dank dieser Emanation, die durch diese *Sefira* von Gott über den Abgrund hinweg zum Menschen gelenkt wird, kann der einzelne den Weg zu Gott zurückverfolgen und den Abgrund überbrücken. Das Wissen, wie Gott der Welt seine Essenz über diese *Sefira* vermittelt, stellt den Schlüssel dar, um das Rätsel zu entschlüsseln, wie man den Abgrund überbrükken kann. In Anlehnung an den Neoplatoniker Plotinus kann man frei sagen: »Alles kommt von dem Einen, und alles kehrt zu dem Einen zurück«. Das Geheimnis der *Sefirot* ist das Geheimnis, um die *unio mystica*, die Einheit mit Gott zu erlangen.

Der *Sohar* enthält zahlreiche Textstellen, die die Emanation der *Sefirot* in reichen symbolischen Einzelheiten beschreiben. Selten nur sind die *Sefirot* in einem dem modernen Leser verständlichen Vokabular dargestellt. Er gebraucht für diese göttlichen Vorgänge Symbole, die der Bibelsprache entlehnt sind. Die Kabbalisten hatten einen ungewöhnlichen Zugang zur Bibel und lasen sie anders als ein moderner Leser. Nach ihnen werden in der Bibel die *Sefirot*, nicht *En Sof* selbst beschrieben, und biblische Schilderungen von Gott beziehen sich auf die *Sefirot*. Diese ihre Einstellung läßt sich anhand ihrer Interpretation der verschiedenen hebräischen Namen illustrieren, mit denen die Bibel Gott bezeichnet. Zum Beispiel bezieht sich *Elohim* (Gott) auf die *Sefira Bina* und JHWH (Herr) auf *Tif'eret*.

Aber die biblischen Erzählungen wurden nicht nur auf einer Ebene verstanden. Sie beziehen sich auf die *Sefirot*, die symbolisch in allen Bibelerzählungen vorkommen. Die Geschichten über die Patriarchen in der Genesis werden als symbolische Darstellungen der verschiedenen *Sefirot* begriffen. Abraham verkörpert *Hessed*, Isaak symbolisiert *Din*, Jakob ist ein Hinweis auf *Tif'eret*, und Josef verweist auf *Jessod*.

Das bedeutet, daß die biblischen Erzählungen nicht nur von wirklichen Menschen handeln, sondern von kosmischen Dramen, die die *Sefirot* einbezogen. Sogar der Schöpfungsbericht in der Genesis stellt die Schöpfung oder Emanation der *Sefirot*, nicht nur die tatsächliche Erschaffung der Welt dar.

Der *Sohar*-Kommentar zum Schöpfungsbericht in der Genesis ist ein schönes Beispiel für die mystische Interpretation der *Kabbala*:

»Im Anfang«
– da prägte der Wille des Königs
in den oberen Raum seine Prägung:
eine Leuchte aus dunkler Urregion,
und trat ein in das Verborgene
aus dem Endelosen her.
Ein formloser Wirbel
schloß sich zum Ringe.
Nicht weiß noch schwarz,
nicht rot noch grün,
sondern gänzlich ohne Farbe.
Erst als er Räumliches durchmaß,
gewann er Farbe,
zu innerlichem Leuchten.
Und innerhalb jener Leuchte
hob an ein Quellen,
davon sich Farben

in die Tiefe tauchten.
Jedoch der Verborgene im Verborgenen,
das vom Geheimnis des Endelosen ist,
schlug spaltend rhythmisch
in Seinen Sphärenraum,
doch nichts war davon erkennbar,
als bis vom Anprall jenes Stoßes
aufblitzte ein Punkt,
ein verborgen himmlischer.
Doch wird auch dieser Punkt
nicht fernerhin erkannt,
darum ist er »Reschit« (Anfang) genannt
und bildet das erste aller Worte.

»Da werden die Einsichtigen leuchten wie der Glanz des Firmamentes, und die, welche viele zur Gerechtigkeit geführt, (leuchten) wie die Sterne in alle Ewigkeit!« (Daniel 12, 3).

Der »Verborgene der Verborgenen« ist es,
der in Seinen Sphärenraum
schlug in jenem Punkte,
und dadurch entfaltete sich »Reschit«
und wirkte sich einen Palast
zu Schönheit und Widerglanz,
drein säete Er den heiligen zeugenden Samen,
zum Heile der Welt.
Auf dieses Geheimnis wird hingedeutet in dem Schriftsatze:
»Der Wurzelstumpf ist heiliger Same« (Jesaja 6,13).

Es ist dieses zu vergleichen
jenem Samen der Purpurschnecke,
der sich einen Palast webt
zur eigenen Schönheit
und zum allgemeinen Nutzen.

So wirkte denn schöpferisch
vermittels jenes »Reschit« der Verborgene,
der selbst von der Hülle nicht erkannt war.
Diese Palasteshülle aber
wird ›Elohim‹ genannt
und dies ist der geheime Sinn des Satzes:

»Im Anfang [Mit ›Reschit‹] schuf [der Verborgene] Gott [Elohim].« (Genesis 1,1).[1]

Dieser Text beschreibt in poetischer Form, wie der Impuls, seine Fülle auf das Universum zu verströmen, aus *En Sof* hervorquoll. Der Strom der göttlichen Essenz fror zur *Sefira Hochma*, dem ersten Punkt im neuen Universum. Diese mystische Welt war paradoxerweise in sich selbst verborgen, gleichzeitig jedoch in dem *Hochma* genannten Punkt offenbart. Dieser Punkt wurde dann in *Bina* gehüllt, die auch den göttlichen Namen *Elohim* (»Gott«) trägt und ein Gewand für *Hochma* ist. Der *Sohar* beendet die Textstelle mit einem absichtlich spielerisch falschen Lesen der ersten Strophe in Genesis. Statt daß die Strophe mit »Im Anfang schuf Gott« beginnt, bringt er die Strophe wie folgt: »Mit [der *Sefira* namens] ›*Reschit*‹ [oder ›Anfang‹] (d. h., *Hochma*), schuf es [*En Sof/Keter*] *Bina* [die *Elohim* genannt wird].« Somit handelt der Schöpfungsbericht in Wirklichkeit von der Entstehung der *Sefirot*, nicht der der Erde.

Die *Sefirot* können entweder Gottes Essenz oder seine Instrumente des Handelns sein, trotzdem sind sie göttlich. Die unkörperliche Welt der Göttlichkeit, der Bereich der *Sefirot*, ist das erste Stadium, in dem sich Gottes Beziehung zur Welt entfaltet. Diesen Bereich erklärten die Kabbalisten als den Aspekt Gottes, der jenen unbekannt war, die nur an den verborgenen Gott glaubten. Das ist die offenbarte Dimension Gottes, der persönliche Aspekt, das ist der Gott, zu dem der Mensch betet, Gegenstand der mystischen Suche. Es ist die Essenz, die die Leere des Abgrunds füllt und es dem Menschen erlaubt, eine Beziehung zu Gott herzustellen.

Man wird deshalb nicht überrascht sein festzustellen, daß die Kabbalisten ihre eigenen Gebete zu Gott schufen, die an *En Sof* und die *Sefirot* gerichtet waren. Die Einleitung zu den *Tikkunei*

1 *Sohar* I, 15a–b; Tishby 1, S. 163f. Auf deutsch nach dem Urtext von Ernst Müller (Hrsg.), *Der Sohar: Das heilige Buch der Kabbala*, Wien (Heinrich Glanz) 1932, S. 83–84.

Sohar, einem im Stil des *Sohar* geschriebenen Buch, beginnt mit dem folgenden Gebet, das gesagt wird, bevor man sich auf die mystische Suche nach Gott begibt:

Herr der Welten,
Du bist eins, aber nicht nach der Zahl.
Du stehst über allen Höhen,
verborgener als alles Verborgene.
Kein Gedanke entgeht Dir je.
Du bist der, der die zehn Vollkommenheiten hervorbrachte,
die wir die zehn *Sefirot* nennen,
durch die Du die Welten beherrschst,
verborgen, versteckt und offenbart.
Weil es aber die zehn *Sefirot* gibt,
Bist Du auch dem Menschen verborgen.
Du bindest die *Sefirot* zusammen
und läßt sie eine sein.
Da Du in ihnen gegenwärtig bist,
ist jemand, der eine gelöst vom Rest betrachtet,
selbst als jemand,
der von Dir denkt,
als habest Du einzelne Teile.

Herr der Welten,
Du bist die Ursache der Ursachen,
die erste Ursache,
die den Baum aus Deiner Quelle bewässert.
Diese Quelle ist wie die Seele dem Körper
das Leben des Körpers.
Nichts läßt sich vergleichen mit Dir,
weder innen noch außen.
Du hast die Himmel und die Erde erschaffen,
die Sonne und den Mond,
die Sterne und die Sternbilder.

Es gibt niemanden, der Dich ganz kennt,
und es gibt nichts so einzigartig oder so geeinigt wie Dich,
weder oben noch unten.
Du wirst der Herr von allem genannt.
Du hast keinen eigenen Namen,
denn Du bist das Wesen selbst der göttlichen Namen,

die Vollkommenheit der Namen.
Wenn Du dich aus Deinen Namen zurückziehst,
bleiben sie zurück
wie ein Körper ohne Seele.[1]

Die *Sefirot*, durch die sich *En Sof* offenbart und eine Beziehung zur Welt herstellt, überbrücken den Abgrund zwischen Mensch und Gott. Die Emanation der zehn *Sefirot* von Gott erfolgt in einem nacheinander stattfindenden Prozeß, bei dem sich der verborgene Gott durch seine Eigenschaften offenbart, womit er die Bänder seiner eigenen Persönlichkeit webt. Die *Sefirot* sind nicht so unendlich wie der verborgene Gott, aber zusammen mit ihm bilden sie Gott. Gott ist vor allem *En Sof*, aber er ist auch die *Sefirot*. Zusammen sind sie die Gottheit und der Gott, der entsprechend der religiösen Überlieferung Gegenstand des Gebets ist. Der Kabbalist erkennt dadurch Gottes Transzendenz wie auch seine Immanenz an.

Die *Sefirot* bilden Triaden oder Gruppierungen, die Aspekte von Gottes Schöpferkraft und Gütigkeit darstellen. *Keter*, H*ochma* und *Bina* symbolisieren die Triade von Gottes reinem Verstand, den Akt des Denkens bzw. Gottes Gegenstand des Denkens, der seine eigene Unendlichkeit ist. Ein vollkommenes Wesen braucht nur sich selbst zu betrachten, aber als eine Folge davon nimmt sein Denken ein eigenes Leben an. Somit wird Gottes Denken, die Idee oder das Urbild der Vollkommenheit, eine *Sefira* und erhält ihr eigenes, unabhängiges Leben. Dieses Urbild ist die vollkommene Darstellung von Gottes Weisheit, die höchste seiner Eigenschaften, und das Symbol der göttlichen Vollkommenheit.

Die zweite Gruppierung mit *Hessed*, D*in* und *Tif eret* stellt die Triade der Urtypen von Gottes ethischer Vollkommenheit dar. Die *Sefirot* symbolisieren Gottes moralische Eigenschaften, die unbedingte Liebe und strenge, nicht vergebende Gerechtigkeit bzw. gemäßigte Gerechtigkeit heißen. Die ersten beiden Eigenschaften sind Extreme, die die dritte Eigenschaft mäßigt. Die dritte Triade, *Nezah*, H*od* und *Jessod*, sind als

1 *Tikkunei Zohar*, Einleitung.

Mittler zwischen Gottes Herrschaft und der göttlichen Vorsehung und der Welt zu verstehen.

Die ersten neun *Sefirot* bilden drei Triaden von Urbildern – im intellektuellen und moralischen Bereich und als göttliche Vorsehung –, mit denen Gott einen Entwurf für jede Existenz schafft. Gott bedient sich dieser Urtypen also genau wie ein Architekt, der auf die Symbole oder den Plan zurückgreift, die er entworfen hat, bevor er mit der Verwirklichung seines Vorhabens beginnt.

Die Kabbalisten stellen die *Sefirot* oft in Form eines Menschenkörpers dar. Das weiter unten wiedergegebene Schaubild läßt darauf schließen, daß die *Sefirot* der menschlichen Konstitution entsprechen: Die ersten drei intellektuellen Urtypen in Gott sind die Blaupause für den menschlichen Intellekt, und für sie steht der Kopf; die zweite Triade mit den moralischen Tugenden entspricht dem moralischen Handeln des Menschen, das mit den Händen zusammenhängt und vom Herzen gelenkt wird; die Triade der göttlichen Vorsehung oder herrschenden Urbilder wird durch Oberschenkel und Geschlechtsorgane des Menschen, dem Sitz der Macht, symbolisiert.

Die Kabbalisten erklären die Beziehung, die die Welt der *Sefirot* zu anderen Bereichen hat, mit Blick auf dieses Triadenprinzip. Die Welt der *Sefirot* bringt die Welt geistiger Formen hervor, den Bereich der »reinen Formen«, in dem alle Urbilder von Gottes Eigenschaften eine unabhängige Existenz außerhalb von Gott annehmen. Dieses Formenreich enthält das ideale Modell aller Formen der Welt und kündigt sie an. Aber in diesem Bereich sind sie lediglich Formen oder Ideen aller Dinge, nicht die Dinge selbst. Zum Beispiel dient er den Seelen als Lagerhaus, ist Wohnsitz der himmlischen Thora und Jerusalems und der Formenwelt menschlicher Eigenschaften wie Größe, Macht und Pracht.

Diese Formen werden Materie und nehmen in der »natürlichen Welt«, die unter der geistigen Welt liegt, Gestalt an. In diesem Bereich verbinden sich geistige Formen mit »Materie« und werden zu spürbaren, wahrnehmbaren Gegenständen. Seelen gehen in die Körper, die Thora auf Erden und das Jerusalem auf Erden entstehen nach ihrem himmlischen Vor-

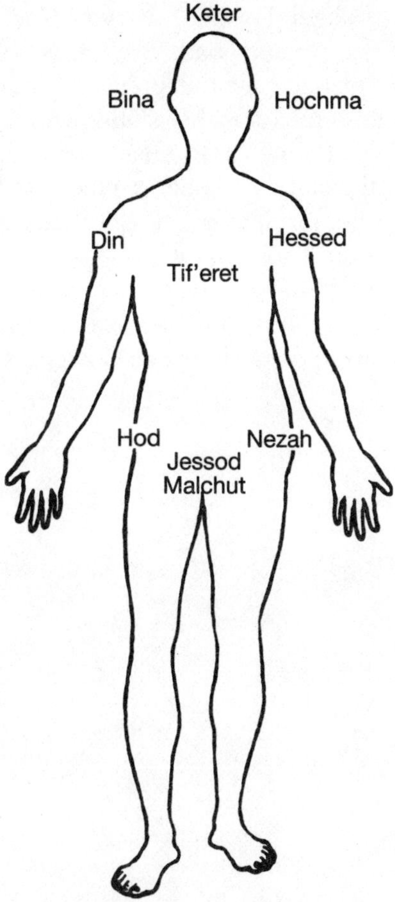

Abbildung 2: Die *Sefirot* des Seins

bild, und aus göttlichen Eigenschaften werden moralische Eigenschaften, wie sie die jüdische Tradition dem Menschen für sein tägliches Verhalten empfiehlt.

Die Lehre von den *Sefirot* ist ein komplexer, alles umfassender Versuch, die gesamte Wirklichkeit zu erklären. Sie lehrt, daß das, was man von dieser Welt sieht, nur die sichtbare Spitze des Eisbergs ist, die äußere Manifestation göttlicher Eigenschaften und geistiger Formen, die von Gott kommen. Die gesamte Existenz pulsiert und vibriert mit einem inneren Leben der Formen und Eigenschaften. So wie jede Materie aus Atomteilchen besteht, ist nichts statisch, und alles wirft die inneren geistigen Formen und eine Essenz zurück, die von Gott strömt. Alles auf der Welt ist eine von Gott fließende Essenz, und es ist in Gefäße gekleidet. Einige Gefäße sind geistiger Art wie die Thora, andere sind eher materiell wie der Körper des Menschen. Aber jeder Gegenstand enthält in der einen oder anderen Form göttliches Wesen, und deshalb ist es möglich, die Schritte der Existenz zu Gott, zur Quelle, zurückzuverfolgen.

6 Die *Schechina*

Der weibliche Aspekt Gottes

Malchut, die zehnte *Sefira*, fasziniert die Kabbalisten ganz besonders. Hier sammelt sich die Essenz, die durch die anderen *Sefirot* weitergereicht und nach außen geleitet wurde. Für den Kabbalisten ist sie ein Symbol für Gottes Gegenwart in der Welt und der der Menschheit am leichtesten zugängliche Aspekt. Diese Funktion der zehnten *Sefira* heißt *Schechina* (»göttliche Gegenwart«).

Im Talmud bezieht sich der Begriff *Schechina* auf die Personifizierung von Gottes Gegenwart an einem bestimmten Ort, und mit diesem Wort wird die Wahrnehmung des Menschen von Gottes Gegenwart auf der Erde beschrieben. Es ist ein Synonym für Gott, mit dem die Weisen Gottes Nähe und Gegenwart beschreiben, im Unterschied zu dem Begriff *Ha-Kadósch barúch hu* (»Der Heilige, gesegnet sei sein Name«), mit dem sie Gottes verborgene Person umschreiben. In beiden Fällen ist der gleiche Gott gemeint, nur ist im ersten seine Immanenz, im zweiten seine Transzendenz angesprochen.

Den Begriff als solchen haben die Rabbinen von der Verbwurzel *schachan* (Präteritum von »wohnen«) hergeleitet, weil er hauptsächlich mit Gottes feststellbarer Gegenwart in der tragbaren Stiftshütte in der Wüste und später im Tempel verbunden wurde. Gott befiehlt Moses auf dem Sinai den Bau einer Stiftshütte, die den göttlichen Bund beherbergen soll:

> Errichte mir ein Heiligtum, damit ich in ihrer Mitte wohnen (*schachanti*) kann (Exodus 25, 8).[1]

---

1 Für viele Quellen in diesem Kapitel siehe E. Urbach: *The Sages*, S. 37–65; Gershom Scholem: *Von der mystischen Gestalt der Gottheit*, Frankfurt am Main 1973, S. 135–191, und Isaiah Tishby: *Mishnat ha-Sohar*, 1, S. 219–265.

Der Ausdruck wird abwechselnd mit anderen Namen für Gott verwendet, besonders, wenn es heißt, daß er in der Welt gegenwärtig ist. So haben die Rabbinen zum Beispiel den Bibelvers »Dem Herrn, eurem Gotte, sollt ihr nachfolgen« (Deuteronomium 13, 5) wie folgt erklärt:

Und kann ein Mensch der *Schechina* nachfolgen? Es bedeutet vielmehr, daß er den Tugenden des Heiligen, gesegnet sei sein Name, nacheifern soll (B.T. *Sota* 14a).

Um also nicht den Eindruck zu erwecken, Gott gehe oder der Mensch könne Gott nachfolgen, legen die Rabbinen nahe, »nachfolgen« bedeute in diesem Fall wohl eher »Nacheifern«. Schließlich leuchtet die Andeutung, der Mensch sei in der Lage, dem moralischen Handeln der immanenten Gegenwart Gottes statt seiner Transzendenz nachzueifern, eher ein. Demnach ist hier *Schechina*, nicht *Der Heilige, gelobt sei sein Name*, gemeint.

Die Weisen des rabbinischen Zeitalters führten neue Vorstellungen ein, um die von ihnen erlebte Wirklichkeit zu erklären. Dabei verankerten sie die Vorstellung vom Abgrund als festen Begriff und forderten, ihn als religiöse Tatsache zu berücksichtigen. Somit müssen alle religiösen Erfahrungen auf der Prämisse beruhen, daß Gott sowohl transzendent wie immanent ist. Abhilfe für diesen Abgrund bot im rabbinischen Zeitalter der Begriff der *Schechina*, mit dem sie erklären konnten, wie Gott fern und gleichzeitig nahe sein konnte. Nachdem Maimonides den Abgrund verbreitert, den Begriff der Immanenz untergraben und Gott völlig transzendent gemacht hatte, diente die Vorstellung von den *Sefirot* dazu, Gottes Immanenz wiederherzustellen.

Die *Schechina* wurde synonym mit Gottes Nähe und der Personifizierung von Gottes Gegenwart unter den Anhängern jüdischer Rituale, zu denen Studium, Gebet und Essen in einem Zustand der Reinheit gehörten. Seit der Zerstörung des Tempels und der Übertragung der priesterlichen Reinheit auf das jüdische Haus gab es eine Gegenwart Gottes, die vorher im Tempel gewohnt hatte, auch in jenen Häusern und Schulen, in denen man die Thora studierte. Wie Haus und Thoraschule den Tempel ersetzen, beweist der folgende rabbinische Aphorismus:

Wenn zwei beisammen sitzen und sich mit den Worten der Thora beschäftigen, wohnt die *Schechina* mitten unter ihnen (*M. Awot* 3,2).

Gottes Immanenz wurde mit der Zerstörung des Tempels nicht zerstört. Rabbinische Quellen fördern im allgemeinen den Glauben, daß Gottes Immanenz dauerhaft mit dem jüdischen Volk verbunden ist und daß sie über es wacht, wo immer es sich befinden mag. Statt zu sagen, die Zerstörung des Tempels bedeute, Gott habe das jüdische Volk verlassen, versichern die meisten Quellen es Gottes bleibenden Interesses und seiner Sorge um sein Schicksal:

Wo immer Israel in die Verbannung ging, ging die *Schechina* sozusagen mit ihm ins Exil. Als es nach Ägypten verbannt wurde, war die *Schechina* bei ihm. Sie wurden nach Babylon verbannt, und die *Schechina* war bei ihnen.[1]

Die moralische Anklage, die Zerstörung des Tempels sei auf die Sünden der Menschen zurückzuführen, wurde durch diese beruhigende Einstellung nicht entkräftet. Jüdische Unsittlichkeit, die für den Verlust des Heiligtums verantwortlich war, konnte noch immer dazu führen, daß sich Gottes Nähe aus der Welt entfernte:

Wer immer demütig ist, bewirkt schließlich, daß die *Schechina* unter dem Menschen auf Erden weilt. Ein Hochmütiger entweiht die Erde und zwingt die *Schechina*, sich zu entfernen.[2]

Die Rabbinen haben versucht, sich den Begriff von Gottes Nähe solcherart vorzustellen, daß er an einem bestimmten Platz festgestellt werden konnte, ohne ihn jedoch auf einen Ort zu beschränken. Die *Schechina* konnte an jedem beliebigen Ort sein:

---

1 *Mekhilta de-Rabbi Yishmael*, Horowitz (Hrsg.) Frankfurt 1931, *Massekhta de-Pisha*, 14 S. 51–52. Zitiert in Urbach, S. 43.
2 *Mekhilta, Massekhta de-ba-Hodesh*, 6, S. 238. Zitiert in Urbach, S. 43.

Warum hat der Heilige, gelobt sei sein Name, sich Moses in einem [niederen] Dornbusch offenbart? Es lehrt uns, daß kein Ort der Erde ohne die *Schechina* ist.[1]

Die Nähe Gottes schließt nicht ein, daß es mehrere *Schechinot* (Plural von *Schechina*) für jede Gegenwart Gottes an einem Ort gibt:

Der [römische] Kaiser sprach zu Rabban Gamliel: »Ihr sagt, daß unter zehn [Personen, hier: Juden] die *Schechina* weile. Wie viele *Schechinot* gibt es denn?«

Rabban Gamliel erwiderte: »Die Sonne scheint ja über die ganze Welt. – Wenn die Sonne, einer der vielen Himmelskörper des Heiligen, gebenedeit sei er, über die ganze Welt scheint, um wieviel mehr die Gottheit selbst.«[2]

Das rabbinische Konzept von *Schechina* machte kein von Gott gelöstes oder anderes Wesen erforderlich. Wo immer der Name *Schechina* steht, könnte man ihn ebenso leicht durch den Begriff »Gott« ersetzen. Die rabbinische *Schechina* besitzt keinen eigenen Charakter und dient nur dazu, sich auf Gott und seine Nähe zum Menschen zu beziehen.

In der *Kabbala* verändert sich das Konzept der *Schechina* grundsätzlich. Sie ist nicht länger synonym mit Gott, sondern erscheint als losgelöstes, eigenes Wesen mit einem ihr eigenen Charakter. Sie ist weiblich, und kabbalistische Beschreibungen der *Schechina* unterstreichen die ihr eigene Weiblichkeit wie auch, daß sie losgelöst vom verborgenen Gott ist.

Die älteste kabbalistische Darstellung der *Schechina* beschreibt sie als Gottes Tochter, der sie der Welt zur Gemahlin gibt. Er möchte sie am liebsten für sich behalten, aber er sieht ein, daß sie nun in ein anderes Reich gehört. Deshalb erschafft Gott die *Sefirot* als Fenster zwischen sich und *Schechina*, die in der Welt ist. Die *Sefirot* sind fortan das Bindeglied zwischen Gott und seiner Tochter. Gott kann mit Hilfe der

1 *Pesikta de-Rav Kahana*, Mandelbaum (Hrsg.), New York 1962, *Vayehi*, S. 4. Zitiert in Urbach, S. 51.

2 B. T. *Sanhedrin* 39a. Zitiert in Urbach, S. 48.

Sefirot eine Beziehung zur Welt finden, und *Schechina* kann sich ihm auf dem gleichen Weg nähern:

Das gleicht einem König, der eine Tochter hatte, [die] gut und schön, anmutig und vollkommen [war], und er verheiratete sie an einen Prinzen und kleidete sie und gab ihr Krone und Schmuck und gab sie ihm mit vielem Vermögen.

Kann der König [nun] außerhalb seiner Tochter leben? Nein!

Kann er immer den ganzen Tag bei ihr sein? Nein!

Wie machte er es [nun]? Er machte ein Fenster zwischen sich und ihr, und so oft die Tochter ihren Vater braucht, oder der Vater die Tochter, kommen sie durch das Fenster zusammen.[1]

Das gleicht der früheren Textstelle, in der Gott einen Treffpunkt für seine Tochter schafft. Dort ist der Tempel der Ort, an dem sie zusammenkommen, nicht die *Sefirot*. Bedeutsamer ist aber noch, daß die Tochter in jener Textstelle das jüdische Volk ist, während Gottes Tochter hier die *Schechina* ist.

En Sof ist in der jüdischen Mystik unerreichbar, und das gilt für die meisten *Sefirot* auch. Die letzte *Sefira*, *Schechina*, ist durch mystische Suche erreichbar, und sie erlaubt einen gewissen Einblick in die anderen *Sefirot*. Weil die *Schechina* das Gefäß ist, in dem sich alle anderen *Sefirot* sammeln, offenbart sie die höheren Aspekte Gottes jenen, die sie kennen. Die Quellen warnen vor dem Versuch, direkt durch das göttliche Reich bis zu *En Sof* vordringen zu wollen, stattdessen sollte sich der Mystiker der *Schechina* zuwenden, dem Tor zu den anderen *Sefirot*. Gott ist unerreichbar, außer durch *Schechina*:

Das gleicht einem König, der sich im Innersten der Gemächer befand, und die Zahl der Gemächer war zweiunddreißig, und zu jedem Gemach gab es einen Weg.

Ziemte es sich da für einen König, daß alle auf [diesen] seinen Wegen seine Gemächer betreten konnten? Nein!

---

1 *Das Buch Bahir*, G. Scholem (Hrsg.) Leipzig (W. Drugulin) 1923; Nr. 36.

Ziemte es sich für ihn, seine Perlen und Schätze, Juwelen und Edelsteine gar nicht offen zu zeigen? Nein!

Was tat der König? Er nahm »die Tochter«, und faßte in ihr alle Wege zusammen sowie in ihren »Kleidern«, und wer das Innere betreten will, muß hierher schauen. (*Bahir*, Nr. 43)

Der Ausdruck »zweiunddreißig Gemächer« hat in der jüdischen Mystik symbolische Bedeutung und umfaßt als ideale Zahl alle möglichen Erscheinungen auf der Welt. Nach den Mystikern sind die zehn *Sefirot* und die zweiundzwanzig hebräischen Buchstaben zusammen die Bausteine des Universums. Demnach stellt zweiunddreißig die unendlichen Möglichkeiten dar, die aus der Kombination von göttlicher Essenz und menschlicher Sprache hervorgehen können.

Die kabbalistische Literatur spricht von »ihr«, wenn sie sich auf *Schechina* bezieht. Das ist sowohl eine sprachliche wie eine inhaltliche Neuerung. Das Wort an sich wird zu den hebräischen Substantiven gezählt, die auf Grund ihrer Endung ein feminines Genus haben. Der Begriff hat auch wesentliche Assoziationen als der feminine Aspekt Gottes, der göttlichen Mutter und Beschützerin der Welt.

Der Abgrund zwischen Gott und der Welt ist kaum zu überbrücken. Aber die *Schechina* ist jener Aspekt Gottes, der beide Bereiche miteinander verbinden kann. Die *Schechina* ist die unterste der *Sefirot* und die Grenze zwischen göttlicher und nichtgöttlicher Welt. Somit besitzt die *Schechina* eine gewisse Fähigkeit, beide Reiche miteinander zu verbinden.

Die *Schechina* ist Gottes Gesandte auf der Welt, und sie kommt aus dem Reich der *Sefirot*. Obwohl die *Schechina* nie als Gesandte bezeichnet wird, die im wahrsten Sinne des Wortes in irdischer Form auf die Welt herabsteigt, kann man sie sich leichter vorstellen als jeden anderen Aspekt Gottes. Die *Schechina* ist jener Teil Gottes, der sich um die Welt kümmert und der als Gottes Immanenz auf der Welt fühlbar ist. Die *Schechina* wohnt mitten unter ihrem Volk, ohne je die Wohnung der *Sefirot* zu verlassen.

In gewisser Hinsicht kann die *Schechina* abseits von den übrigen *Sefirot* stehen. Manchmal handelt sie als Gesandte der

Sefirot auf der Welt, ein anderes Mal als Fürsprecherin der Welt vor den *Sefirot*. *Schechina* stellt somit die Verbindung zwischen dem Reich Gottes und der Welt her.

Nur diese *Sefira* kann Kontakt mit der Menschheit aufnehmen. Gottes Gegenwart ist auf der Welt spürbar, wenn man den rituellen Pflichten des Judentums nachkommt. Dadurch daß man sie befolgt, wird die Welt an den Ursprung von *Schechina* im Reich der *Sefirot* erinnert. Sie wird Gottes *Kawod* (»Herrlichkeit«) genannt, und sie hat einen sehr viel weiter entfernten Ursprung als die rabbinische *Schechina*:

Und was bedeutet: »Gepriesen sei die Herrlichkeit des Herrn an der Stätte ihrer Ruhe« (Ezechiel 3, 12). So heißt es, weil niemand da ist, der ihren Ort kennt.

Vergleichbar einer Prinzessin, die aus fernen Landen kam, und niemand wußte, woher sie gekommen war, bis sie sahen, daß sie eine tüchtige, schöne und ausgezeichnete Frau war in allem was sie tat. Da sagten sie: Wahrlich, diese stammt [gewiß] von der Seite des Lichtes, denn durch ihre Taten wird die Welt licht.

Sie fragten sie: »Woher bist du?«

Sie sagte: »Von meinem Orte.«

Da sagten sie: »Dann sind die Leute an ihrem Orte groß. Gepriesen sei sie und gerühmt an ihrem Orte!« (*Bahir*, Nr. 90)

Manchmal ist die *Schechina* unzugänglich und fern außer für die übrigen *Sefirot*. Aber stets kann man sicher sein, daß sie schließlich auf der Welt da ist. In der folgenden Textstelle ist die *Schechina* eine Königin, keine Tochter, und sie ist im Gemach des Königs verborgen. Die *Sefirot*, nicht der König, vereinigen sich mit ihr und zeugen Kinder, Engel, für den König. Die *Schechina* ist die Mutter allen Lebens, selbst wenn sie nicht auf der Welt anwesend ist, und erfüllt ihre Aufgabe als Gottes Gesandte und seine Gegenwart:

Was ist »Gottes Herrlichkeit«?

[Das ist aus einem] Gleichnis [zu verstehen]. Die Sache gleicht einem König, in dessen Gemach die Königin war, an der all seine Heere sich entzückten, und sie hatten Söhne. Sie kamen täglich, den König zu sehen und priesen ihn. Sie sagten zu ihm: »Wo ist unsere Mutter?«

Er erwiderte ihnen: »Ihr könnt sie jetzt nicht sehen.«
Da sagten sie: »Gepriesen sei sie, wo immer sie ist.« (*Bahir*, Nr. 90)

Wird *Schechina* als Gottes Tochter dargestellt, müssen die anderen *Sefirot* die Tochter hervorgebracht haben. Die zweite und die dritte *Sefira*, *Hochma* und *Bina*, werden oft mit männlichen bzw. weiblichen Eigenschaften beschrieben. Jede *Sefira* steht in einer angespannten oder sogar gegensätzlichen Beziehung zur anderen, und die Gegensätze werden durch das Hervorbringen einer dritten vermittelnden Kraft aufgelöst. Somit hört der Gegensatz zwischen *Hochma* und *Bina* mit dem Auftreten von *Tif'eret* auf zu bestehen. Die Kabbalisten greifen oft auf ausdrücklich sexuelle Metaphern zurück, um die Emanation der *Sefirot* zu schildern. Die Emanation von *Tif'eret* wird als Sohn von *Hochma* und *Bina* und damit als Ausgleich ihrer gegensätzlichen Naturen betrachtet. Im Anschluß vervollständigt *Schechina*, die Tochter, diese ideale »Familie«:

> *Hochma* breitete sich aus und brachte *Bina* hervor.
> Sie waren männlich und weiblich.
> *Hochma*, der Vater, und
> *Bina*, die Mutter.
> Danach vereinigten diese beiden sich
> und brachten einander Licht.
> Die Mutter empfing und gebar einen Sohn.
> Durch die Geburt eines Sohnes
> fanden Mutter und Vater Vollkommenheit.
> Das führte zur Vollendung von allem,
> alles umfassend –
> Vater und Mutter, Sohn und Tochter.[1]

Die Vollkommenheit und Vereinigung der göttlichen Welt hängt vom harmonischen Gleichgewicht zwischen den einzelnen *Sefirot* sowie den harmonischen Wechselbeziehungen aller *Sefirot* ab. Fehlt die Harmonie oben, spiegelt sich diese fehlende Harmonie auf der Welt wider, und Spannung oben spitzt wiederum die Lage auf der Welt zu. Mystiker ist, wer sich bemüht, die notwendigen Schritte zu ergreifen, um die Einheit

1 *Sohar* III, 290a; Tishby, 1, S. 191.

des göttliches Reiches zu bewahren. Seine Arbeit beginnt bei der *Schechina*, aber sie beeinflußt alle übrigen *Sefirot*.

> Solange die Gemeinschaft Israels sich beim Allheiligen befindet, steht der Allheilige in der Vollkommenheit.[1]

Dem einzelnen wird mit der Aufgabe, den Prozeß, Gott in einem Zustand der Vollkommenheit zu bewahren und aufrechtzuerhalten, eine schwere Last moralischer und mystischer Verantwortung auferladen. Zum Glück sind die *Sefirot Hochma* und *Bina* immer vereint:

> Vater und Mutter,
> da sie ununterbrochen vereinigt
> und nie voreinander verborgen oder getrennt sind,
> heißen Gefährten.
> Sie finden Zufriedenheit in vollkommener Vereinigung.[2]

Die Kabbalisten greifen zu einem gewagten Vergleich, indem sie *Tif'eret* mit *dem Heiligen, gesegnet sei sein Name*, gleichsetzen, und damit deuten sie an, daß Gott, wie er in der religiösen Tradition bekannt ist, die *Sefira Tif'eret* ist. Überdies ist *Schechina*, Gottes Gegenwart, ihr Partner, *Malchut*. Die Vereinigung von *Tif'eret* und *Malchut* bewirkt einen Zustand der Einheit zwischen oberen und unteren oder auch männlichen und weiblichen *Sefirot*. Ebenso steht sie für den Zustand göttlicher Harmonie, die nötig ist, damit Frieden auf der Welt herrscht. Diese beiden *Sefirot* können sich in einem Zustand der Harmonie befinden, müssen es aber nicht immer unbedingt.

Die Kabbalisten folgern, daß die Vereinigung *des Heiligen, gesegnet sei sein Name*, und seiner *Schechina* der im göttlichen Reich und auf der Welt wünschenswerte Zustand ist. Diese Vereinigung wird durch das Streben des Menschen herbeigeführt und durch Sünde gestört. Was immer unten geschieht, entscheidet, wie es oben aussieht; was immer oben geschieht, spiegelt wider, was sich unten abspielt.

---

1 *Sohar* III, 17a; Tishby, 1; S. 252.
2 *Sohar* III, 290a; Tishby, 1, S. 191.

Die Vorstellung vom weiblichen Aspekt der Gottheit dürfte wohl die kühnste begriffliche Neuerung in der jüdischen Mystik sein. Der Grund für die Faszination, die vom weiblichen Aspekt Gottes ausgeht, ist auf das sexuelle Bewußtsein des Menschen zurückzuführen. Nach Ansicht jüdischer Mystiker wurzelt alles auf unserer Welt im göttlichen Reich. Da somit auch Weiblichkeit in Gott wurzeln muß, ergibt sich zwingend, daß Gott einen weiblichen Aspekt besitzt. Diese Lehre erhebt die Sexualität des Menschen zu einem göttlichen Prinzip und verleiht ihr Legitimation. Gleichzeitig macht sie Gott menschlicher, indem sie der Vorstellung des weiblichen Aspekts Gottes den Weg zum Verständnis der menschlichen Sexualität als Metapher für die mystische Suche im Judentum bereitet.

Die Mystiker waren von der Beziehung zwischen *Tif'eret* und *Malchut*, dem Sohn und der Tochter, fasziniert. Sie stellen die Vereinigung dieser beiden *Sefirot* als ständig gefährdet dar, wohingegen die Vereinigung von Vater und Mutter, *Hochma* und *Bina*, unerschütterlich war. Diese Vorstellung beinhaltet nichts Inzestuöses, denn die Mystiker wechseln frei zwischen den Metaphern von Sohn und Tochter, von Gemahl und Gemahlin hin und her. Während die Eltern sich in einer dauerhaften Vereinigung befinden, verhindert die Sündhaftigkeit des Menschen die ständige Vereinigung von *Schechina* mit *Tif'eret*.

Die heilige Hochzeit von *Tif'eret* mit *Schechina* ist die wichtigste Aufgabe, die der Mystiker bei seiner Suche auf sich nimmt. Der jüdische Mystiker sucht nicht die eigene Vereinigung mit Gott, sondern bemüht sich vielmehr, die letzte *Sefira* so zu beeinflussen, daß sie sich mit ihrem Partner, mit *Tif'eret* vereint. Die Heirat zwischen Mann und Frau auf Erden gilt als eine der mystischen Techniken, um die heilige Hochzeit oben zu beeinflussen. Der richtige, hingebungsvolle Ehevollzug ist ein Mittel, um die männlichen und weiblichen *Sefirot* zu vereinigen:

> Wann spricht man von »Vereinigung« beim Menschen?
> Wenn der Mann zusammen mit der Frau
> und höchst geheiligt ist und

eifrig Heiligung begehrt.
Dann und nur dann
wird er als »eins« bezeichnet
ohne irgendeinen Mangel.

Somit sollen ein Mann und seine Frau
eine einzige Neigung haben
in der Stunde ihrer Vereinigung.
Der Mann sollte sich mit seiner Frau freuen,
sich an sie mit Zuneigung binden.
So zusammen bilden sie
eine Seele und einen Körper.
Eine einzige Seele durch ihre Zuneigung.
Ein einziger Körper –
denn nur, wenn Mann und Frau verbunden sind,
bilden sie einen einzigen Körper.

Wenn Mann und Frau verbunden sind,
wohnt Gott auf dem »einen«
und schenkt ihm einen heiligen Geist.[1]

Die *Kabbala* lehrt die unglaubliche Vorstellung, der Mensch könne mit Hilfe des jüdischen Rituals Gott beeinflussen. Die wichtigste Wirkung, die die eigenen Handlungen im günstigsten Fall erzielen, ist die Vereinigung von *Tif'eret* mit *Schechina*. Der *Sohar* enthält viele lange Textstellen, die diese These ausführlich darlegen. Zum Beispiel bietet das einfache Bekenntnis zu einem monotheistischen Glauben, *Schema Israel, Adonai Elohenu, Adonai Ehad*, (»Höre, Israel, der Ewige, unser Gott, der Ewige ist einzig!«, Deuteronomium 6, 4) die Gelegenheit, einen dramatischen Mythos von der göttlichen Hochzeit zwischen *Tif'eret* und *Schechina* auszumalen.

Um der komplexen Symbolik der Mythologie folgen zu können, braucht der moderne Leser eine Liste der kabbalistischen Begriffe, die in der Textstelle vorkommen:

---

1 *Sohar* III, 81a. Zitiert in G. Scholem: *Zohar, The Book of Splendor*, New York (Schocken Books) 1963, S. 115–116.

Erleuchten: Überfließen von *En Sof*, oft als strahlendes Licht dargestellt.
Die Flamme der Dunkelheit: Dieses Symbol ist ein Oxymoron, ein in sich widersprüchlicher Ausdruck. Er bezieht sich auf *Keter*, die einzige *Sefira*, die widersprüchliche Kräfte in sich vereint.
Der Lebensbaum: ein Symbol für *Tif eret.*
Der Garten [das Paradies]: ein Symbol für *Schechina*, den Garten, in den *Tif eret* gepflanzt wird.
Die Braut: ein Symbol für *Schechina.*
Gatte: ein Symbol für *Tif eret.*
Israel: ein weiterer Name für *Tif eret.*
Die Himmelsglieder: sechs der anderen *Sefirot: Hessed, Din, Tif eret, Nezah, Hod* und *Jessod.*
Der Herr: ein Symbol für *Tif eret.* Diese *Sefira* bezieht sich auch auf den göttlichen Namen *der Heilige, gelobt sei sein Name.*
Glieder oder *Richtungen*: ein anderer Ausdruck für *Sefirot.*
Der hebräische Buchstabe Vaw: Dieser Buchstabe entspricht dem »W« im Wort »JHWH«. Im Hebräischen besitzt er den Zahlenwert sechs und hängt mit der *Sefira Tif eret* zusammen.
Gefolge: die barmherzigen Engel.
Name: ein Symbol für *Schechina.*

Die folgende Textstelle aus dem *Sohar* kann nun mit Hilfe dieses Glossars entziffert werden:

In der Stunde,
Wenn Israel die Einung
Des Geheimnisses von »Höre, Israel!«
Mit vollkommener Hingabe vollzieht,
Bricht eine Erleuchtung
Von tief drinnen,
Der höchsten übernatürlichen Welt,
Hervor,
Sofort.

Diese Erleuchtung
Trifft auf die Flamme der Dunkelheit
Und teilt sich in
Siebzig Lichter.

Diese siebzig
Werden die siebzig Äste
Des Baums des Lebens.
In jenem Augenblick
Verbreitet dieser Baum
Wie alle Bäume im Garten [Paradies]
Gerüche und Düfte
Zum Meister hin.

In jenem Augenblick
Wird die Braut geschmückt,
Um unter den Baldachin
Mit ihrem Gemahl zu treten.

Alle himmlischen Glieder vereinen sich
In einem Wunsch,
In einer Hingabe,
Eins zu sein
Ohne jegliche Trennung.

Dann wendet der Gemahl
Ihr seine Aufmerksamkeit zu,
Um mit ihr unter
Dem Baldachin
Eine Vereinigung herbeizuführen,
Sich mit seiner Braut zu vereinigen.

Deshalb, wach auf zu ihr und sage:
»Höre, [oh, Braut], Israel [kommt]!
Bereite dich vor!
Dein Gemahl zieht herbei
In seinem Schmuck.
Er ist bereit für dich.«

»Der Ewige, unser Gott,
der Ewige ist einzig–«
In einer Vereinigung,
In einer Hingabe,
Ohne jegliche Trennung.
Alle Glieder sind vereint
und geben sich einer Hingabe hin.

Wenn Israel sagt: »Der Ewige ist einzig!«
Durch das Wecken der sechs Richtungen
Vereinigen sie sich
Und werden eine Hingabe.

Dieses ist das Geheimnis des hebräischen Buchstabens »Vaw«.
Eine einzige Erstreckung,
Mit nichts sonst an ihr,
Nur sie allein,
Getrennt vom Rest,
Vollständig.

Im gleichen Augenblick
Wird die Braut
Vorbereitet und geschmückt.
Ihr Gefolge bringt sie
Zu ihrem Gemahl
Und sagt
Im leisen Flüsterton:
»Gelobt sei der Name der Herrlichkeit seines Reiches
immer und ewig.«

Dies ist im Flüstern gesagt,
Denn so
Muß sie ihrem Gemahl gebracht werden.

Glücklich sind die Menschen, die dies wissen,
Und den erhabenen Dienst
Des Glaubens vorbereiten.[1]

Der Kabbalist interpretiert damit das Gebet »Höre, Israel« völlig neu. Es ist nicht länger das grundsätzliche Glaubensbekenntnis der monotheistischen jüdischen Religion, sondern die dramatische Durchführung einer heiligen Hochzeit zwischen zwei *Sefirot*. »Höre, Israel« ist kein Aufruf an das jüdische Volk, seinen Glauben an einen Gott zu bekennen, es wird ein Ruf:

»›Höre‹, *Tif'eret* [Israel] – du, die du vereint mit den anderen *Sefirot* bist!« Dabei werden *Tif'eret* und *Schechina*, auch

1 *Sohar* II, 133b–134a; Tishby, 2, S. 312–315.

Malchut genannt, eins im heiligen Ehebund (»Der Herr ist eins«). Daraufhin verkündet die Hochzeitsgesellschaft: »Gesegnet sei die *Schechina* (»der Name der Pracht«), seine *Malchut*, für immer, die nun mit *Tif eret* vereint ist.«

Die Kabbalisten waren sich allerdings durchaus bewußt, daß diese heilige Hochzeit keineswegs endgültig vollzogen war. Wenn ja, würde Harmonie auf der Welt herrschen und Gottes immerwährende Fülle die Welt erleuchten. Die Kabbalisten sahen aber im Gegenteil, daß die Welt, in der sie lebten, feindlich und bedrohlich war. Die *Kabbala* blühte im mittelalterlichen Spanien zu einer Zeit, in der Christen zunehmend Juden verfolgten. Die besonderen Erlasse im siebenteiligen Kodex, die den Juden untersagten, ihren Geschäften wie ihre christlichen Nachbarn nachzugehen, sowie die auf dem vierten Laterankonzil (1215) beschlossenen Einschränkungen beschnitten die Rechte der Juden im zivilen, wirtschaftlichen und religiösen Bereich. Die antijüdischen Übergriffe 1391, die Zwangstaufen der Marranos und schließlich die Inquisition gipfelten in der Ausweisung aus Spanien im Jahr 1492. In dieser Zeit waren *Tif eret* und *Schechina* also kaum vereint.

Die Mystiker waren sich ihres Versagens, sich mit Gott »zu vereinigen«, weitaus bewußter als ihres Erfolgs. Die mystische Suche konzentrierte sich auf die Aufgabe, sich über die Wechselfälle dieser Welt zu erheben und das Problem an seinem Ursprung in den Griff zu bekommen – in der Welt der *Sefirot*. Nur wenn die *Schechina* von ihrem Partner verbannt war, nur wenn sie sich tatsächlich in der Verbannung befand, konnte die Welt sich in solch einem Zustand befinden, wie er damals herrschte. Die Kabbalisten wußten, glaubten, erfuhren und fühlten, daß »die *Schechina* im Staub liegt«, von ihrem Reich getrennt und aus ihm verbannt. Die Erhöhung der *Schechina* war die Voraussetzung, damit sie unter den Hochzeitsbaldachin geführt werden konnte. Auf einer Seite nach der anderen stellt der *Sohar* dieses Gefühl von Qual und Verbannung in lebhaften Bildern dar:

Vergleichbar einem König,
Der seiner Gattin zürnte

Und sie für eine gewisse Zeit
Aus seinem Palaste verstieß.
Als aber die Frist um war,
Erschien die Gattin
Wieder vor dem König,
Und also ein-, zwei- und dreimal.

Nachher aber wurde sie
Aus dem Palaste des Königs
Entfernt und verstoßen
Bis auf eine
Ferne, unbestimmte Zeit.

Und der König sprach:
»Diese Zeit ist nicht
Wie die anderen Zeiten,
Daß sie wieder vor mich träte,
Sondern ich muß gehen
Mit allen Bewohnern meines Palastes
Und von neuem um sie werben.«

Als er zu ihr kam,
Fand er sie im Staube liegen.
Wer konnte da nicht die Ehre der Gattin
Und die Sehnsucht des Königs,
Sie wieder aufzunehmen, sehen,
Wie er sie bei der Hand faßte,
Aufrichtete,
In seinen Palast einziehen ließ
Und ihr sagte,
Daß er sich ewig nicht von ihr trennen
Und entfernen werde![1]

Diese kabbalistische Interpretation der Geschichte deutet die Zeit der Sklaverei in Ägypten und die Zerstörung des Ersten Tempels als vorübergehende Verbannung der *Schechina*, die endet, als sie freiwillig zurückkehrte. Die Kabbalisten betrachteten das Zeitalter, in dem sie lebten, als schlimmer als vorhergehende Epochen. Seit der Zerstörung des Zweiten

1 *Sohar* III, 6a. Zitiert in Scholem, S. 110.

Tempels im Jahr 70 u. Z. war der Tempel nicht wiederaufgebaut worden, und das Gefühl der Verbannung wurde akut empfunden. Die Erlösung aus dieser Verbannung, die damals schon länger als tausend Jahre gedauert hatte, rief nach stärkeren Maßnahmen. Nach dem *Sohar* begnügte sich Gott nicht damit, auf die Rückkehr von *Schechina* zu warten. Es oblag nun Gott und dem jüdischen Volk, sich aktiv für die Rückkehr der verbannten *Schechina* einzusetzen. Der *Sohar* begünstigte utopisches Handeln und vielleicht sogar aktive Messiaserwartung.

Das Gefühl der Verbannung, das jeder Jude am eigenen Körper empfand, wird als Ergebnis der Verbannung der *Schechina* erklärt. Da nun Gottes Gegenwart »im Staub« lag, nahm der Mystiker die Bürde auf sich, sie aus der Asche der Verzweiflung zu heben, sie wieder zu reinigen und reinzumachen und sie für ihre lange aufgeschobene Hochzeit mit ihrem Bräutigam vorzubereiten und zu kleiden. Wenn dies vollbracht werden könnte, wäre die Welt ein besserer Ort.

Die Kabbalisten waren mit diesem Gefühl des Leids in der gesamten jüdischen Geschichte wohl vertraut. Jesaja hatte die Zerstörung des Ersten Tempels mit dem Bild des gefallenen Jerusalems ausgemalt. Der Prophet sah den Wiederaufbau von Jerusalem durch einen Nachfolger von König David aus Bethlehem, dem Nachfolger von Perez, voraus: durch den Messias. Jesajas Bilder und seine Hoffnung haben ganze Generationen getröstet, und sie haben die jüdische Hoffnung sogar in der Zeit nach der Ausweisung [aus Spanien] 1492 genährt.

Aber mit einem bedeutsamen Unterschied. Die Kabbalisten wußten, daß die Braut nur mit Hilfe menschlicher Anstrengungen das Brautgemach betreten würde, der Messias würde warten, bis der Mensch seinen Anteil erbracht hatte. Der Kabbalist betrachtete es als seine Pflicht, die Braut vorzubereiten und sie zur Zeremonie zu geleiten. Praktisch bedeutete das, daß der Mystiker einmal in der Woche bei Sonnenuntergang, wenn der Sabbat beginnt, Braut und Bräutigam wiedervereinigen konnte. Für den Kabbalisten ist der Sabbat ein verheißungsvoller Augenblick, ein Vorgriff auf ein besseres Zeitalter.

Der jüdische Mystiker kannte Jesajas Prophezeiungen über den Wiederaufbau von Jerusalem, das als trauernde Mutter, dem Symbol jüdischer Hoffnung, dargestellt wird. Die prophetische Schilderung von Zions Verwüstung spiegelte das Gefühl persönlicher Erfahrung der aus Spanien Verbannten wider. Für die Kabbalisten, die eine Generation nach der Ausweisung lebten, hatten Jesajas Prophezeiungen über den Zustand der *Schechina* »im Staub« eine ganz konkrete Bedeutung. Es verwundert deshalb nicht, daß Jesaja diesen Mystikern auch das Vokabular für die Erlösung lieferte.

Die Kabbalisten, die in diesem Zeitraum lebten, schufen neue Rituale, mit denen sie die Auferstehung von *Schechina* und ihre Wiedervereinigung mit *Tif'eret* herbeiführen wollten. Der bedeutsamste, dauerhafteste Beitrag aus dieser Zeit waren besondere neue Hymnen an die *Schechina*, die ihren Eingang in die Liturgie fanden, mit denen Juden den Sabbat grüßen. Die herausragendste Hymne dieser Gattung ist das berühmte *Lecha Dodi* (»Auf, mein Freund, der Braut entgegen«), das um 1560 von dem Kabbalisten Rabbi Salomo ha-Levi Alkabez im galiläischen Ort Safed komponiert wurde.

Diese Hymne machte aus der Freitagsliturgie bei Sonnenuntergang ein Drama ersten Ranges: Die Gemeinde ging, wie auf einer Hochzeit in Weiß gekleidet, tatsächlich auf die Felder um Safed hinaus, um die *Schechina* zu begrüßen. Diese Vorstellung beruht auf dem Aufruf zum Sabbat im Talmud: »Kommt, wir wollen gehen, die Königin Sabbat zu empfangen!« (B.T. *Schabbat* 119a). Die rabbinische Metapher vom Sabbat als Braut hängt mit dem kabbalistischen Glauben zusammen, der die Sabbatbraut als *Schechina* betrachtet. Die *Schechina* kommt mit der untergehenden Sonne aus dem Westen, empfangen wird sie von *Tif'eret* aus dem Osten. Die Gemeinde ist die Hochzeitsgesellschaft, die den Bräutigam der Braut entgegenführt, indem sie *Tif'eret* sagt: »Auf, mein Freund, der Braut entgegen, Königin Sabbat wollen wir empfangen!«

Der Sabbat wird in eine kosmische Hochzeit zwischen männlicher *Tif'eret* und weiblicher *Schechina* Gottes umgewandelt. Es obliegt der Gemeinde, die beiden Liebenden zusammenzubringen, denn ohne ihre Hilfe geschieht das nicht.

In den meisten Gemeinden wird diese Hymne heute gesungen, ohne daß man sich der ihr innewohnenden kabbalistischen Bedeutung bewußt wäre. Ein Rest des mittelalterlichen Brauchs hat sich erhalten, denn bei der letzten Strophe steht die Gemeinde auf und wendet sich zum rückwärtigen Teil des Gebetraums um, um nach Westen zu blicken und die Sabbatbraut zu begrüßen. Das Symbol der Sabbatbraut ist in die jüdische Volkskultur allerdings ohne ihre ganz besonderen kabbalistischen Untertöne eingegangen.

Eine Einleitung ist nötig, damit *Lecha Dodi* verstanden wird. Der Text stammt aus Jesaja, den Psalmen und dem Hohelied, das zuletztgenannte ein Liebesgedicht, das von einem »Geliebten« (*dodi*) und seiner »Freundin« (*ra'aja*) handelt. Hier werden die beiden Liebenden mit *Tif'eret* bzw. *Schechina* gleichgesetzt. Der Sabbat selbst hängt mit der *Sefira Malchut* zusammen, die die Welt mit Segen überschüttet, wenn die Vereinigung zwischen den beiden Liebenden vollzogen ist. Die *Schechina* wird überdies als himmlisches Jerusalem, als Gottes Stimme auf dem Berg Sinai und Gottes Name und als die göttliche Krone identifiziert.

Die Anfangszeile »Hüte (*schamor*) und gedenke (*sachor*) in einem Worte« bedarf einer eigenen Erklärung. Zum ersten Mal erscheint das Gebot, den Sabbat einzuhalten, in den Zehn Geboten. Allerdings stehen diese Gebote gleich zweimal in der Bibel, einmal in Deuteronomium 5, 12, und ein zweites Mal in Exodus 20, 8. Im ersten Fall heißt der Befehl für den Sabbat: »Halte (*schamor*) den Sabbattag«, und im zweiten Fall »Gedenke (*sachor*) des Sabbattags«. Die Weisen erklären den Unterschied damit, daß Gott zwar nur ein Gebot erteilt habe, es von den Menschen jedoch auf diese beiden verschiedenen Arten gehört worden sei. Die Kabbalisten verbinden *schamor* mit *Malchut*, denn *Malchut* »hütet« und schützt die Welt. *Sachor*, das sowohl »gedenke« (*sachor*), wie auch »männlich sein« (*sachar*) bedeuten kann, hängt mit *Jessod* zusammen, dem Phallussymbol unter den *Sefirot*.

Viele andere Satzglieder in dieser Hymne sind dunkle Hinweise auf andere Namen der *Sefirot*. So sind zum Beispiel »Schönheit« (*Tif'eret*), »König«, »Herrlichkeit« (*Kawod*) und

»Gott« (*JHWH*) synonym für die *Sefira Tif'eret*. »Lob« (*Tehilla*) bezieht sich auf *Bina*. Hat man diesen Wortschatz vor Augen, erhält die Hymne eine völlig neue Bedeutung. Das *Lecha Dodi* läßt sich mit Hilfe dieser Hinweise mühelos entschlüsseln, und man kann damit seine kabbalistische Bedeutung aufdecken. Es folgt eine Wiedergabe der Hymne zusammen mit den primären biblischen Anspielungen. Dem schließt sich eine andere Wiedergabe an, die ihre kabbalistische Bedeutung aufzeigt:

Lecha Dodi
Komm, mein Geliebter (Hoheslied 7, 12),
Der Braut entgegen,
Königin Sabbat wollen wir empfangen.

»Hüte« und »gedenke« (Deuteronomium 5, 12; Exodus 20, 8)
(des Sabbates) in einem Worte
Ließ (am Sinai) der einzige Gott uns vernehmen,
Einzig ist der Ewige und sein Name einzig (Sacharja 14, 9)
Zur Ehre und Herrlichkeit und zum Ruhm.

Der Königin Sabbat laßt uns entgegengehen,
Sie ist des Segens Spenderin,
Von Anbeginn in der Vorzeit ward sie gekrönt,
Des Schöpfungswerkes Abschluß, im Plane das Erste.

Heiligtum des Königs, Residenzstadt,
Auf, erhebe dich aus der Zerstörung,
Du hast lang geweilt im Tale des Weinens (Psalmen 84, 7),
Er erbarmt sich über dich in Liebe.

Schüttle ab den Staub, erhebe dich (Jesaja 52, 2),
Zieh deine Prachtgewänder an, mein Volk,
Durch Jischais Sohn [d. h., David],
Den aus Bet Lechem,
Naht meiner Seele der Erlöser.

Erhebe dich, erhebe dich (Jesaja 51, 17).
Denn gekommen ist dein Licht (Jesaja 60, 1).
Steh auf, Steh auf (Jesaja 52, 1),
Stimme Lobgesang an,
Die Herrlichkeit des Ewigen wird über dir offenbar.

Du wirst nicht beschämt sein, nicht erröten,
was bist du bedrückt, meine Seele, und warum stürmst du in mir? (Psalmen 42, 12).
Dort sind die Armen seines Volkes geborgen (Jesaja 14, 32),
Die Stadt soll wieder aufgebaut werden auf ihrem Hügel (Jeremia 30, 18).

Die dich ausgeplündert, sollen der Plünderung verfallen (Jeremia 30, 16).
Weit weg von dir sind deine Verderber (Jesaja 49, 19).
Wie der Bräutigam seine Wonne an der Braut hat,
so wird dein Gott an dir seine Wonne haben (Jesaja 62, 5).

Denn nach rechts und links wirst du dich ausbreiten (Jesaja 54, 3),
Gott rühmen
mit Hilfe eines Nachfahren des Perez [d. h., David] (Ruth 4, 18),
laßt uns frohlocken und seiner uns erfreuen (Psalmen 118, 24).

Eine wackere Frau ist für den Gatten eine Krone (Sprüche 12, 4).
Ja in Freude und Frohlocken,
bei des auserwählten Volkes Treuen,
kehre ein, Braut, kehre ein, Braut!

Es folgt die Übertragung von *Lecha Dodi* mit Hilfe der mystischen Symbolik, die die ihr innewohnende kabbalistische Bedeutung berücksichtigt:

Komm, mein geliebter *Tiferet*,
Dich zu vereinen mit der Braut *Schechina-Malchut*.
Schechina wollen wir empfangen!

Malchut und *Jessod* wurden ausgeströmt
Von *Tiferet*, Gottes Stimme auf dem Berg Sinai.
Am Sabbat sind *Tiferet* und *Malchut* vereint.
Vereint sind *Malchut*, Gottes Name,
Tiferet und *Bina*.

Malchut laßt uns entgegengehen.
Denn *Malchut* ist die Quelle, aus der *Bina* schöpft.

Malchut, gesalbt durch *Hochma*,
War die letzte *Sefira*, die ausströmte,
Aber die erste, in Gottes *Hochma* empfangen zu werden.

Malchut ist das himmlische Jerusalem, das Heiligtum,
Das Gefäß für *Tif eret*, den König.
Erhebe dich aus der Uneinheit!
Zu lang warst du getrennt von *Tif eret*.
Tif eret ruft *Hessed* über dich
Und vereint sich mit dir.

Erwache! Beende deine Verbannung von *Tif eret*!
Schmücke dich mit den Gewändern *Tif eret*
Durch den Messias aus dem Hause Davids,
Der genährt wird von *Malchut*.
Schechina, komm heran an meine Seele,
Erlöse sie!

Erwache, erwache!
Denn das Licht von *Tif eret*, deines Freundes, ist gekommen.
Wach auf, wach auf – stimme den Lobgesang an!
Tif eret, Gottes Herrlichkeit wird über dich kommen.

Sei nicht beschämt, erröte nicht!
Was beugst du dich, was klagest du?
Bei dir, *Schechina*, wird das jüdische Volk erneuert,
Und das irdische Jerusalem wird wieder erbaut.

Zerstört werden deine Zerstörer selbst.
Deine Feinde werden in die Flucht geschlagen.
Tif eret freut sich alsdann über dich,
Wie sich der Bräutigam freut über die Braut.

Du breitest dich dann aus bis *Hessed* und *Din*,
Zur Rechten und zur Linken.
Und *Tif eret* wirst du rühmen.
Der Sabbat kündigt das Zeitalter des Messias an,
Gebracht von einem Nachkommen des Perez
[d. h., der Messias aus dem Hause Davids],
Daß wir uns freuen und jubeln.

Komm nun, *Malchut*,
Die untere Krone von *Tif eret*,
In Freude und Frohlocken,
Kehre ein bei den Kabbalisten unter dem auserwählten Volk.
Kehre ein, Braut, kehre ein, Braut!

Komm, mein geliebter *Tif eret*,
Dich zu vereinen mit der Braut *Schechina-Malchut*.
Die *Schechina* wollen wir empfangen!

Die kühne Vorstellung der Kabbalisten ist es also, daß sich Gottes männlicher und weiblicher Aspekt durch religiöse Handlungen wiedervereinen können. Die herkömmliche Vorstellung von Gott als Vater und König wurde hier dramatisch umgewandelt in einen Gott als die Gesamtsumme aller Möglichkeiten und Polaritäten auf der Welt. Gott ist eine Dynamik, deren stärkste Polaritäten bei den männlichen bzw. weiblichen *Sefirot* liegen. Die jüdische Mystik wird demzufolge durch eine Folge von Abgründen vorausbestimmt. Der Abgrund zwischen Gott und Welt spiegelt einen Abgrund wider, der tief in Gott selbst zwischen den beiden Aspekten seines Seins verwurzelt ist. Die mystische Suche im Judentum ist das Streben, den Abgrund zwischen Gott und der Welt zu überbrücken, indem die Spaltung in Gott selbst geheilt wird.

7 Sprache und Sein

Die Thora als Emanation Gottes

Die Emanation aus *En Sof* ist ein bedeutungsvoller Prozeß, bei dem Gottes Sein über die *Sefirot* verteilt und durch sie geleitet wird. In *Keter*, ewig wie *En Sof*, sind die Wurzeln alles späteren Seins in einem undifferenzierten Zustand enthalten. Durch den Vorgang der Emanation gehen diese Wurzeln der Existenz von einem Zustand des Nichtseins in den der Möglichkeit von allem über. *Keter* ist einerseits hinsichtlich seiner Unendlichkeit identisch mit *En Sof*, und andererseits hängt es als Ursprung der Emanation mit den anderen *Sefirot* zusammen.

Im ersten Augenblick der Emanation findet ein besonderer Akt statt: Die Unendlichkeit von *En Sof* zieht sich zusammen oder beschränkt sich (*Zimzum*). Weil *En Sof* unendlich ist, ist es für alles andere unzugänglich. Es muß begrenzt und abgeschwächt werden, damit der Zugang zur göttlichen Essenz möglich wird. Gott kann sich der Welt nicht zu erkennen geben, es sei denn, er zeigt sich in einer weltlichen Form. Die *Sefirot* dienen als ein Bindeglied, das Unendlichkeit in begrenztere Essenzen überträgt. Danach wird Gottes Sein der Menschheit in einer weltlichen Form durch die Offenbarung der Thora mitgeteilt. Zu Beginn dieses Vorgangs, Gottes Wesen in erfaßbarere Formen zu übertragen, findet ein Akt statt, bei dem Gott sich auf ein weniger unendliches Niveau herabbegibt.

Einige Mystiker erklären die Erscheinung, wie Gott sich selbst einschränkt, um für die Welt zugänglicher zu werden, mit einem analogen Vergleich. Der Vater eines Säuglings muß sich oft selbst wie ein Säugling benehmen, um Kontakt zu seinem kleinen Kind aufzunehmen. Sich in der »Babysprache« zu unterhalten, kann eine notwendige Strategie der Selbsteinschränkung darstellen, zu der man greifen muß, um eine Verständigung zu ermöglichen. Der Vater bleibt ein Erwachsener, selbst wenn er vorübergehend in der Säuglingssprache sprechen muß. Das gleiche tut auch Gott, erklären diese Mystiker, der sich um der Menschheit willen einschränkt.

Mit dieser Selbsteinschränkung bringt Gott *Keter* hervor, die unbegrenzte, unendliche Möglichkeit aller Existenz. *Keter*, auch *Ajin* (Nichts) genannt, ist kein Nichtsein, sondern die undifferenzierte Einheit allen Seins. Es ist das unbestimmte »Nichts«, aus dem sich alles »Sein« entfaltet, und es existiert nur dank eines Akts der Selbsteinschränkung von *En Sof*.

Der Begriff der Emanation als »Selbst-Kontraktion« beruht auf der Vorstellung, daß Gott Dinge nur aus schon Bestehendem ins Leben rufen kann. Gott kann daher nichts direkt aus seiner eigenen unendlichen Essenz erschaffen. Darum grenzt er seine eigene Unendlichkeit auf *Keter* ein, der Fülle von allem, dem undifferenzierten Ursprung allen Seins. Gottes Unendlichkeit wird als strahlendes Sonnenlicht beschrieben, das dank seiner überwältigenden Größe endlos leuchtet. Aber dieses ungezügelte Licht muß geleitet und gesteuert werden, damit sich Einzelheiten, Schatten, Umrisse und Formen abzeichnen. In gleicher Weise muß das Strahlen von *En Sof* begrenzt werden, damit die *Sefirot* hervorgehen können. Bei *En Sof* findet allerdings keine Änderung statt, sondern nur innerhalb der Gefäße, die das Licht empfangen. Zusammenziehen bedeutet nicht so sehr eine wesentliche Änderung in *En Sof* selbst, sondern vielmehr die Schaffung von Möglichkeit und Differenzierung durch *Keter*. Der anschließende Emanationsprozeß ist ein dynamischer Vorgang, bei dem *Keter* das Licht von *En Sof* durch die anderen *Sefirot* strahlt.

Der erste Akt der göttlichen Äußerung besteht in der Emanation von *Hochma*, Gottes höchster Weisheit, aus *Keter*, die tief im Inneren von *Keter* verborgen ist. Das Aufscheinen von *Keters* verborgener Essenz erzeugt die *Sefira Hochma*. Während *Keter* verborgen ist und nicht von *En Sof* unterschieden werden kann, ist *Hochma* anders als *Keter*. *Hochma* ist die erste Essenz oder das erste Gefäß, das getrennt von *En Sof* existiert, obwohl es die Unendlichkeit von *En Sof* enthält. Die Emanation von *Hochma* ist die erste Äußerung von *En Sof* selbst, bei der sich die unendliche Gottheit direkt in einer begrenzteren Form darstellt. Diese Erscheinung der eigenen

Äußerung Gottes, »Selbstdarstellung« genannt, erfolgt durch einen Akt der Selbstbegrenzung. Die Mystiker bezeichnen dies als *Zimzum* (Beschränkung), als einen Akt göttlicher Selbstdarstellung, bei dem Gott seine eigene unendliche Intelligenz begrenzt und veranlaßt, daß sie in ein Gefäß aufgenommen wird.[1]

Die *Sefirot* sind auch Gottes sprachliche Äußerung. Alle Wesen offenbaren ihre Essenz durch Denken, das schließlich die Gestalt von Sprache annimmt, und die *Sefirot* sind die göttliche Sprache. Allein schon das Wort *Sefira* in dem Vers: »Die Himmel rühmen (*mesaprim*, von der gleichen Wurzel wie *Sefira*) die Herrlichkeit (*Kawod*) Gottes« (Psalmen 19, 2), vermittelt klar den Gedanken, daß die *Sefirot* Gottes Sprache sind. Die im Hebräischen gemeinsame Wurzel *spr* der Wörter *Sefira* und *saper*, was »erzählen« bedeutet, legt nahe, daß Gottes Ausdrucksmittel, die *Sefirot*, auch seine Sprache sind.

Angefangen bei *Hochma* stellt jede *Sefira* ein eigenes Entwicklungsstadium der göttlichen Sprache dar. Die Folge göttlicher Selbstäußerungen beginnt mit dem Erscheinen von Gottes essentieller *Hochma*. Die Kabbalisten kennzeichnen dies als die Schöpfung eines »Urtextes«, eines Gefäßes, in das die Weisheit des Verfassers eingeprägt ist. Wie jeder beliebige Text, muß die ihm innewohnende Weisheit von jemandem offenbart werden, der sie gleichzeitig interpretiert und darlegt, damit alle sie sehen. Deshalb folgt auf *Hochma* die Emanation von *Bina*, der Interpretin oder Kommentatorin, die die verborgenen Gedanken hervorbringt und ihnen Bedeutung verleiht. Diese *Sefira* ist der Intellekt, der die unendliche Weisheit Gottes, die im *Hochma*-Text verborgen ist, versteht und offenbart. »Verstehen« ist das dritte Stadium beim Vorgang göttlicher Selbstdarstellung. Dabei wird die undifferenzierte, in *Hochma* verborgene Weisheit Gottes differenziert.

Die Emanation der ersten drei *Sefirot* ist ein Vorgang der intellektuellen Selbstdarstellung, bei dem Gottes Denken eine

---

1 Nahmanides: *Commentary on Sefer Yetzirah*. In Gershom Scholem: Perakim me-toledot sifrut ha-Kabbala, *Kiryat Sefer* 6, 1929–1930, S. 402–403.

Existenz annimmt, die sich von seiner verborgenen Essenz unterscheidet. Während dieser Vorgang nun über *Bina* hinausgeht, wird Gottes Weisheit zunehmend spezifischer und differenzierter, und er gipfelt in der sprachlichen Äußerung dieser Weisheit durch göttliche Sprache. Göttliche Sprache ist sowohl die Spezifität von Gottes eigenem Denken wie auch die Erweiterung seiner eigenen intellektuellen Essenz. Die göttliche Sprache nimmt schließlich als die Sprache der Thora konkret Gestalt an. Die Thora ist letztendlich Hüterin oder Gefäß von Gottes Essenz und Weisheit ebenso wie das letzte Stadium göttlicher Selbstdarstellung.

Hochma ist die Hüterin göttlicher Weisheit und die Schatzkammer, in der die Potentialität der göttlichen sprachlichen Äußerung ruht. In dieser *Sefira* wurde die Weisheit als die ideale Ankündigung der Buchstaben des hebräischen Alphabets eingraviert. Für die jüdischen Mystiker stellten die Buchstaben das äußere Ausdrucksmittel innerer Gedanken dar. *Hochma* ist ein Vorratslager, die Matrix, in die Gottes Gedanken als hebräische Buchstaben eingraviert wurden. Diese Buchstaben bleiben während des Emanationsvorgangs der *Sefirot* tief in *Hochma* verborgen. Eine Differenzierung, bei der aus diesen idealen Buchstaben wirkliche Buchstaben werden, tritt erst ein, nachdem der Vorgang göttlicher Selbstdarstellung mit der Emanation von *Malchut* abgeschlossen ist.

Die *Sefirot* sind die Grundlage alles Bestehenden, die präfigurierten Ideen aller Wesen, Gefäße oder Instrumente göttlichen Handelns und Ausdruck göttlicher Weisheit. Mit der Emanation der letzten *Sefira* endet die göttliche Welt. Die nächst niedrigere Welt, die geistige Welt, fängt unter *Malchut* an und besteht aus den verschiedenen differenzierten Formen, die in undifferenzierter Form in den *Sefirot* verborgen waren. Dieser geistige, von Materie gelöste Formenbereich existiert in einem Übergangsstadium zwischen der Welt des Göttlichen oben und der natürlichen Welt unten, die beide, Form und Materie, der körperlichen Gegenstände zusammen enthält. Die in *Hochma* verborgenen Buchstaben, die von *Bina* herausgebracht wurden, nehmen in dieser geistigen Welt reiner Formen eine eigene Gestalt an.

Die Vorstellung, daß die gesamte Schöpfung, die physische Welt unter dem geistigen Bereich, aus den Buchstaben des hebräischen Alphabets besteht, die Gottes eigene Essenz enthalten, ist eine von der *Kabbala* eingeführte radikale Neuerung. Mit anderen Worten, Gottes Essenz ist sein Denken, und Ausdruck seiner Essenz ist die Emanation der hebräischen Buchstaben. Die Buchstaben nehmen in mehreren Stadien hintereinander eine konkrete Form an, die in der hebräischen Sprache gipfelt.

Dieser linguistische Emanationsprozeß ist der Schöpfungsvorgang. Die Kabbalisten erklären, daß das hebräische Wort für »Buchstabe« (*ot*) etymologisch die Wurzel von »kommen von« (*ata*) ist. Ihnen zufolge »kommen« die Buchstaben des hebräischen Alphabets »von« den geistigen Formen der hebräischen Buchstaben, die ihrerseits von den verborgenen Buchstaben oder Gedanken Gottes innerhalb der *Sefirot* kommen. Zwar besitzen die Buchstaben in den oberen Welten einen geheimnisvollen und nicht erkennbaren Charakter, aber trotzdem sind sie die Baublöcke der Schöpfung, weil sie Instrumente von Gottes Selbstäußerung sind.

Schöpfung wird als Entfalten der göttlichen Sprache aus den *Sefirot* zu den idealen Buchstaben des geistigen Bereichs beschrieben, die dann der physischen Welt eingeprägt wurden. Sieben hebräische Buchstaben entsprechen den sieben bekannten Himmelsplaneten und erschaffen sie; zwölf weitere Buchstaben entsprechen den zwölf Sternbildern des Tierkreises und erschaffen sie; drei hebräische Buchstaben bringen die materiellen Elemente – Luft, Wasser und Feuer – hervor, von denen man früher glaubte, daß sie die Welt als solche erschaffen hätten.[1]

Hochma ist die Hüterin göttlicher Weisheit und enthält in sich die undifferenzierte Möglichkeit der Buchstaben. In der *Midrasch*-Literatur der rabbinischen Zeit wird die Thora als die äußere Manifestation göttlicher Weisheit identifiziert. Nach dem *Midrasch* hat die Thora als eins von sechs Dingen noch vor der Erschaffung der Welt existiert (*Bereshit Rabbah* 1, 4). Die

1 *Sefer Yetzirah*, Jerusalem 1965, Kap. 1, 2.

Kabbalisten verweisen darauf, daß das Wort für »Dinge« (*Dewarim*) und der Begriff für »Worte« (*Dibburim*) die gleiche hebräische Wurzel, *db/wr*, besitzen. Deshalb stützt der *Midrasch* die Vorstellung der Kabbalisten, die Welt sei durch die zuvor bestehende göttliche Sprache geschaffen worden. Zur Bekräftigung zitieren die Rabbinen den Vers, der Gottes Weisheit beschreibt: »Mich hat der Herr geschaffen als Erstling seines Waltens« (Sprüche 8, 22). Vor allem anderen wurde Weisheit geschaffen. Die Kabbalisten gründeten ihre Annahme auch auf einen weiteren *Midrasch*, der die vorher existierende Thora als »das Gerät von Gottes Kunstfertigkeit« (*Keli Omanuto*) beschreibt (*Bereshit Rabbah* 1, 1). Sie schlossen, daß die *Sefira Hochma* die höchste Quelle und Ursache des Seins sei.

Das Entstehen der schriftlichen Lehre oder Thora ist die endgültige Äußerung dieses sprachlichen Vorgangs und genau das Instrument, mit dem Gott die Welt erschaffen hat. Der Prozeß, der mit der Emanation von *Hochma* begann, dem Entfalten der Buchstaben, ihrer Differenzierung im geistigen Bereich und dem Übertragen auf die präexistierende Thora, gipfelte schließlich in ihrem Erscheinen als Buchstaben der schriftlichen Lehre. Die Thora ist demzufolge das letzte Stadium im Prozeß göttlicher Selbstdarstellung.

Der allmähliche und schrittweise Prozeß göttlicher Selbstdarstellung durch sprachliche Äußerung bringt die Welt zum Entstehen. Die geistigen Formen der Buchstaben erschaffen die Sternbilder, die Planeten und die Erdelemente. Die präexistente Thora ist der Entwurf, dessen Gott sich bediente, um die Welt aus den Elementen zu erschaffen, die aus Gottes Essenz kamen. Die Welt ist schließlich die endgültige Äußerung der göttlichen Sprache.

Der Akt der Offenbarung besteht aus der Umwandlung des Gedankens in das Wort. Das Wort selbst ist wiederum das Mittel, um den ursprünglichen Gedanken zu verstehen. Der Thora-Text steht Gottes ursprünglicher Weisheit nicht fern, denn er ist lediglich ein weiteres Stadium, in dem sich Gottes Gedanken äußern. Die Thora heißt *Hochma*, weil sie das letzte Stadium in der Verwirklichung von Gottes Weisheit darstellt.

Die Kabbalisten erklären diesen Gedanken mit einer Metapher von der menschlichen Sprache. Gottes Weisheit ist seine innere Sprache, das Produkt seines ewigen Handelns, seines Denkens. Die Thora ist die direkte Äußerung dieser inneren Sprache, so wie Sprache eine Verlängerung des Denkens ist. Durch die Emanation erhalten die einzelnen Buchstaben der weltlichen Thora Bedeutung; das Gefäß der Thora enthält das Wesen der *Sefirot*. Die innere Sprache unterscheidet sich von der äußeren, der Thora, nur durch Abstufungen.

Die Emanation als einen Prozeß der Namenserschaffung zu begreifen, ist ein anderer Weg, um zu verstehen, wie sich die göttliche Sprache entfaltet. Namen sind Gefäße, die Essenzen enthalten oder sich auf existierende Objekte beziehen. Für die Kabbalisten gibt sich Gott mit der Emanation des Gefäßes *Hochma* seinen ersten und wichtigsten Namen, *JHWH*, traditionell *Adonai* ausgesprochen und als Tetragramm(aton), d. h. »vierbuchstabig«, bezeichnet. Die Kombination, die diesen Namen bildet, stellt die erste Emanation der göttlichen Buchstaben durch *Hochma* dar. Alle anderen göttlichen Namen sind Umwandlungen aus dem Tetragrammaton.[1]

Die *Sefirot* werden im Anschluß als eine Folge von Umwandlungen des ersten göttlichen Namens betrachtet, als sprachliche Gefäße, die die göttliche Essenz enthalten. Da der erste Name *Hochma–JHWH* ist, ist Gottes Name mit der präexistenten Thora identisch. Und weil die schriftliche Lehre die Entfaltung der präexistenten Thora ist, ist auch die schriftliche Lehre die Entfaltung oder Äußerung von Gottes Namen durch andere Wörter und Namen. Daran denkt Nachmanides, wenn er erklärt, »die gesamte Thora besteht aus den Namen Gottes.«[2] Das bedeutet, daß die Thora der irdische Ausdruck der *Sefirot* ist, die Gottes eigene Namen sind und ihm als Mittel dienten, mit denen er die Welt erschuf.

---

1 Gershom Scholem: The name of God and the linguistic theory of the Kabbala, *Diogenes* 79 1972, S. 59–80; 80 1972, S. 164–194. Neu in ders.: Judaica III, Frankfurt am Main 1973.

2 Nahmanides: *Perush al ha-Torah*, C. D. Chavel (Hrsg.), Jerusalem (Mossad Kook) 1959, Einleitung.

Die Thora besitzt zwei Naturen. Sie ist das Medium göttlicher Äußerung sowie das Mittel, mit dessen Hilfe der Mystiker den Vorgang schrittweise verfolgen kann, der ihn zurück zu Gott führt. Die Worte der Thora sind nicht einfach Buchstabenkombinationen, die eine Erzählung bilden; sie sind Gefäße, die auf verborgene Essenzen, die *Sefirot*, hinweisen. Die Beziehung der *Sefirot* zu den Worten der Thora gleicht dem Verhältnis von Seele und Körper. Die Worte der Thora sind »Körper«, die die »Seele« von Gottes *Hochma* enthalten. Die Namen oder Worte der Thora sind letztendlich Ausdruck göttlicher Macht, nicht nur Worte, die sich auf Irdisches beziehen. Wenn man weiß, wie den Thora-Worten göttliche Macht eingeflößt wurde, kann man die darin enthaltene Macht nutzen und gebrauchen. Mit anderen Worten, der Mystiker, der Einblick in den richtigen Zusammenhang zwischen Thora-Sprache und *Sefirot* hat, kann die in den Namen enthaltene Macht gebrauchen und eine Verbindung zwischen sich und Gott herstellen.

Jüdische Mystik ist demnach ein Mittel, um mit Hilfe der Thora über den Abgrund hinweg Beziehungen zu Gott herzustellen. Jemand, der die göttlichen Namen in der Thora herausfindet, kann sich direkt an Gottes *Sefirot* klammern und über die Welt, in der er lebt, hinausgehen. Das Thora-Studium ist deshalb die höchste Form des Wissens.

Die kabbalistische Theorie von der Sprache beruht auf der Vorstellung, daß zwischen einem Namen und dem Gegenstand, den er bezeichnet, eine echte Verbindung besteht. Der Name ist der Begriff der Sache, für die der Name gilt. Als Beispiel verweisen sie auf die Thora, in der Gott den Erzvätern Namen gibt, die ihrem Schicksal entsprechen, wie Jakob, der in *Israel* umbenannt wird, weil er mit Gott »kämpfte« (*Sarita* hat die gleiche Wurzel wie *Jisrael*). Viele Gestalten in der Bibel tragen Namen, die etwas über sie aussagen. Das bedeutet, daß Namen nicht willkürlich sind, sondern je nach dem Maß, in dem sie Eigenschaften ihrer Träger ausdrücken, richtig oder unrichtig sind.

Die Kabbalisten wendeten sich gegen die Namenstheorie, die unter vielen rationalen Bibelkommentatoren des Mittelalters, darunter Maimonides, weit verbreitet war.[1] Maimonides war der Ansicht, zwischen einem Namen und dem Gegenstand, auf den er sich bezieht, bestehe kein wesentlicher Zusammenhang, somit seien alle Namen reine Konvention oder willkürlich.[2] Die meisten Namen seien lediglich Klänge, auf die sich die Menschen für einen Gegenstand geeinigt hätten. Die gleichen Gegenstände könnten ebensogut einen ganz anderen Namen haben. Einige Namen seien jedoch Definitionen, so wenn der Mensch als »rationales Tier« bezeichnet wird. Im allgemeinen liege jedoch eigentlich kein Zusammenhang zwischen einem Namen und einem Gegenstand vor, gebe es keine speziell »korrekten« Namen, und Namen drückten nicht den Charakter einer Sache aus. Darüber hinaus wisse man nichts von der Essenz von etwas, selbst wenn sein Name bekannt sei. Nach Maimonides sind sogar die Gottesnamen in der Thora herkömmliche Bezeichnungen und nicht essentielle Namen.

Den Kabbalisten zufolge drücken Namen die Natur von Dingen aus. Sprache ist grundsätzlich göttlich, weil alle Namen mit den *Sefirot* zusammenhängen und sich beim Emanationsprozeß von *Hochma* entfalten. Eigentlich sind alle Namen Umwandlungen des Gottesnamens – *JHWH* –, dem Ursprung von Existenz und Entstehung der Sprache. Nach Ansicht kabbalistischer Sprachtheoriker sind alle Namen Symbole, die sich auf die *Sefirot* beziehen. Namen haben eigentlich keine Bedeutung, vielmehr »verweisen» sie »auf« ihren richtigen Bezug, auf eine *Sefira*.[3] Die Thora ist ein »Kodebuch« göttlicher Namen, die sich auf die *Sefirot* beziehen. Ein Kabbalist ist wiederum jemand, der die Thora entschlüsselt und die Bedeutung von Begriffen zurück zu ihrem Ursprung verfolgt. Und die *Kabbala* ist eine Theorie, die die Welt als eine Folge von Namen oder Gefäßen betrachtet, die Gott enthalten und ihn sogar verbergen. Demnach steckt die Thora voller Symbole, die die göttliche Essenz andeuten, sie ist keine Sammlung von

1 Siehe H. A. Wolfson: *Religious Philosophy*, Cambridge (Harvard) 1961, S. 217–245.
2 Maimonides, *Führer* II, 30.
3 Scholem: *Kitvei Yad ba-Kabbalah*, Jerusalem 1930, S. 208–213.

Worten, die wie jede andere Erzählung gelesen werden kann. Der Kabbalist liest die Thora nicht wegen der Bedeutung, die eine Erzählung hat; er liest sie auf der Suche nach der Essenz, die in den Worten der Thora symbolisiert ist.

Zwar erzählen die Worte der Thora Geschichten, das ist jedoch reiner Zufall. Die Thora ist eher Textur als Text. Selbst die Namen der Erzväter, Abraham, Isaak und Jakob, beziehen sich nicht ausschließlich auf Menschen auf Erden, und der Kabbalist befaßt sich nicht nur mit der historischen Gestalt Abrahams; ihm liegt vielmehr daran, den rechten göttlichen Bezug zu verstehen, für den der Name »Abraham« steht. »Abraham« ist gemäß der *Kabbala* ein essentieller Name, dessen Bezug die *Sefira Hessed* ist. Auf diese Verbindung spielt der Vers an: »Erweise dich gnädig (*Hessed*) gegen meinen Herrn Abraham« (Genesis 24,12). Die Kabbalisten identifizieren unzählige Namen in der Thora und geben an, auf welche *Sefirot* sich die Namen beziehen. So ist zum Beispiel mit jedem der verschiedenen Gottesnamen eine andere *Sefira* gemeint.

Es folgt ein kurzes Glossar einiger der wichtigen Gottesnamen:

J (der erste Buchstabe von *JHWH*)	**Hochma** (Weisheit)
H (der zweite Buchstabe von *JHWH*)	**Bina** (Einsicht)
W (der dritte Buchstabe von *JHWH*)	**Tif'eret** (Pracht)
H (der vierte Buchstabe von *JHWH*)	**Malchut** (Königsmacht)
JHWH	**Tif'eret** (Pracht)
Elohim	**Bina** (Einsicht)
Der Heilige, gesegnet sei sein Name	**Tif'eret** (Pracht)
Adonai	**Malchut** (Königsmacht)

Die Buchstaben des hebräischen Alphabets sind in *Hochma* verborgen, das den Anfang des Gottesnamens bildet. Der linguistische Vorgang, bei dem sich die göttliche Sprache durch Herausbilden dieser Buchstaben entfaltet, entspricht dem Entfalten des göttlichen Namens. Die Stadien, in denen diese Buchstaben entstehen, entsprechen den Etappen des Emanationprozesses.

Der erste Buchstabe des göttlichen Namens, *J* (י *–jod*), ist für diesen Vorgang symbolisch. Der hebräische Buchstabe beginnt mit einem »Punkt«, der darauf hinweist, daß *Hochma* am Anfang des Prozesses sprachlicher Äußerung steht und die Emanation einleitet. Der Schnörkel an der Spitze des hebräischen Buchstabens bedeutet *Keter* und *En Sof* darüber und verweist auf sie. Der zweite Buchstabe, *H* (ה – *he*), hängt mit der *Sefira* B*ina* zusammen. Diese *Sefira* gibt den Buchstaben ihre Form, die in *Hochma* verborgen und undifferenziert sind. Der dritte Buchstabe, *V* (ו – *waw*), wird als gerade Linie geschrieben, und er hat den Zahlenwert sechs; damit symbolisiert er die Emanation der sechs *Sefirot* von *Hochma* bis *Jessod*. Das letzte *H* verwirklicht das gesamte Potential und alle Formen der *Sefirot* unterhalb dieses Bereichs, so wie *Bina* das in bezug auf *Hochma* getan hat.

Diese Theorie über Sprache und Namen ist eine grundsätzliche Voraussetzung, will man verstehen, wie die Kabbalisten die Thora betrachten. Die Thora ist das Mittel, mit dessen Hilfe der Mystiker Gott erkennt. Ihr Verständnis von der Thora unterscheidet sich von der zeitgenössischen Auffassung, man könne die Thora wie jedes andere Buch lesen. Nach der *Kabbala* liest man die Thora nicht, sondern sucht ihre verborgenen oder geheimen Bedeutungen. Diese Bedeutungen sind die *Sefirot*, ihre Dynamik und die Art, wie das Gottesreich mit unserer Welt zusammenhängt. Vor dem Hintergrund einer solchen mystischen Betrachtungsweise der Thora legen die Kabbalisten ihre Vorstellungen in Form von Bibelkommentaren und -erzählungen dar. Es ist eben kein gewöhnliches Buch.

Der folgende Auszug aus dem *Sohar* führt diese Vorstellung anschaulich vor Augen:

Rabbi Schim'on sprach:
»Wehe dem Menschen, welcher meint,
Daß die Thora uns einfache Erzählungen und gewöhnliche Worte mitteilen will.
Denn wäre dem so, dann vermöchten wir eine andere Thora zu verfassen mit mehr solchen gewöhnlichen Geschichten.
Ginge es nur um Dinge der Welt,
Dann gibt es selbst in den profanen Büchern schönere Dinge,
Dann gehen wir in ihren Spuren und machen aus ihnen eine ähnliche Thora.

Vielmehr sind alle Worte der Thora höhere Worte, höhere Geheimnisse.

Denn siehe:
Die obere und untere Welt sind in ein Gleichgewicht gestellt,
Israel unten, die himmlischen Engel oben.
Von den letzteren heißt es:
»Er macht zu seinen Boten Geister« (Psalm 104, 4).
Wenn diese nun herabsteigen, umkleiden sie sich mit der Hülle dieser Welt,
Sonst könnten sie in dieser Welt nicht bestehen,
Und die Welt vermöchte sie nicht zu tragen.

Ist dies bei den Engeln so, um wieviel mehr bei der Thora.
Welche sie erschaffen, welche alle Welten erschaffen
Und ihnen Bestand gegeben hat.
Wenn sie also in diese Welt eintritt,
Würde sie sich da nicht mit den Hüllen dieser Welt umkleiden,
Sie könnte sie nicht tragen.

So ist denn die Erzählung der Thora ihr Gewand.
Wer da glaubte, daß dieses Gewand die eigentliche Thora sei
Und nicht etwas anderes,
Fluch über ihn,
Der hat keinen Anteil an der künftigen Welt.

Darum sagte David:
»Eröffne mein Auge,
Daß ich Wunder aus Deiner Thora erblicke« (Psalm 119, 18):
Was unter der Hülle der Thora ist.

Denn siehe: Es gibt Umhüllungen, die allen sichtbar sind,
Und jene Toren, wenn sie einen Menschen in einer Umhüllung sehen, die ihnen gefällt,
Dann schauen sie nicht weiter.
Aber die Wichtigkeit des Gewandes liegt im Körper
Und die Wichtigkeit des Körpers in der Seele.

So hat auch die Thora
Einen Körper,
Das sind die Gesetze,
Welche der Leib der Thora genannt werden.

Dieser Leib der Thora umkleidet sich mit den Hüllen,
Welche die Erzählungen aus dieser Welt bilden.
Toren, welche nur dies Gewand betrachten,
Das von der Erzählung der Thora gebildet wird,
Und wissen nicht weiter
Und betrachten nicht, was unter dieser Hülle wohnt!
Diejenigen aber, welche mehr wissen, betrachten nicht die Hülle,
Sondern den Leib unter ihr.
Die Weisen, die Diener des oberen Königs,
Jene, welche auf dem Berge Sinai gestanden haben,
Betrachten die Seele, die der Kern von allem ist,
Die ureigentliche Thora.
Und in der Zukunft
Werden sie an der Thora die Seele der Seele schauen.[1]

Das Thora-Studium ist der erhabenste Zweck eines Menschenlebens, weil es Gottes eigene Offenbarung ist, ebenso wie das Mittel, mit dem Gott die Welt erschuf. Der Kabbalist betrachtet die ganze Welt als Thora, weil die gesamte Existenz ein Gewand für die Thora ist, die ihrerseits ein Gewand für die *Sefirot* ist. Die *Sefirot* sind Gewänder oder Gefäße für Gottes Essenz. Alles ist Essenz innerhalb des Gewandes und Gewand im Gewand. Die mystische Suche wird als ein Akt beschrieben, bei dem man durch die Gewänderschichten dringt, um an die Essenz mitten im Kern zu gelangen. Das ist die Grundlage der jüdischen Mystik und der Weg zu Gott. Die Thora ist eine Straßenkarte zu Gott.

1 *Sohar* III, 152a. Übersetzt von Daniel Matt: *Zohar: The Book of Enlightenment*, New York (Paulist Press) 1983, S. 43–45. Zu anderen Übersetzungen des Sohar, siehe Gershom Scholem: *Zohar, The Book of Splendor: Basic Readings from the Kabbalah*, New York (Schocken) 1963; Harry Sperling und Maurice Simon, Übers.: *The Zohar*, 5 Bde., London (Soncino Press) 1931–1934.

8 Die Einheit des Seins

Das Schicksal der Seele

Die mystische Dimension des Judentums ist in seiner Lehre von der menschlichen Natur ebenso sichtbar wie in seiner Gotteslehre. Die jüdische mystische Vorstellung von der menschlichen Psychologie beruht auf einer spirituellen Theorie über Ursprung und Schicksal der Menschenseele. Im Gegensatz zur modernen Psychologie stellt die jüdische Mystik über den einzelnen das Vorhandensein eines geistigen Reichs, das der Seele Leben gibt und sie antreibt. Für den Mystiker können die Grenzen zwischen seiner inneren Welt, der äußeren Welt, in der er lebt, und dem geistigen Bereich des Göttlichen leicht überschritten werden. Die Seele verbindet für den jüdischen Mystiker Himmel und Erde miteinander. Er ist sich ganz besonders bewußt, daß menschliches Tun die Macht hat, die Seele aus ihrer körperlichen Wohnstätte hinauf zu ihrem himmlischen Ursprung zu heben. Genau darin liegt für den jüdischen Mystiker die Bedeutung des Judentums.

Die Bibel kennt die dualistische Vorstellung von Körper und Seele nicht.[1] Ein Mann oder eine Frau, die leben, gelten als ein organisches Wesen, auf hebräisch *Nefesch*. *Nefesch* bezeichnet Menschenleben im allgemeinen und den menschlichen Charakter insbesondere.

Dann bildete der Herr Gott den Menschen aus Staub von dem Erdboden und blies in seine Nase einen Lebenshauch (*Nischmat Chajim*). So wurde der Mensch ein lebendes Wesen (*Nefesch chaja*).[2]

Und nun stellen sie auch meinem Leben (*Nafschi*) nach.[3]

---

1 E. Urbach: *The Sages*, Jerusalem (Magnes Press) 1975, 1, S. 214.
2 Genesis 2, 7. Zitiert in Urbach, S. 214.
3 1. Könige 19, 10. Zitiert in Urbach, S. 215.

Auch einen Fremdling darfst du nicht bedrücken. Ihr wißt ja, wie es einem Fremdling zumute (*Nefesch*) ist.[1]

Mit *Ruach* ist der »Atem« gemeint, die Macht, die Leben gibt und die sein sichtbarer Ausdruck ist.[2]

»In seiner Hand ruht aller Lebensodem (*Ruach*)
Und eines jeden Menschenleibes Geist (*Nefesch*)«.[3]

Die Bibel unterscheidet nicht zwischen dem Körper, *Nefesch*, und *Ruach*; der Mensch besitzt eine Natur.

Im 2. Jahrhundert hatte sich bei den rabbinischen Weisen die Ansicht durchgesetzt, daß der Mensch aus zwei verschiedenen Teilen besteht: dem Körper und seiner Seele. Das bedeutete nicht nur, daß der Mensch zwei Naturen besaß, sondern auch, daß ihre Existenz auf zweierlei zurückzuführen war: auf Himmel und Erde.

Alle erschaffenen Wesen [d. h. die Engel], die vom Himmel erschaffen wurden, haben ihre Seele und Körper vom Himmel; alle Wesen, die von der Erde erschaffen wurden [d. h. die Tiere], haben ihre Seele und Körper von der Erde, außer dem Menschen, dessen Seele vom Himmel ist, und dessen Körper von der Erde kommt.[4]

Nach dieser Auffassung ist der Mensch ein Wesen mit zwei verschiedenen Naturen und steht zwischen Engeln und Tieren.

Demzufolge kann der Mensch durch die Übung seiner Seele große Transzendenz erreichen oder aber sie durch die Taten seines Körpers erniedrigen. Der Dualismus löste den biblischen Monismus als Ausdruck einer strengen geistigen Haltung der rabbinischen Weisen ab. In der rabbinischen Theologie führt die Reinigung der Menschenseele mit Studium, Gebet und guten Taten ins Himmelreich. Das führte jedoch zu keiner

---

1 Exodus 23, 9. Zitiert in Urbach, S. 215.
2 Urbach, S. 214.
3 Ijob 12, 10. Zitiert in Urbach, S. 215.
4 *Sifre (A Tannaitic Commentary on the Book of Deuteronomy)*, Reuven Hammer (Hrsg.), New Haven (Yale) 1986, Nr. 306, 307. Zitiert in Urbach, S. 220–221.

negativen Bewertung der körperlichen Aspekte des Menschenlebens, sondern verlieh lediglich der Ansicht Nachdruck, die Seele müsse die Taten des Menschen steuern.

Die griechische Philosophie hat in zwei entscheidenden Begegnungen zwischen Judentum und hellenistischer Zivilisation auf das rabbinische Denken von der Seele einen mächtigen Einfluß ausgeübt. Als erstes wurden zwischen dem 4. Jahrhundert v. d. Z. und dem 2. Jahrhundert u. Z. im gesamten Vorderen Orient mit dem Hellenismus auch griechische philosophische Ideen verbreitet. Das rabbinische Judentum, das in der Zeit entstand, als Judäa der römischen Herrschaft unterstand, war mit dem Hellenismus vertraut, obwohl es sich ihm widersetzte. Zweitens hatte die Wiederbelebung der alten griechischen Philosophie durch die muslimische Welt unter den islamischen Abbasiden vom 9. bis 12. Jahrhundert die Verbreitung einer griechisch-arabischen Philosophie von Bagdad bis Córdoba zur Folge. Besonders bei dieser zweiten Begegnung erwiesen sich die Juden, die kulturell und intellektuell in die islamische Welt integriert waren, der Philosophie und der Harmonisierung rabbinischer mit philosophischen Lehren gegenüber besonders aufgeschlossen.

Das griechische Konzept von der Seele drang während beider Begegnungen in das jüdische Denken ein und wurde in die rabbinische Theologie und das jüdische Denken des Mittelalters integriert. Platon hat die Seele als eine Essenz definiert, die von außen in den Körper eindringt und ihm Kraft verleiht. Die Seele kommt aus dem Bereich reiner Formen, die als universale, ideale Prototypen weltlicher Erscheinungen unabhängig von Materie und Individualität existieren.

Später hat Aristoteles die Seele als das nach Vervollkommnung strebende »Vermögen« (*Entelechie*) oder »Vernunft« (*logos*) des Körpers definiert, die ihm Wirklichkeit gibt. Die Seele kann ohne den Körper nicht existieren, obwohl sie, an sich, nicht mit dem Körper identisch ist.[1] Die Menschenseele besitzt gemäß Aristoteles drei Fähigkeiten. Die erste, die vegetative oder ernährende, findet man bei Pflanzen, Tieren

1 Aristoteles: *Über die Seele*, 2, 2.

und dem Menschen. Dieses Vermögen ist für die Selbsterhaltung durch Nahrung und Wachstum des einzelnen verantwortlich. Das zweite Vermögen, das Animalische oder Begehrende, das man bei allen Tieren antrifft, strebt Wohlergehen an und vermeidet nach Möglichkeit Schaden und wirkt durch die fünf Körpersinne. Das dritte Vermögen, das rationale, d. h., die Vernunft, nur beim Menschen zu finden, ist die Kraft zu urteilen, sich zu erinnern und zu denken.

Bei der ersten Begegnung zwischen Hellenismus und Judentum akzeptierten die rabbinischen Weisen im allgemeinen die Platon'sche Prämisse, daß Seele und Körper etwas Gegensätzliches seien und daß die Seele »von außen« in den Körper eindringe, worunter die Weisen »von seiten Gottes« verstanden. Bei der zweiten Begegnung akzeptierten die jüdischen Intellektuellen des Mittelalters eine Version der Aristotelischen Philosophie, die bereits durch zahlreiche Interpretationen verändert worden war. Die Menschenseele wurde als eine hierarchisch angeordnete Fähigkeit des Menschenkörpers verstanden, nur der Intellekt stammte hierbei von Gott. Trotzdem übernahmen sie Aristoteles'‹ Nomenklatur von der vegetativen, der animalischen und von der rationalen Seele. Am meisten zählte dabei jedoch, daß sowohl die Vorstellung wie die Nomenklatur in die rabbinischen Theorien von *Nefesch*, *Ruach* und *Neschama* Eingang fanden. Die jüdische mystische Vorstellung von der Seele wurde von diesen Traditionen beeinflußt.

Die Menschenseele besteht nach Ansicht der jüdischen Mystiker aus *Nefesch*, *Ruach* und *Neschama*. *Nefesch* ist die Körperkraft aller Lebewesen, die Seele, die Leben gibt. Diese Fähigkeit besitzen alle Lebewesen: »Dies ist die Tieren, Bestien und Fischen gegebene Macht, die von der Erde erschaffen wurden« (*Sohar Hadash*, Bereshit 18b). *Ruach* ist eine höhere Fähigkeit, die es dem Menschen erlaubt, sich über seine begrenzte physische Existenz hinaus zu erheben, damit er so religiöse Transzendenz erlangen kann. Sobald ein Mensch durch kontemplatives Thora-Studium und eine religiöse Lebensweise *Ruach* gewonnen hat, wird ihm die *Neschama* verliehen.

Der *Sohar* erklärt die Aufgaben der verschiedenen Seelen in einem Sinn, der sich von der Aristotelischen Ordnung unterscheidet. *Nefesch* hat die Aufgabe

den Körper durch Befolgen religiöser Vorschriften, die *Nefesch* weckt, zu erhalten. Der [Zweck] von *Ruach* ist es, [den Körper] für die Thora zu wecken und ihn in dieser Welt zu leiten. Und wenn jemand es verdient, steigt auf ihn wegen des Befolgens religiöser Vorschriften *Nefesch* und wegen der Beschäftigung mit der Thora *Ruach*, ein außergewöhnlicher Nutzen [*Neschama*], je nach seinen Taten sofort von oben auf ihn herab.[1]

Wie in der Aristotelischen Psychologie wird *Nefesch* die Aufgabe übertragen, den Körper zu ernähren und zu erhalten. Dagegen definiert der *Sohar* das Befolgen jüdischer Rituale als die eigentliche Ursache für das Überleben des Menschen. Die religiösen Handlungen des Menschen haben ihre Motivation in der *Nefesch*, und sie sorgen ihrerseits für seine körperliche Existenz. *Ruach* ist das Vermögen, dem Menschen Einblick in die tiefere, geistige Bedeutung der Thora über das einfache körperliche Befolgen ihrer Gebote hinaus zu geben. Vervollkommnet er sein Verständnis der Thora auf dieser tieferen Schicht, erreicht er einen höheren geistigen Zustand, die *Neschama*. Aber *Neschama* erlangen nur jene, die die Gebote der Thora befolgen und ein vorbildliches Leben führen. Dieses ist die Seele, die es dem Menschen ermöglicht, mystischen Einblick in die Thora zu gewinnen und weiter zur religiösen Vereinigung mit den *Sefirot* und schließlich zur Unsterblichkeit führt. Es ist das mystische Vermögen im Menschen.

Im Menschen sind die Seelen hierarchisch angeordnet, ihren Anfang bildet *Nefesch*, und die höhere Seele gewinnt er erst, nachdem er die niedrigere Seele schon erlangt hat.

»*Nefesch*« – das ist die untere Erweckung: Anlehnung an den Körper, der sie nährt, der sich an sie klammert und mit dem sie sich zur Einheit verbindet. Dann aber veredelt sie sich und wird zum Thron für die Geistseele: »*Ruach*«, die über sie kommt, als Folge der Erweckung von *Nefesch*, die mit dem Körper verbunden ist Dann

1 *Sohar Hadash*, Midrasch Ruth 38c; Tishby: *Mishnat ha-Zohar*, 2, S. 50–51.

erst, wenn diese beiden richtig angeordnet sind, werden sie bereit, »*Neschama*« aufzunehmen: da wird *Ruach* zu ihrem Thron, daß sie über sie [*Neschama*] komme.[1]

Neschama ist der mystische Aspekt der Menschenseele, der sie mit der göttlichen Welt der *Sefirot* verbindet.

Die Beziehung von *Neschama* zu den übrigen Kräften des Menschen unterscheidet sich, vergleicht man sie, nicht von der Beziehung, die zwischen *En Sof* und den anderen *Sefirot* besteht. »Diese *Neschama* aber ist höher als alle und die verborgenste« (*Sohar* I, 83a–b). Der Mensch wird demnach als eine den *Sefirot* parallele und analoge Struktur betrachtet. Die Seele im Menschen entspricht der Essenz von *En Sof* in den *Sefirot*. Die Verbindung zwischen Mensch und *Sefirot* gilt sogar als noch tiefer, weil die Seele ihren Ursprung in den *Sefirot* hat und ein wesentliches Bindeglied zwischen göttlichem Bereich und Mensch darstellt. Bei dieser Vorstellung kommt es darauf an, daß jemand, der den richtigen Einblick in diese Beziehung hat, die Tätigkeit seiner *Neschama* auf die mystische Vereinigung mit den *Sefirot* lenken kann.

Dem Menschen steht es völlig frei, sein geistiges Leben der mystischen Vereinigung zuzuführen. Andererseits hat der Mensch dank dieser Freiheit auch die Wahl, die niedrigeren Kräfte in sich – Körper und *Nefesch* – zu betonen und so das Erreichen der Transzendenz zu verfehlen.

Nefesch und *Ruach* sind unentwirrbar miteinander verbunden, während *Neschama* im Charakter des Menschen wohnt, einem Ort, der erhaben und unbekannt ist. Strebt ein Mensch Erfüllung an, wird ihm Unterstützung durch die heilige *Neschama* zuteil, durch die er erfüllt und heilig gemacht wird und ein ›Heiliger‹ genannt. Strebt er dagegen keine Erfüllung an, erwirbt er nur die beiden Ebenen *Nefesch* und *Ruach*. Dann erwirbt er die heilige *Neschama* nicht (*Sohar* I, 62a).

Die eng mit dem Körper verbundene *Nefesch* gleicht in Materie und Existenz der materiellen Welt, *Neschama* ist dagegen der göttlichen Welt ähnlich. Der jüdische Mystiker,

1 *Sefer ha-Zohar* I, 83a–b; Tishby: 2, S. 51–52.

der die Idee eines Dualismus von Körper und Seele akzeptiert, wie sie unter den meisten mittelalterlichen Denkern verbreitet war, akzeptiert ebenfalls den Dualismus von *Nefesch* und *Neschama*. Die Beziehung zwischen Körper und Seele ist in dem folgenden mythologischen Text zu erkennen, der die Schöpfungsgeschichte in einer neuen erzählerischen Form bringt:

Als der Heilige, gelobt sei sein Name, die Welt erschuf, war Wasser die Grundlage von allem, und aus Wasser wurde alles gesät. Der Heilige, gelobt sei sein Name, schuf drei Handwerker, die seinen Plan in dieser Welt ausführen würden. Sie waren: Himmel, Erde und Wasser. Mit Hilfe dieser drei wurde alles in der Welt erschaffen. Gott forderte jeden dieser drei auf, die für diese Welt benötigten Wesen zu erschaffen. Zum Wasser sagte er: »Bring die Erde hervor, die unter dir ist; geh und sammle dich an einem Ort.« Dies geschah, wie geschrieben steht: »Es sammle sich das Wasser« (Gen. 1,9). Der Erde rief er zu und sagte: »Bring die Geschöpfe in dir hervor, große und kleine Tiere und ähnliches.« Es geschah sofort, wie geschrieben steht: »Gott sprach: ›Es bringe die Erde hervor lebendige Wesen (*Nefesch*)‹« (Gen.1, 24). Dem Himmel rief er zu und sagte: »Stellt euch zwischen das [obere] und [untere] Wasser.« Und sie taten es, wie geschrieben steht: »Gott machte das Firmament« (Genesis 1,7). Mit Hilfe dieser drei wurde das gesamte Schöpfungswerk vollbracht, jedes nach seiner Art. Als der sechste Tag anbrach, waren sie bereit, wie an den vorherigen Tagen zu erschaffen. Der Heilige, gelobt sei sein Name, sagte ihnen: »Niemand von euch allein ist fähig, dieses Geschöpf [d. h. den Menschen] so wie die anderen Geschöpfe, die bisher ins Leben gerufen wurden, zu erschaffen. Ihr alle müßt euch mir anschließen, und laßt uns den Menschen machen! Ihr könnt ihn nicht allein machen. Der Körper gehört euch allen dreien, aber die *Neschama* gehört mir!« So rief er ihnen zu und sagte: »›Laßt uns den Menschen machen‹ (Genesis 1, 26), ihr und ich, ich mache die *Neschama*, und ihr macht den Körper.« Und so kommt es, daß der Körper von diesen drei [Elementen], den Handwerkern beim Schöpfungswerk, ist, während die *Neschama* vom Heiligen, gelobt sei sein Name, gegeben wurde, der sich darin mit den anderen zusammentat. »›Nach unserem Bilde, uns ähnlich‹ (Genesis 1, 26) bedeutet, daß der Mensch unser würdig sei. Durch den Körper, der von euch kommt, wird er euch kennen und euch ähneln. Und mit dem, was von mir genommen wurde, der *Neschama*, löst er sich vom Weltlichen, und er wird sich nach Heiligem und Göttlichem sehnen und es begehren. Außerdem wird der Körper, der von euch dreien genommen wurde, genausowenig wie ihr eine dauerhafte Existenz haben. Wie ist er wie ihr? Er ist wie die anderen Geschöpfe, die ihr hervorgebracht habt, da er Staub gleich all den anderen Geschöpfen ist. Aber die heilige *Neschama*, die ich ihm gab, nicht der Körper, verleiht ihm ewiges Leben, und durch sie wird er mir ähnlich!«[1]

Nicht nur die Beziehung von Seele und Körper entspricht der zwischen *En Sof* und den *Sefirot*, auch die Seele selbst, besonders die *Neschama*, hat ihren Ursprung im Bereich der *Sefirot*. Die *Neschama* ist sozusagen Gottes Essenz, in Menschenform verkapselt. Mensch und Gott besitzen eine gemeinsame Natur, weil der Mensch eine *Neschama* erwerben kann. Die Vereinigung der *Sefirot Tif'eret* und *Malchut*, der männlichen bzw. weibliche Potenz, bringen den ursprünglichen Prototyp von *Neschama* hervor. Nach Meinung anderer Mystiker ovuliert die *Sefira Bina* und verströmt Seelen, die *Malchut* überfluten.[2]

Nach einem grundsätzlichen Axiom in der jüdischen Mystik existiert alles auf der Welt zuerst in göttlicher Form im göttlichen Reich. Nichts kann existieren, es sei denn, es hat seine »Wurzeln« in den *Sefirot*. Ein Mensch wird als aus Körper und Seele bestehend definiert. Wenn der Körper von seinem Vater und seiner Mutter geschaffen wird, muß also auch seine Seele durch eine ähnliche Vereinigung erzeugt werden. Da die Seele vom Himmel kommt, müssen die »Eltern« der Seele ebenfalls im göttlichen Reich wohnen. Vater und Mutter der Seele sind deshalb der männliche bzw. weibliche Aspekt Gottes im Bereich der *Sefirot*.

Es gibt eine Mutter und einen Vater für die *Neschama* [oben], so wie es eine Mutter und einen Vater für den Körper auf Erden gibt. Das bedeutet, daß auf allen Ebenen, der irdischen wie der göttlichen, alles durch Männliches und Weibliches erzeugt wird (*Sohar* III, 174b).

1 *Sohar Hadash*, Bereschit, 27b–28a; Tishby: 2, S. 96–98.
2 *Sohar* I, 205b; Tishby: 2, S. 53.

Sobald die *Neschama* durch die Vereinigung der männlichen mit den weiblichen Aspekten Gottes erzeugt wurde, siedelt sich der Prototyp im Bereich unter den *Sefirot* an. Die Zahl der *Neschamot* (Plural von *Neschama*) vermehrt sich schnell, weil durch die Vereinigung von *Tif'eret* mit *Malchut* weitere Sprößlinge erzeugt werden. Sie alle lassen sich in einem Reich geistiger Wesen nieder, das zwischen der Welt der *Sefirot* und dem vom Menschen bewohnten Bereich liegt. Dieses Reich enthält die von den *Sefirot* erzeugten Formen, aber keine für die Welt, in der der Mensch lebt, kennzeichnende Materie. Die *Neschamot* wohnen in einer »Schatzhaus der Seelen« (*Otzar ha-Neschamot*) genannten Form, die sich in dem als *Arawot* bezeichneten Teil des Himmels befindet. (B.T. *Hagiga* 12b)[1]

In diesem Reich ist die Existenz von *Neschama* reich und bunt. Da sie aus den *Sefirot* hervorgegangen ist, besitzt sie etwas von ihrer Natur. Auf diesem Niveau ist die geistige Struktur von *Neschama* zwittrig: Sie umfaßt Elemente der männlichen wie der weiblichen Kräfte, die sie erzeugt haben. Und zu diesem Zeitpunkt ist ihr Geschlecht noch offen, denn sie umfaßt beide Geschlechter gleichermaßen ausgewogen. Erst später, wenn die Seele sich anschickt, in den Körper zu treten, teilt sie sich in ihre männlichen und weiblichen Bestandteile. Jede Hälfte der Seele geht in einen anderen Körper, wobei jede Hälfte bestimmt, daß der sie Aufnehmende ein Mann bzw. eine Frau wird.[2]

Die Geburt eines Menschen und die Bildung seines Charakters gehen auf Vorgänge zurück, die schon im »Schatzhaus der Seelen« beginnen. Nach Ansicht der Mystiker herrscht im ursprünglich zwittrigen Wesen der Menschenseele zwischen den gegensätzlichen männlichen und weiblichen Kräften Harmonie. Die Einheit wird durch das notwendige Herabsteigen der Seele in einen Menschenkörper gestört. Einerseits stellt die Geburt den Verlust der ursprünglichen Einheit der Seele dar, die von ihrer himmlischen Wohnung getrennt wird. Anderer-

1 Zu Unterschieden zwischen dieser Ansicht und rabbinischen Meinungen siehe Urbach: 1, S. 237– 239.
2 *Sohar* I, 85b; Tishby: 2, S. 627.

seits kann die Seele ihr Schicksal nur erfüllen, wenn sie in einem Menschenkörper lebt.

Jede Seele sehnt sich nach Wiedervereinigung mit ihrem ursprünglichen Partner und Wiederherstellen der Einheit ihrer Existenz, bevor sie auf die Welt kam. Das ist die höchste Form von Menschenliebe gemäß jüdischen Mystikern, denn es ist die geistige Anziehung einer Seele durch ihren Partner. Jede Seele hat einen nur ihr bestimmten Partner, ihre »andere Hälfte«, mit der sie einst vereint war. Auf sich allein gestellt, wandern Männer und Frauen auf der Suche nach ihrem vorbestimmten Partner ziellos umher. Diese Vorstellung, die zuerst in »Das Gastmahl« von Platon auftritt, ist die sogenannte ›platonische Liebe‹.[1] Platonische Liebe bedeutet also keineswegs geschlechtslose Liebe, sondern vielmehr die geistige Anziehung, die eine Seele für ihren ursprünglichen Partner hat. Diese Idee übernahmen zahlreiche mittelalterliche Schriftsteller, darunter auch der Verfasser des *Sohar*. Nur Gott, der Architekt, der die verschiedenen Wege plante, auf denen diese Seelen dahinziehen, kann die füreinander bestimmten Paare richtig zusammenbringen. Das sind die im Himmel geschlossenen Ehen. Wahre Liebe ist somit Liebe zwischen zwei füreinander bestimmten »Seelenpartnern« und ihre Wiedervereinigung.

Die Einstellung jüdischer Mystiker zur Sexualität ist innerhalb der strengen Richtlinien des nach jüdischem Gesetz Erlaubten offen und unbesorgt. Innerhalb dieser Grenzen spiegeln die Geheimnisse der menschlichen Sexualität Prozesse und Sexualität in Gott wider. Da die untere Welt nach Ansicht der Mystiker ein vollkommenes Spiegelbild der göttlichen Welt ist, betrachten sie die Sexualität beim Menschen als ein Symbol für göttliche Sexualität.

Diese Einstellung kommt in dem folgenden Text zum Ausdruck, der den Abstieg der Seele auf die Welt beschreibt:

---

1 Siehe Platon: *Das Gastmahl*, in: *Platon: Werke in acht Bänden*, Griechisch und Deutsch, Gunther Eigler (Hrsg.), Darmstadt (Wissenschaftliche Buchgesellschaft) 1988, Bd. 3, f. 189.

Alle Seelen (*Neschama*) in der Welt, das Werk des Heiligen, gelobt sei sein Name, sind eins in einem einzigen Geheimnis. Wenn sie auf die Welt hinabsteigen, trennen sie sich in männliche und weibliche Form, nachdem sie zuvor als männlich und weiblich vereint waren. Komm und sieh: Das Erwachen des Weiblichen für das Männliche erzeugt eine *Nefesch*, und der Wunsch und das Erwachen des Männlichen für das Weibliche und sein Klammern an ihm erzeugt auch eine *Nefesch*. Er umfaßt die Leidenschaft des Weiblichen und trägt es, so daß die Leidenschaft des Unteren zusammengefaßt unter dem Höheren ist und ein untrennbarers Verlangen wird. Dann trägt das Weibliche dieses alles und wird durch das Männliche geschwängert; die Leidenschaft eines jeden kann nicht von der des anderen unterschieden werden, und das Ganze ist in jedem enthalten.

Wenn die Seele [das Schatzhaus der Seelen] verläßt, gehen Männliches und Weibliches als eins heraus. Dann, wenn sie [auf die Welt] hinabgestiegen sind, trennen sie sich voneinander, jede an ihren jeweiligen Ort. Der Heilige, gelobt sei sein Name, vereint sie später wieder. Das Vermögen, ein Paar zusammenzuführen, ist dem Heiligen, gelobt sei sein Name, vorbehalten, denn nur er allein weiß, welches Paar richtig zueinander gehört.

Glücklich ist der Mensch, der rein in seinem Tun ist und auf dem Pfad der Wahrheit wandelt, so daß seine Seele genauso mit der anderen Seele vereint wird, wie sie ursprünglich vereint waren. (*Sohar* I, 85b)

Die Seelen besitzen unendliche Weisheit, denn sie haben auf ihrem Weg in dieses Reich einen Rest der *Sefira* H*ochma* in sich aufgenommen. Alle Seelen im Schatzhaus kennen die gesamte Thora, aber sie verlieren dieses Wissen, wenn sie bei der Geburt auf die Welt kommen. Diese Vorstellung beruht auf einer rabbinischen, ebenfalls von Platon hergeleiteten Sage über die Geburt eines Kindes, derzufolge die Seele die ganze Thora kennt, bevor sie auf die Welt kommt. Bei der Geburt vergißt sie, was sie schon erlernt hat. »Sobald er [der Neugeborene] in den Weltenraum gekommen ist, kommt ein Engel, klapst ihn auf den Mund und macht ihn die ganze Thora wieder vergessen.«[1] Gemäß der Sage ist das Philtrum, die Einbuchtung in der Mitte der Oberlippe, der Ort, den der Engel berührte.

1 B. T. *Nidda* 30b. Siehe Urbach: 1, S. 245.

Gleichzeitig deutet die Sage an, daß man die Thora eigentlich nicht lernt, sondern sich nur wieder an sie erinnert.

Der *Kabbala* zufolge haben zwar alle Menschen eine *Nefesch*, aber nur Juden besitzen eine *Neschama*, weil man eine *Neschama* erst bekommt, wenn man die Gebote der Thora befolgt. Der folgende Dialog im *Sohar* führt diesen Punkt vor Augen:

Rabbi Hijja sagte: Wenn dies wahr ist [daß man eine *Neschama* nur durch Befolgen der Thora erwirbt], ist es so, daß Nichtjuden keine *Neschama*, sondern nur eine lebendige *Nefesch* haben?

Rabbi Jochanan sagte: Das ist richtig.

Dann fragte Rabbi Elasar: Was wird demnach Israel gegeben?

Rabbi Hijja drückte Erstaunen aus.

Rabbi Elasar erwiderte: Komm und sieh, was gelehrt wird: ›Jemand, der bestrebt ist, rein zu werden, erhält Hilfe.‹ (J. T., Schabbat 104a) Welche Art von Hilfe erhält er? Genau die gleiche heilige *Neschama*, die als Säule dient und den Menschen in dieser Welt und in der nächsten Welt stützt. Bis zum Alter von dreizehn Jahren ist der Mensch mit seiner lebendigen *Nefesch* beschäftigt. Vom Alter von dreizehn an [wenn er die Verantwortung der Thora auf sich nimmt], bekommt er, wenn er danach strebt, gerecht zu werden, die heilige und erhabene *Neschama*, gehauen vom Thron der Herrlichkeit des Königs.[1]

Der Mensch wurde als Nachbildung jenes Bereichs der *Sefirot* erschaffen, der oft als »Thron der Herrlichkeit« oder »himmlische Herrlichkeit« bezeichnet wird. Genau wie die Essenz von *En Sof* die *Sefirot* füllt, so füllen die *Sefirot* ihrerseits den Menschen. Diese *Sefirot* sind im Menschen vorhanden, während er jede der erwähnten Seelen erwirbt. Wenn die Mystiker davon sprechen, daß der Mensch im Bilde Gottes erschaffen wurde, meinen sie wörtlich, der Mensch sei als Mikrokosmos und Verkörperung der *Sefirot* erschaffen.

Nefesch wird mit Gottes *Hessed* in Verbindung gebracht, sie ist ein freies Geschenk des Lebens, ein makelloser Zustand tierischer Existenz. *Ruach*, mit *Din*, Strenge, identifiziert, ist

1 *Sohar Hadash, Bereschit* 18b; Tishby: 2, S. 44–45.

die Kraft des Menschen und sein Vermögen, zwischen Gut und Böse zu wählen. *Neschama*, mit *Tif'eret* verbunden, sorgt nicht nur für Ausgewogenheit zwischen *Hessed* und *Din*, sondern versöhnt im Menschen auch das Tierische mit dem Geistigen. Wenn ein Mensch *Neschama* erwirbt, hat er einen inneren Zustand des Gleichgewichts erreicht, der für den harmonischen Zustand im göttlichen Reich steht.

Der Mensch wurde als Mittel für Gottes eigene Selbsterfüllung erschaffen. Gott ist ein dynamisches Wesen, dessen männliche und weibliche Aspekte sich in unaufhörlicher Ebbe und Flut befinden, einmal vereint, dann wieder getrennt. Der Mensch, die Verkörperung der *Sefirot*, ist das Ergebnis der Vereinigung des Männlichen und Weiblichen in Gott. Diese Wiedervereinigung erreicht der Mensch allerdings nur durch religiöse Handlungen, die Gott beeinflussen. Deshalb ist die Pflege geistiger Kräfte im Menschen und die Vereinigung der männlichen mit der weiblichen Seele auf Erden für Gott unerläßlich. Das führt letztendlich zu dem Glauben, daß der Mensch für die Wiedervereinigung Gottes erschaffen wurde.

Religiöse Handlungen bewirken einen »Aufstieg« der Seele. Wenn die Seele gemäß den Vorschriften des jüdischen religiösen Gesetzes handelt, setzt sie Kräfte in der Welt frei, die die verschiedenen *Sefirot* beeinflussen. *Sefirot* und Mensch entsprechen sich und beeinflussen sich gegenseitig. Genau wie die verschiedenen Seelen das Wirken verschiedener *Sefirot* darstellen, so beeinflussen Handlungen der Seele eine jeweils andere *Sefira*. Deshalb liegt dank des Mediums Seele eine ständige und dialektische Beziehung zwischen Gott und Mensch vor. Beschäftigt sich die Seele mit Religiösem, beeinflußt sie die *Sefirot*. Bei religiösen Handlungen gilt es vor allem, die *Sefirot* so auszurichten, daß die Vereinigung der männlichen mit den weiblichen *Sefirot* erfolgen kann. Wenn das geschieht, strömt die Essenz der *Sefirot* weiter auf die Welt.

Zum Beispiel sind religiöse Rituale mit *Neschama* verbunden, die ihrerseits mit *Tif'eret*, der männlichen *Sefira*, zusammenhängt. Wird die *Neschama* tätig, trägt sie zur Ausrichtung der männlichen und weiblichen Aspekte Gottes bei. Dadurch regnet sozusagen Segen auf die Seele:

Wenn die *Neschama* aufsteigt, wird der Wunsch des Weiblichen für das Männliche geweckt, und die Wasser ergießen sich von oben nach unten (*Sohar* I, 235a).

Wer *Neschama* erwirbt, wird unsterblich. Diese Seele kommt vom männlichen Aspekt Gottes und kehrt deshalb zu ihm zurück. In einer komplizierten Parabel beschreibt der *Sohar* das Schicksal von *Neschama*, während ihres Erdenlebens und nachdem sie diese Welt verlassen hat:

Ein König hat einen Sohn, den er in ein Dorf schickt, wo er aufgezogen werden soll, bis er mit den Bräuchen im Palast vertraut gemacht wird. Als dem König berichtet wird, sein Sohn sei nun herangereift, schickt der König aus seiner Liebe heraus die Matrone, seine Mutter, um ihn zurück in den Palast zu bringen, und dort freut er sich jeden Tag mit ihm. Auf diese Weise besaß der Heilige, gelobt sei sein Name, einen Sohn von der Matrone, das heißt, die übernatürliche heilige Seele. Er schickte sie in ein Dorf, das heißt, in diese Welt, damit sie dort aufwachse, um später in die Bräuche des Königspalastes eingeführt zu werden. Als dem König mitgeteilt wurde, sein Sohn sei jetzt reif und solle in den Palast zurückgebracht werden, schickte er aus Liebe die Matrone, ihn in den Palast zurückzubringen. Die Seele verläßt diese Welt erst, wenn die Matrone eingetroffen ist, um sie zu holen und sie in des Königs Palast zu bringen, wo sie für immer wohnt. Daraufhin weinten die Dorfbewohner, weil der Sohn des Königs sie verlassen hatte. Aber ein weiser Mann sagte ihnen: Warum weint ihr? War das nicht des Königs Sohn, dessen wahrer Platz im Palast seines Vaters und nicht bei euch ist?

Wenn sich die Gerechten dieses nur bewußt wären, sie würden von Freude erfüllt, wenn ihre Zeit kommt, diese Welt zu verlassen.[1]

Der Tod ist jüdischen Mystikern zufolge in den meisten Fällen keine Tragödie, sondern die Rückkehr der Seele an ihren Ursprung. Es gibt Tod für den Körper, nicht aber für die Seele, denn die Seele, nicht der Körper, ist die Essenz des Menschen. In der Tat sieht man dem Tod eines Gerechten mit einer gewissen Erwartung entgegen:

---

1 *Sohar* I, 224b; zitiert in Gershom Scholem: *Zohar: The Book of Splendor*, New York (Schocken) 1963, S. 72–73.

In dem Augenblick, in dem die Seele eines Gerechten gehen möchte, herrscht Fröhlichkeit. Der Gerechte vertraut in seinem Tod darauf, daß er seine Belohnung erhält (*Sohar* I, 99b).

Dreißig Tage vor dem Tod treten beim Menschen Veränderungen auf. Nachts, wenn er schläft, steigt seine Seele in den Himmel auf und erforscht das Leben nach dem Tode, die kommende Welt. Dort wird ihr ihre nächste Wohnung gezeigt, und sie wird mit diesem Reich bekanntgemacht. Während dieser Zeit verliert der Mensch Bewußtsein und Herrschaft über seine Seele, weil die Verbindung zwischen ihr und dem Körper schwächer wird.

In der dem Tod vorausgehenden Zeit verschwindet allmählich sein Schatten. In der jüdischen Mystik wird der Schatten, wie später in Dantes *Purgatorio*, dem Läuterungsberg, mit dem Astralkörper (*Zelem*) gleichgesetzt.[1] Der Astralkörper ist eine nichtkörperliche Projektion des körperlichen Selbst eines Individuums. So wie die Seele von außen kommt, heißt es vom Körper, daß auch er eine unabhängige geistige Existenz besitzt, bevor er ein richtiger Körper wird. Vor der Geburt wohnt der Astralkörper im himmlischen Schatzhaus, dem sogenannten »himmlischen Paradies«. Der Mensch wird mit der körperlichen Manifestation dieses Astralkörpers, manchmal auch als ›Bild (*Zelem*) Gottes‹ bezeichnet, geboren. Der Astralkörper begleitet den Menschen in seinem ganzen Leben und wird zu einem aus seinen Taten, die seine Seele zum Grab geleiten, gewobenen Gewand. Oft auch schwebt der Astralkörper über dem Menschen und ist, während er lebt, sein Schutzengel.[2] Die Verbindung zwischen tatsächlichem Körper und Astralkörper wird geschwächt, wenn der Tod naht, und der zweitgenannte sich anschickt, getrennt seine Reise anzutreten.

Am Todestag erfolgt für Seele und Körper zusammen ein erstes Aufrechnen. An jenem Tag beurteilt Gott einen Menschen anhand der Taten zu seinen Lebzeiten. In jenen Augen-

1 Gershom Scholem: Tradition und Neuschöpfung in Sicht der Kabbalisten, in ders: *Zur Kabbala und ihrer Symbolik*, Frankfurt 1973.
2 Scholem: *Pirkei Yesod*, S. 375.

blicken ist der Mensch ganz besonders anfällig für die bösen Mächte der Welt und sieht seinem Los mit großem Schrecken und Sorge entgegen. Zwar hat das moderne Judentum größtenteils auf die rabbinische wie auch die mittelalterliche Mythologie verzichtet, aber die jüdische mystische Tradition ist reich an Beschreibungen von Himmel und Hölle, verzehrenden Flammen, bösartigen Schlangen und bedrohlichen Dämonen. Diese mythologischen Bilder werden als wirkliche Erscheinungen aufgefaßt, die den Sünder nach seinem Tod erwarten:

Wehe jenen, welche nicht die Wege der Thora kennen und ihnen keine Aufmerksamkeit schenken. Wehe ihnen, wenn der Heilige, gelobt sei sein Name, über den Menschen für seine Taten zu Gericht sitzt und sein Körper und seine Seele wider ihn aussagen, bevor sie sich trennen. Dieser Tag ist der Tag der Abrechnung, der Tag, an dem die Bücher mit den Aufzeichnungen geöffnet werden und die strafenden Mächte bereitstehen. In jenem Augenblick nimmt die Schlange ihren Platz ein, bereit, ihn zu schlagen, und alle seine Glieder zittern. Die Seele verläßt den Körper und flieht, ohne zu wissen, wohin sie sich wenden soll, noch wo sie landen wird. Wehe jenem Tag, dem Tag von Zorn und Streit.[1]

Vor seinem Tod hat der Mensch eine visionäre Begegnung mit Adam, dem ersten Menschen. Adam fragt ihn, warum er die Welt verläßt und wie er meint, sie zu verlassen. Er antwortet: »O, wegen deiner Sünden verlasse ich nun bald diese Welt.« Adam antwortet darauf: »Mein Sohn, ich habe nur gegen ein Gebot verstoßen und wurde dafür bestraft. Sieh, wie viele Sünden du begangen hast und gegen wie viele Gebote deines Herrn du verstoßen hast!«[2]

Am Todestag, wenn die Seele den Körper verläßt, ist der Mensch zu mystischen und ekstatischen Erfahrungen fähig. Zwar erblickt kein Mensch im Leben je die *Schechina*, die letzte *Sefira*, direkt, wohl aber an seinem Todestag.[3]

Im Augenblick seines Todes sieht der Mensch auch enge

1 *Sohar* I, 201a; Tishby: 2, S. 154.
2 *Sohar* I, 57b; Tishby: 2, S. 159.
3 *Sohar* I, 78b; Tishby: 2, S. 160.

Verwandte und Freunde, die bereits gestorben sind. Sie kommen ihm lebendig und einladend vor. Ist ihm ein Leben nach dem Tode bestimmt, begrüßen sie ihn fröhlich. Ist ihm dagegen Verderben bestimmt, erkennen sie ihn nicht, es sei denn, sie sind selbst verdammt. In diesem Fall bringen sie ein »Wehe, wehe!« hervor. Auf jeden Fall begleiten seine Verwandten ihn, um ihm Himmel und Hölle zu zeigen, sobald er gestorben ist, und verlassen ihn am ihm vorbestimmten Ort (*Sohar* I, S. 218b).

Während ein Mensch zur letzten Ruhe in sein Grab getragen wird, begegnet er allen in seinem Leben vollbrachten Taten. Alle Worte und Handlungen des Menschen haben eine von ihm unabhängige Existenz, die dann zurückkehren, um ihn zu verfolgen. Der *Sohar* beschreibt anschaulich, wie sie sich am offenen Grab neben dem Sarg zeigen:

Während er zu seinem Grabe getragen wird, erscheinen [seine Worte und Taten] und schreiten ihm voraus. Drei Herolde, einer vor ihm, je einer zu seiner Rechten und Linken, verkünden: Dieser Mensch – der sich gegen seinen Meister auflehnte und gegen Himmel, Erde, die Thora und ihre Gebote – seht seine Taten, schaut auf seine Worte! Es wäre besser, er wäre nie erschaffen worden!

Dann werden alle Toten gegen ihn in ihren Gräbern aufgebracht und sagen: »Wehe, wehe – daß er unter uns beerdigt wird!«[1]

Während der siebentägigen Trauerzeit wandert die Seele zwischen Grab und Wohnung hin und her und trauert mit den anderen über ihren eigenen Leichnam.

Die Seele eines Verstorbenen muß viele Prüfungen bestehen, bevor sie in den Himmel kommt. Ist die Seele des Lebens nach dem Tod nicht würdig, wird sie »wie ein Stein in einer Schleuder hin- und hergeworfen« und in einem anderen Körper wiedergeboren.

Die Seelenwanderung (*Gilgul Nefaschot*), bei der die Seele eines Verstorbenen in einen anderen Körper kommt, war ein Thema, mit dem sich jüdische Mystiker eingehend beschäftigt

1 *Sohar* III, 1 26a–b; Tishby: 2, S. 162–163.

haben und über das sie sich uneinig waren.[1] Einer Lehrmeinung zufolge war die Seelenwanderung eine Form der Bestrafung; eine andere betrachtete sie als Gelegenheit, die in einem vorherigen Leben begangenen Sünden wiedergutzumachen. Es herrscht Einigkeit, daß nur der *Nefesch* solch eine Wanderung möglich ist.[2] Seelenwanderung wird als eine neue Gelegenheit, aber auch als Strafe betrachtet. Zum Beispiel soll auf Sünden, die zu den sechsunddreißig Arten der Todsünden[3] gezählt werden, das völlige Auslöschen der Seele, die sie begangen hat, stehen, ohne daß für sie in messianischer Zeit die Aussicht auf ein Leben nach dem Tode oder auf Auferstehung besteht. Seelenwanderung ist ein Akt göttlicher Gnade, der die Seele vor der Auslöschung bewahrt und ihr eine zweite Gelegenheit bietet, Vollkommenheit anzustreben.[4]

Ein Gerechter kann eine Seelenwanderung machen, um Gebote zu Ende zu führen, die er im vorherigen Leben nicht vollendet hat, oder um Handlungen zu korrigieren, die nicht den jüdischen Normen entsprachen. Diese Form der Rückkehr bietet einem Heiligen manchmal auch die Gelegenheit, ein zweites Mal zum Wohl der Menschen zu wirken oder der Welt zusätzliche göttliche Offenbarung zu bringen. Man ist sich allgemein einig, daß Seelen nicht mehr als dreimal wandern können, außer die der Gerechten, deren Rückkehr keinen Beschränkungen unterworfen ist.

Andererseits ist die Seelenwanderung auch eine Form von Bestrafung für Straftäter, besonders für jene, die sexuelle Normen überschritten haben. Sogar ein Mann oder eine Frau, die bewußt kinderlos geblieben sind, erleiden unter Umständen eine Seelenwanderung, weil sie nicht das Bibelgebot »seid fruchtbar und vermehret euch« erfüllt haben. Die Alternative

1 Siehe Scholem: *Pirkei Yesod*, S. 308–357.

2 Das gilt nur für die frühe Kabbala. Schon die Tikkunei ha-Sohar (14. Jh.) sehen das anders und noch mehr die Lurianische Kabbala. Vgl. dazu G. Scholem, Gilgul: Seelenwanderung und Sympathie der Seelen, in: ders.: Von der mystischen Gestalt der Gottheit, Frankfurt a. M. 1973 (Anm. d. Übers.).

3 *M. Keritot* 1, 1.

4 Scholem: *Zur Kabbala*, S. 319–320.

zur Seelenwanderung ist die ewige Verdammnis (*Ge-Hinom* oder *Gehenom*), ein Feuer, das reinigt und straft, welches aber nicht unbedingt die Seele zerstört. Eine Seelenwanderung ist aber ganz eindeutig der ewigen Verdammnis vorzuziehen. Einigen Mystikern zufolge kann eine Seele unter bestimmten Bedingungen sogar im Körper eines Tieres wiederauferstehen.[1]

»Das Geheimnis der Empfängnis« (*Ibbur*) hängt eng mit der Vorstellung von der Seelenwanderung zusammen. Nach dieser Lehre kann sich die Seele eines Menschen mit einer anderen Seele verbinden, die in einer bestimmten Person wohnt. Die Begleitseele eines Heiligen oder Verwandten verbindet sich mit einer Seele, um sie bei der Ausführung einer besonderen Aufgabe oder Mission zu leiten und ihr zur Seite zu stehen. Der Begleitseele steht es frei, während des ganzen Lebens der betroffenen Person nach Bedarf zu kommen und zu gehen. Sie ist die Beschützerin dieser Person, kümmert sich um sie und hilft ihr im Laufe ihres Lebens.

Eine sündige Seele, für die es keine Hoffnung auf Erlösung gibt, wird unter Umständen zu Feuer und Hölle verdammt. Zwar haben sich viele jüdische Theologen wie Maimonides gegen die Vorstellung einer Hölle für Seelen gewandt, und andere haben solchen Glauben für das Judentum abgelehnt, aber trotzdem glaubten viele jüdische Mystiker an das Auslöschen unwürdiger Seelen durch das Feuer.[2]

Obwohl schon der Tod aus natürlichen Ursachen genug Schrecken mit sich brachte, verstörte der vorzeitige Tod eines Kindes die jüdischen Mystiker ganz besonders:

Wenn wir einen jungen Mann – einen guten Mann, der Thora und Mischna studiert – sehen, der vor dem Alter von zwanzig stirbt, [fragen wir uns], was war es, was ihn von dieser Welt genommen hat? Wenn du sagst, daß [es wegen] seines Vaters Sünden ist, bin ich nicht damit einverstanden, weil er selbst seit dem Alter von dreizehn [verantwortlich] ist. Wenn du sagst, daß [es wegen] seiner eigenen

1 Scholem: *Zur Kabbala*, S. 334.
2 Siehe C. D. Chavel: *Kitvei Ramban*, 2, S. 281.

Sünden ist, bin ich nicht einverstanden, weil er noch nicht zwanzig ist [und verantwortlich für seine Taten].[1]

Für einen Mystiker verhindert der Tod eines Kindes Sünden, die es begangen hätte, hätte es gelebt. Sein vorzeitiger Tod ist eine »frühe Ernte«, bei der es in der vollen Blüte seines Lebens gepflückt wird, noch bevor die Blume am Ast welkt. Dies gilt als ein Akt göttlicher Gnade, der dem Kind ein Anrecht auf Belohnung im Leben nach dem Tod gibt, die ihm vorenthalten würde, hätte es sein Leben zu Ende gelebt.

Nach der kabbalistischen Lehre von der Seele kann die geistige Dimension den Menschen mit den *Sefirot* verbinden. Die Seele ist jener Teil des Menschen, der aus dem göttlichen Bereich stammt und ihn deshalb zu den *Sefirot* zurückführt. Dank seines mystischen Vermögens hat der Menschen Aussicht darauf, mit der mystischen Suche zu Gott zu kommen. Im Judentum beginnt der Weg in die Mystik mit der Lehre von der Seele.

1 *Sohar Hadash,* Bereschit 33b; Tisbhby: 2, S. 170.

9 Das mystische Drama

Das religiöse Leben des jüdischen Mystikers

Rein äußerlich haben sich die jüdischen Mystiker in religiösen Handlungen kaum von anderen Juden, die der rabbinischen Tradition folgten, unterschieden. Jüdische Mystiker sagten die gleichen Gebete, beteten in den gleichen Synagogen und hielten die gleichen Ge- und Verbote (*Mizwot*) wie andere Juden ein. Obwohl sich die jüdischen Mystiker wie ihre Zeitgenossen verhielten, maßen sie ihrem religiösen Leben einen ganz anderen Stellenwert bei.

Einheit und Wiederherstellung

Nach Ansicht jüdischer Mystiker dient das Einhalten der religiösen Vorschriften vor allem zwei Zwecken: Einerseits soll damit die Seele mit ihrem Ursprung in den *Sefirot* verbunden und andererseits soll durch das Ritual die immanente Einheit innerhalb der *Sefirot* wiederhergestellt werden.[1] Diese beiden Aufgaben, Vereinigung und Wiederherstellung, durchdringen jeden Aspekt des religiösen Lebens eines jüdischen Mystikers.

Da die Seele im Glauben der Mystiker indirekt aus dem Bereich der *Sefirot* stammt, sehnt sie sich ganz natürlich nach einer Rückkehr dorthin. Das Einhalten religiöser Vorschriften in jeder Form ist nur ein Mittel, um die Menschenseele aufwärts durch die Himmel und Paläste der oberen Welt und durch die Kammern der geistigen Welt bis zum Tor vor dem Bereich der *Sefirot* zu tragen. Die jüdischen Mystiker nähern sich der Frage, wie hoch die Seele an der Kette des göttlichen Wesens hinaufsteigen kann, äußerst vorsichtig. Die meisten sind sich einig, daß die Rituale nicht auf *En Sof* abzielen, noch, daß die Seele bis dort hinaufsteigt. In der Mehrzahl stimmen sie überein, daß weder Ritual noch Seele über *Hochma* hinausge-

1 Efraim Gottlieb: *Studies in Kabbalistic Literature*, Tel Aviv (Tel Aviv University Press) 1976, S. 38ff.

hen oder beeinflussen können. Aber sie sind geteilter Meinung, wie hoch die Seele überhaupt aufsteigen kann. Nach einigen wie Isaak dem Blinden kann sich die Seele mit *Hochma* vereinigen.[1] Für andere wie Nachmanides ist dagegen *Malchut* der höchste Punkt.[2] Nur ein einziger deutet anscheinend an, daß die Seele sogar bis *En Sof* selbst hinaufsteigen kann. Isaak von Akkon, der im vierzehnten Jahrhundert gelebt hat, behauptet: »Die Seele kann an *En Sof* haften.«[3]

Außer einigen modernen chassidischen Mystikern glauben die meisten jüdischen Mystiker nicht, daß die selbständige Existenz der Seele im Augenblick der Vereinigung ausgelöscht wird, noch daß sie in den *Sefirot* aufgeht. Weil die theistischen Beschränkungen im Judentum so grundsätzlich sind, muß sich die jüdische Mystik absorbierender und vernichtender Formen der mystischen Vereinigung enthalten. Zwar kann die Seele die höchsten Bereiche der *Sefirot* erreichen, aber sie selbst wird nie eine *Sefira*. Sie bewahrt ihre eigene Identität, und der Mensch verschmilzt nie mit dem Göttlichen. Die *Unio mystica* heißt im Hebräischen *Dewekut* (Anklammern oder Anhaften), sie beinhaltet nicht das gleiche Maß an Einssein wie das lateinische *unio*. Es ist die Zwiesprache von zwei selbständigen und voneinander verschiedenen Wesen, die ihren eigenen Charakter beibehalten. *Dewekut*, das mystische Ziel, wird im letzten Kapitel ausführlicher besprochen.

Die Mystiker legen auf die Aufmerksamkeit für jede einzelne Ritualhandlung und auf das Ausgerichtetsein besonderen Nachdruck. Das rabbinische Judentum hat stets betont, wie wichtig Ernst und Intention bei der Ausübung der *Mizwot* sind. Genau das drückt der bekannte Spruch aus: »Die Ausübung der Gebote bedarf der Intention (*Kawwana*)« (B.T. *Brachot*, 13a). Die Mystiker gehen weiter, denn sie betonen, daß alle Ritualhandlungen an die richtige *Sefira* gerichtet sein müssen. Sie vertreten auch die Ansicht, daß die Kenntnis der besonderen

---

1 Gershom Scholem: *Ha-Kabbalah be-Provence*, Jerusalem (Hebrew University) 1970, Anhang.
2 Tishby: *Mishnat ha-Zohar*, 2, S. 292.
3 Gottlieb, S. 45.

Auswirkungen dieser Handlungen ein unumgängliches Merkmal des mystischen Bewußtseins ist.

Diese Intention (*Kawwana*, im *Sohar* auch als *Re'uta*, Willen bezeichnet) erfordert, daß Herz und Körper ganz konzentriert am Ritual beteiligt sein müssen.

> Man muß sein Herz und Willen (*Re'uta*) lenken, um Segen oben und unten zu bringen Wenn jemand den heiligen Namen (d. h. die *Sefirot*) vereinigen möchte, aber nicht sein Herz, Willen und Ehrfurcht lenkt, um das Oben und das Unten mit Segen zu schmücken, dessen Gebete werden verworfen, und Böses wird über ihn ausgesprochen Aber für jemanden, der es versteht, den heiligen Namen richtig zu vereinigen, öffnen sich die Wände der Dunkelheit, und das Antlitz des Königs wird offenbart und von allen gesehen. Wenn dieses eintritt, ist alles oben und unten gesegnet.[1]

Eine Handlung mit der richtigen Intention bewirkt einen Aufstieg der Seele durch die Himmel und die unteren Ebenen der *Sefirot*. Zuerst trifft die Seele am Tor der *Sefirot* ein, und dann setzt sie ihren Weg bis *Hessed*, *Bina* oder *Hochma* fort:

> Der Mensch, der sein Gebet darbringt und den heiligen Namen richtig vereint, zieht den Faden der Gnade (*Hessed*) auf sich. Er blickt hinauf in die Himmel, und das Licht der Erleuchtung göttlichen Wissens scheint auf ihn und krönt ihn; alle stehen in Ehrfurcht vor ihm. Solch ein Mensch wird ein Sohn des Heiligen, gelobt sei sein Name, ein Mitglied des königlichen Gefolges genannt (*Sohar* II, 57a).

Die rituelle Handlung veranlaßt ebenfalls den Aufstieg von *Schechina*, der letzten *Sefira*, auch *Malchut* genannt, bis zur *Sefira Tif'eret*: »*Schechina* wohnt in seinem Gebet und [durch sie] steigt [es] hinauf bis zum Heiligen, gelobt sei sein Name.«[2] Diese Vereinigung ist nötig, damit göttlicher Segen und Vorsehung fortlaufend auf die Welt strömen.

Das mit Intention gesagte Gebet zieht für die Welt viel Positives nach sich, was als »Verbesserungen« oder »Vervollkommnungen« (*Tikunim*) bezeichnet wird:

---

1 *Sohar* II, 57a; Tishby: 2, S. 340–341.
2 *Tikkunei Zohar* 21; Tishby: 2, S. 342.

Das erste ist das Heil des eigenen Wesens, daß es vollkommen werde; das zweite ist das Heil dieser Welt; das dritte ist das Heil der oberen Welt mit allen Heerscharen des Himmels; das vierte das Heil des heiligen Namens (*Sohar* II, 215b).

Das Verdienst des Menschen ist hierarchisch auf verschiedenen Ebenen angeordnet. Als erstes muß der Mensch die Fähigkeiten seiner Seele, insbesondere der *Neschama*, pflegen und entwickeln. Danach muß er daran arbeiten, die Gesellschaft durch Befolgen der *Mizwot* in moralischer und religiöser Hinsicht zu bessern. Als nächstes muß er religiöse Rituale ausführen, die zur Erhöhung seiner Seele in die Welt der reinen Formen führen. Zum Schluß sollte er die Vereinigung von *Tif'eret* mit *Malchut* anstreben und zur *Dewekut* mit den *Sefirot* gelangen.

Die Vorstellung, daß das Ritual die Wiederherstellung herbeiführt, beruht auf dem theurgischen Glauben, wobei »Theurgie« die Möglichkeit bedeutet, Gott durch rituelle Mittel ohne einen Akt des Willens durch Gott zu beeinflussen. Rituale wirken sich auf die *Sefirot* aus, weil eine mystische Verknüpfung zwischen menschlichem Handeln und bestimmten *Sefirot* vorliegt. Es ist, als stellten jüdische Rituale eine besondere Sprache dar, ein System von nur Gott verständlichen Zeichen, die bei Gott für den Menschen unverständliche Reaktionen auslösen. Der Mystiker kann dagegen die kausale Verbindung zwischen theurgischem Akt und göttlicher Reaktion durchdringen.

Die *Sefirot* werden als eine Folge dynamischer Kräfte verstanden, die der Beeinflussung durch den Menschen zugänglich sind. Dabei müssen die *Sefirot* richtig ausgerichtet sein, damit die göttliche Essenz ungehindert von *En Sof* bis *Malchut* und durch die unteren Welten fließt. Diese Ausrichtung hängt ganz besonders davon ab, ob der Mensch mit seinen Ritualen die *Sefirot* richtig oder falsch beeinflußt. Sind die *Sefirot* richtig ausgerichtet, ist göttliche Güte das Ergebnis. Wenn die *Sefirot* dagegen falsch ausgerichtet sind, wird der Welt die göttliche Gnade vorenthalten. Deshalb spielt das Ritual bei der Wiederherstellung eine Aufgabe, weil es das

Hauptmittel ist, mit dem eine theurgische Beeinflussung der *Sefirot* erfolgt.

Die jüdischen Mystiker messen dem religiösen Ritual eine große Macht bei, und sie haben es sich zur Pflicht gemacht, theurgische Akte zu vollbringen. Aber gleichzeitig lebten die jüdischen Mystiker im Rahmen jüdischer Normen und paßten sich der Routine der täglichen Pflichten an. Vor dem sechzehnten Jahrhundert schufen jüdische Mystiker kaum eine eigene Gesellschaft, um entgegen den Gepflogenheiten der restlichen Gemeinde besondere Andachten abzuhalten. Als besondere Übungen eingeführt wurden, besonders im sechzehnten Jahrhundert, ersetzten sie nicht das überlieferte Ritual, vielmehr steigerten sie es. Die meisten jüdischen Mystiker konnte man nicht von anderen Juden unterscheiden, denn auch sie glaubten an den Vorrang des jüdischen Rituals, aber sie betrachteten es als Mittel zur Vereinung und Wiederherstellung der *Sefirot*. Sie gaben das konventionelle Ritual nicht zugunsten individuellerer und eigenwilligerer Wege zur Vereinung und Wiederherstellung auf.

Das Gebet

Die Mystiker unterschieden sich von den Juden, die die religiösen Vorschriften auf herkömmliche Weise befolgten, auf mehrere bedeutsame Arten. Für sie enthält die traditionelle Liturgie für die täglichen Gebete, für den Sabbat und die Feiertage eine verborgene mystische Bedeutung und Hinweise auf dynamische Vorgänge innerhalb der *Sefirot*. Die mystische Interpretation des Gebets *Schema Jisrael* als beschwörende und theurgische Hochzeitszeremonie zwischen *Tif'eret* und *Malchut* ist ein klassisches Beispiel für diese Einstellung.

Nach Ansicht der Mystiker führen die Worte des Gebets ein eigenständiges Leben. Die Worte eines Gebets werden, sobald sie ausgesprochen sind, selbständige Wesen, die zu den *Sefirot* oben aufsteigen und mit denen sie sich vereinigen und die sie beeinflussen:

Alles, was der Mensch denkt, und jede Überlegung seines Herzens ist unwirksam, bis seine Lippen es laut aussprechen. Jenes Wort aber, sobald er es ausgesprochen hat, durchtrennt die Luft, geht, steigt auf und durchfliegt die Welt, bis es eine Stimme wird. Jene Stimme wird von geflügelten Wesen getragen, die sie bis zum König tragen, der sie dann hört (*Sohar* III, 294a–b).

Das täglichen Gebet soll die Vervollkommnung (*Tikun*) von *Schechina* herbeiführen. Das rabbinische Gesetz sieht vor, daß gewisse Gebete nur in Anwesenheit eines *Minjan* (Quorum) gesagt werden können. Die Mindestzahl für solch ein Quorum sind zehn religionsmündige Männer (B.T. *Brachot* 21b). Diese Zahl geht auf Moses zurück, der zehn Späher ernannte, die auf seinen Befehl das Land Israel als Gemeinschaft (*Eda*) erkunden sollten (Numeri 14,27). Einer rabbinischen Sage zufolge wohnt die *Schechina* in einer Gemeinde von zehn Männern, die zusammen beten (B.T. *Brachot* 6a). Die gleiche Quelle stellt Gott erzürnt dar, wenn er in eine Gemeinde kommt und keinen *Minjan* antrifft.

Das von den Rabbinen für ein Gebet festgelegte Quorum (*Minjan*) ist die Voraussetzung, daß sich eine »Verbesserung« unter den *Sefirot* einstellt. Das Zehnerquorum ist eine Widerspiegelung der zehn *Sefirot* und beschwört sie. So wie es zehn *Sefirot* gibt, sollte es auch stets einen *Minjan* von zehn Männern geben, die für jede vorgeschriebene Andacht zusammenkommen:

Wie kostbar ist Israel in den Augen des Heiligen, gelobt sei sein Name! An jedem Ort, an dem sie leben, befindet sich der Heilige, gelobt sei sein Name, unter ihnen, denn nie nimmt er seine Liebe von ihnen... Gesegnet der Mann, der als erster von den zehn in die Synagoge kommt. Sie zusammen vervollständigen, was vervollständigt werden muß [d. h. den *Minjan* und die erneuerte Verbindung unter den zehn *Sefirot*]. Diese sind durch die *Schechina* vor den anderen geheiligt, wie erklärt wurde. Zehn sollten gleichzeitig in der Synagoge eintreffen, statt getrennt, um nicht die Vervollständigung der Glieder [der zehn *Sefirot*] zu verzögern, so wie der Mensch von Gott auf einmal erschaffen und all seine Glieder gleichzeitig vollendet wurden.[1]

---

1 *Sohar* III, 126a; Tishby: 2, S. 308–309.

Die Vorstellung, daß sich religiöse Handlungen des Menschen und göttliche Vorgänge entsprechen, ist ein Axiom der jüdischen Mystik. Das geht aus der mystischen Einstellung zur Synagoge selbst hervor. Die ältesten Synagogen entstanden im Babylonischen Exil nach der Zerstörung des Ersten Tempels in Jerusalem im Jahr 586 v. d. Z. Später trat das sogenannte »kleine Heiligtum« (*Mikdasch me'at*), d. h., die Synagoge, an die Stelle des Tempels, und das formale Gebet ersetzte als autorisierte Form der Verehrung das Opfer im Tempel (B.T. *Brachot* 26a). In der mystischen Symbolik ist der zerstörte Tempel noch immer in *Malchut* als göttlicher Urtyp des irdischen Tempels vorhanden. Deshalb entspricht die Synagoge *Malchut*:

> Es ist befohlen, ein Heiligtum unten zu bauen, das dem [himmlischen] Heiligtum oben entspricht... Man soll eine Synagoge bauen und täglich darin beten und den Heiligen, gelobt sei sein Name, verehren, denn Gebet heißt Verehrung (*Sifrei Dev.* 41). Die Synagoge soll mit großer Schönheit erbaut und mit allen Arten von Verzierungen geschmückt werden, denn die Synagoge unten entspricht der himmlischen Synagoge.[1]

Weil sich irdische Synagoge und *Malchut* entsprechen, bevorzugt der *Sohar* das herkömmliche, in einer Synagoge gesagte Gebet dem anderenorts gesprochenen Gebet. Der *Sohar* hat tatsächlich mehrere neue Praktiken und Riten, deren Grundlage die Mystik ist, in das jüdische Brauchtum eingeführt. So beruht zum Beispiel die Bevorzugung eines Gebets in der Synagoge vor anderenorts gesagten Gebeten auf der Vorstellung, daß die Gebete auf Erden in einem engen Kanal zusammengefaßt werden müssen, damit sie aufsteigen können, weil die *Schechina* nur auf einem schmalen Pfad zu erreichen ist. Wegen ihrer Struktur ist eine Synagoge einem offenen Feld vorzuziehen, weil der aufsteigende Gebetskanal in ihr gebündelt ist, wohingegen er sich auf dem Feld verbreitet. Der *Sohar* legt auch als Gesetz fest, daß eine Synagoge Fenster haben muß, damit die Gebete die Synagoge verlassen und durch den

1 *Sohar* II, 59b; Tishby: 2, S. 307–308.

schmalen Durchlaß des Fensters aufsteigen können (*Sohar* II, 59b–60a; II, 237b). Weiter erklärt der *Sohar*, daß das Gebet der Gemeinde dem Gebet des einzelnen vorzuziehen ist, weil Gott die Taten eines Individuums, das allein betet, kritisch betrachtet und prüft, ob es würdig ist. Sein Gebet kann nur so hoch steigen, wie seine Taten es erlauben. Das Gebet der Gemeinde steigt dagegen mühelos auf, weil sich das Verdienst der Versammelten addiert.[1] Wenn man nicht mit einer Gemeinde beten kann, sollte man wenigstens zur gleichen Zeit wie die Gemeinde beten.

Der Sabbat

Die rabbinische Tradition kennt 613 Gebote und Verbote (B.T. *Makkot*, 24a). Diese feste Zahl sollte anfangs nicht die tatsächliche Zahl der rituellen Pflichten eines Juden wiedergeben, sie war vielmehr als Ideal gedacht. Ursprünglich setzte sich die Zahl aus den Tagen im Jahr (365) und der damals angenommenen Anzahl von Organen im Körper des Menschen zusammen, die die rabbinischen Weisen irgendwie auf 248 veranschlagt hatten. Mit der Zahl wollten sie verdeutlichen, daß das jüdische Gesetz umfassend ist und alle möglichen vom Menschen im Laufe der Zeit ausgeführten Handlungen vorsah. Später verstanden die Gelehrten sie als eine echte Zahl, und viele versuchten, selbst eine Liste der 613 Gebote und Verbote aufzustellen. Da es zahlreiche Abweichungen und unendliche Möglichkeiten gibt, existiert keine verbindliche Identifizierung der spezifischen 613 Ge- und Verbote. Allerdings sind sich rabbinische Fachleute durchaus über das spezifisch rituelle Verhalten einig, das ein Jude befolgen muß.

Jüdische Mystiker haben die Bedeutung der einzelnen religiösen Handlungen wie schon beim Gebet auf ihre eigene Weise interpretiert. Daß sie mit ihrem Befolgen Vereinung und Wiederherstellung begünstigen möchten, ist an der Formel zu erkennen, die jüdische Mystiker gebrauchen:

---

1 *Sohar* I, 234; Yissakhar Baer von Prag: *Sefer Yesh Sakhar*, Warschau 1901, S. 13a.

Bei jeder rituellen Handlung ziele dein Bemühen darauf ab, den Heiligen, gelobt sei sein Name, und seine *Schechina* in allen Lagern oben und unten zu vereinen (*Sohar* II, 119a).

Im Mittelpunkt des gesamten jüdischen Rituals steht alles, was mit der Einhaltung des Sabbat zusammenhängt. Das jüdische Volk wird nicht nur »das Volk, das den siebenten Tag heiligt« (*Am mekadschei schewi'i*) genannt, rabbinische Quellen belegen vielmehr auch klar, welche zentrale Rolle dieser Tag im religiösen Leben eines Juden spielt: »Die Sabbat[-rituale] wiegen alle anderen *Mizwot* (religiösen Pflichten) auf.«[1] Die Sabbatrituale sind im jüdischen Ritual die wichtigsten.

Hochzeits- und Brautmotive beherrschen die Sabbatsymbolik im rabbinischen wie im mystisch-jüdischen Brauchtum. Der Talmud verweist mit dem Befehl: »Kommt, wir wollen gehen, die Königin Sabbat empfangen!« (B.T. *Schabbat* 119a) auf den Sabbatbeginn. Dieses Thema wird von den jüdischen Mystikern weiter ausgeschmückt. Sie interpretieren alle Elemente des Sabbatrituals als ein konsequentes Drama neu, bei dem es nur um eins geht, nämlich die Wiedervereinigung von *Schechina*, der Sabbatbraut, mit ihrem Partner.

Jüdische Mystiker stellen oft eine assoziative Verbindung zwischen den traditionellen Elementen des jüdischen Rituals und den *Sefirot* her. Das drückt sich häufig in einer Formel aus, derzufolge ein bestimmtes Ritual oder ein Aspekt eines Rituals »für« (*ke-neged*) eine bestimmte *Sefira* steht, was bedeutet, daß dieses Ritual entweder jene *Sefira* symbolisiert, sie beeinflußt oder eine Verbindung zu ihr herstellt. Oft beruht die Assoziation auf der hebräischen Etymologie eines Ausdrucks im Zusammenhang mit dem Ritual. So geht die Verbindung zwischen Sabbat und *Malchut* zum Teil auf die Beziehung zwischen dem Wort *Malka*, der Sabbatkönigin der rabbinischen Literatur, und dem Namen der letzten *Sefira*, *Malchut*, zurück. Andere Beziehungen beruhen manchmal auf einer scheinbar schwächeren Interpretation: Der Zahlenwert von

1 *Midrash Shemot Rabbah*, A. Halevy (Hrsg.), Tel Aviv (Mahbarot la-Sifrut) 1959, Nr. 25, S. 12.

zwei verschiedenen hebräischen Wörtern entspricht sich (»Gematria«). Häufig lassen Bibelworte auf eine Assoziation schließen. So deutet zum Beispiel ein Wort, das in der Bibel in einem bestimmten Zusammenhang steht, die Verbindung zu einem anderen Text mit einem ähnlichen Wort an. Diese Verbindungen sind für das assoziative und phantasievolle Denken jüdischer Mystiker, für die der Bibeltext voll verborgener Bedeutungen ist, lebenswichtig.

Der Sabbat selbst wird im allgemeinen mit *Malchut* oder *Jessod* in Verbindung gebracht. Diese Zweideutigkeit beruht auf der Tatsache, daß das Sabbatgebot in den beiden Versionen der Zehn Gebote anders formuliert ist. In Deuteronomium 5, 12, heißt es: »Halte (*schamor*) den Sabbattag«, während in Exodus 20, 8, steht: »Gedenke (*sachor*) des Sabbattags«. *Schamor* hängt mit *Malchut* zusammen, weil diese *Sefira* die Welt bewahrt (*schomeret*). *Sachor* ist dagegen mit *Jessod*, der männlichen *Sefira*, verbunden, weil das Wort auf die gleiche hebräische Wurzel *s-chr-*, nämlich auf *sachor* für gedenken und *sachar* für männlich, zurückgeht. Gelegentlich wird der Sabbat auch mit der *Sefira Bina* verbunden, oft als der Ursprung beschrieben, an dem sich die Prophezeiungen über ein messianisches Zeitalter, einer Zeit also, in der jeder Tag ein Sabbat ist, erfüllen.

Die Sabbathochzeit wird als Ritual der Vereinigung dargestellt, bei dem sich *Malchut* mit der männlichen *Sefira Jessod* oder mit *Tif'eret* wiedervereint (*Tikkunei Zohar* 6). Die vielen Vorbereitungen für den Sabbat betrachtet man als Hochzeitsvorbereitungen.

Wird die Harmonie zwischen männlichen und weiblichen *Sefirot* wiederhergestellt, ändert sich die herrschende Ordnung. Die *Sefira Din*, richterliche Macht, beherrscht streng die Wochentage. Der Sabbat bringt Erholung von der Vorherrschaft von *Din* und hebt *Din* mit *Hessed*, Gnade, auf. Der Sabbat heißt auch »Zelt des Friedens« (*Sukkat Schalom*), das sich über das jüdische Volk ausbreitet und es für die Kräfte des Bösen unempfänglich macht, die die Woche über herrschen.

Viele traditionelle chassidische Gebetbücher enthalten folgenden Text aus dem *Sohar*, der freitagabends gesagt wird:

Das Geheimnis des Sabbat: Sabbat ist die Vereinung durch das Einssein, und das Geheimnis des Einsseins macht, daß es darauf wohnt. Gebet, das der Sabbat erhebt, einigt und vervollkommnet den heiligen und kostbaren Thron durch das Geheimnis des Einsseins, so daß der göttliche und heilige König darauf sitzen kann. Wenn der Sabbat beginnt, wird sie zu eins gemacht und getrennt von der anderen Seite [d. h., dem Bösen], und alle Kräfte der Strenge enden. Sie bleibt mit dem heiligen Licht vereint und wird vom heiligen König mit vielen Kronen geschmückt. Alle Mächte von Zorn und Kräfte der Strenge werden entwurzelt, und auf den Welten gibt es keine böse Herrschaft. Ihr Antlitz ist strahlend mit göttlichem Licht, und sie wird von unten mit dem heiligen Volk geschmückt.[1]

Die Vorstellung, daß am Sabbat eine besondere Seele den Körper betritt und den ganzen Tag über dort bleibt, geht auf die rabbinische Zeit zurück (B.T. *Betzah* 16a). Der *Sohar* führt diese Vorstellung weiter aus, indem er erklärt, daß der Sabbat »der Tag der Seele, nicht des Körpers« ist (*Sohar* II, 205a).

Heute sind sich die meisten Juden, die den Sabbat einhalten, nicht bewußt, in welchem Umfang jüdische Mystiker, insbesondere die Safeder Kabbalisten im sechzehnten Jahrhundert neue Rituale, die ihre mystischen Ansichten über den Sabbat widerspiegeln, in den jüdischen Gottesdienst eingebracht haben. Zum Beispiel war es bei ihnen Brauch, auf die Felder zu gehen, um den Sabbat zu empfangen. Sie gingen weiß gekleidet hinaus, bereit, sich der Braut bei der Hochzeitszeremonie als ihr Gefolge anzuschließen. Sie wandten sich nach Westen, wo die *Schechina* aufsteigen würde, sobald die Sonne untergegangen war. Die Reihenfolge der Gebete bei der Andacht am Freitagabend, die dieses Ritual begleiteten, haben diese Mystiker als ein Ritual festgelegt, um die Vereinigung und Wiederherstellung herbeizuführen.[2] Und diese Reihenfolge, einschließlich der mystischen Hymne *Lecha Dodi*, die schon weiter oben besprochen wurde, hat sich bis heute erhalten. Der *Sohar* enthält bestimmte Segenssprüche wie »der ein Zelt des Friedens über uns ausbreitet« (*ha-Pores Sukkat Schalom*) und

1 *Sohar* II, 135a–b; Tishby: 2, 335.
2 Scholem: *Pirkei Yesod*, S. 135ff.

schloß bestimmte andere Gebete wie »Er ist gnädig und sühnt die Schuld« (*we-hu Rachum jechaper Awon*) aus den Gebeten am Freitagabend aus, um zu betonen, daß am Sabbat Einheit herrscht und jede Strenge aufgehoben ist.

Der komplizierte Gottesdienst am Freitagabend ist nicht das einzige mystische Sabbatritual, das als Norm in das Judentum einging. Nach dem *Sohar* muß der Haushaltsvorstand an der Sabbattafel zehn *Mizwot* erfüllen, die den zehn *Sefirot* entsprechen (*Sohar* III, 272b; siehe auch *Yesh Sakhar*, 50). Obwohl viele davon auf die Rabbinen zurückgehen, ist die Aufzählung der zehn *Mizwot*, die hier im Mittelpunkt stehen, und die damit verbundene Symbolik typisch für den *Sohar*:

1. Das Anzünden von mindestens zwei Sabbatlichtern: Die Hausfrau zündet vor Sabbatbeginn am Tisch wenigstens zwei Sabbatkerzen an, die den beiden Versionen des Sabbatgesetzes in den Zehn Geboten entsprechen. Im *Sohar* entsprechen die Kerzen *Hessed* (Gnade), während der Tisch *Din* (Strenge) versinnbildlicht. Dieser Akt bannt *Din* symbolisch vom Tisch.

2. Der Segen über den Wein: Der Hausherr sagt am Tisch den *Kiddusch*, den Sabbatsegen, über Wein. Der erste Teil des *Kiddusch* entstammt der biblischen Beschreibung des ersten Sabbat (Genesis 2,1–3) und hängt mit *Jessod*, der männlichen *Sefira*, zusammen. Der zweite Teil wird mit der weiblichen *Sefira Malchut* in Verbindung gebracht. Im *Kiddusch* stehen sie gemeinsam für die Vereinigung der männlichen mit den weiblichen *Sefirot*.

3. Das Ritual des Händewaschens, bevor das Brot gebrochen wird: Dieses rabbinische Gesetz ist eine *Mizwa* [Singular von *Mizwot*], bevor man Brot ißt (B.T. *Chullin* 105a). Gemäß dem *Sohar* hält man eine mit Wasser gefüllte Tasse in der rechten Hand, die *Hessed* symbolisiert, dann nimmt man die Tasse in die linke Hand, die für *Din* steht, und gießt es erst über die rechte Hand, nimmt die Tasse wieder in die andere Hand und gießt schließlich auch über die linke Hand Wasser. Damit soll hervorgehoben werden, daß *Hessed* am Sabbat Vorrang vor *Din* hat.[1]

1 *Sohar* I, 53b; siehe Jacob Katz: *Halakha ve-Kabbalah*, Jerusalem (Magnes) 1984, S. 44.

4. Zwei Brotlaibe auf dem Tisch: Die beiden Brote sollen gemäß der Überlieferung an die doppelte Portion Manna erinnern, die vor Sabbatbeginn fiel (Exodus 16,22–26). Nach dem *Sohar* symbolisieren die beiden zusammen auf den Tisch gelegten Laibe die Vereinigung von *Malchut* und *Tif'eret*. Der *Sohar* schreibt vor, daß die Essenden vom unteren der beiden Laibe nehmen – denn einer wird über den anderen gelegt –, um die unteren *Sefirot*, besonders *Malchut*, zu versinnbildlichen.

5. Drei festliche Mahlzeiten: Die drei Hauptmahlzeiten am Sabbat werden am Freitagabend, am Samstagmittag und später am Samstag nach der Andacht nachmittags gegessen. Gemäß dem *Sohar* erinnern diese festlichen Mahlzeiten an die Kraft von *Malchut*, *Keter* bzw. *Tif'eret*. Bei jeder der Mahlzeiten werden besondere Lieder (*Semirot*) gesungen, viele davon als Hymnen an die mit der jeweiligen Mahlzeit in Verbindung gebrachten *Sefira*.

6. Das Tischgespräch über die Thora: Gemäß der rabbinischen Tradition weilt die *Schechina* an jedem Tisch, an dem über die Thora gesprochen wird.

7. Arme Gäste an den Tisch laden: Barmherzige Fürsorge für die Armen kennzeichnet das soziale Bewußtsein des *Sohar*. Die Armen sollen dem Glauben zufolge dem Tisch besonderes Verdienst bringen und helfen, die Vereinigung herbeizuführen (*Sohar* II, 168b, 153b; *Yesh Sakhar* 21a).

8. Das rituelle Händewaschen nach der Mahlzeit: Das ist ein rabbinischer Brauch, der als *Majim acharonim* (»letztes Wasser«) bezeichnet wird (B.T. *Brachot* 53b). Es folgt auf die Mahlzeit, bevor der Segen über das Essen gesagt wird. Der *Sohar* erklärt, dieser Brauch sei üblich, um die Hände von Bösem zu reinigen und Unreinheiten von ihnen zu entfernen, die an ihnen haften (*Sohar* III, 272b). Ebenso sollen dabei Essensreste entfernt werden, die als Zugeständnis an die bösen Kräfte und ihre Nahrung gelten (*Sohar* II, 154b; *Yesh Sakhar* 22a).

9. Der Segen über das Essen: Dieser rabbinische Brauch hängt gemäß dem *Sohar* mit der *Sefira Hessed* zusammen (*Sohar* II, 168b).

Dem *Sohar* zufolge bringt, wer diesen Segen bewußt sagt, *Hessed* auf die Welt herab.

10. Der Segen über einen letzten Becher Wein: Nach der rabbinischen Tradition folgt auf den Segen über das Essen der Segen über einen letzten Becher Wein (B.T. *Sota* 38b).

Das Vorausgegangene beweist, wie jüdische Mystiker traditionelle Bräuche im Licht mystischer Lehren neu interpretieren.

Der Sabbat wird zu einem theurgischen Drama, das sich in einer bestimmten Reihenfolge entfaltet.

Die Mystiker haben auch völlig neue Bräuche eingeführt. So geht zum Beispiel das »Gedicht über die tüchtige Frau« (*Eschet Chajil*, Sprüche 31,10–31), eine Hymne, das Lob der Hausfrau, die am Sabbattisch gesungen wird und auf *Schechina* anspielt, auf die Safeder Kabbalisten zurück.

Eine weitere rituelle Neuerung ist in der Einstellung des *Sohar* zur Sexualität des Menschen zu erkennen. Der *Sohar* betrachtet den Sabbat als die geeigneteste Gelegenheit, der Mystik von Vereinigung und Wiederherstellung durch den menschlichen Geschlechtsverkehr zu dienen. Solch ein Geschlechtsverkehr am Sabbatabend bringt die besondere Sabbatseele hervor (*Sohar* I, 257a). Deshalb sollten ein gerechter Mann und eine gerechte Frau zu diesem Zeitpunkt Geschlechtsverkehr haben. Mystische Neuinterpretation und Neuerung ziehen sich wie ein roter Faden auch durch andere jüdische Rituale.

Die Festtage

Für Anhänger der jüdischen Mystik sind die jüdischen Festtage Sakramente, die der Vereinigung und Wiederherstellung dienen. Die jüdische Mystik weist dem für jeden Festtag vorgeschriebenen Ritual gleich mehrere Aufgaben zu. Es sind theurgische Sakramente, denen die Macht innewohnt, die Anordnung der *Sefirot* zu verändern und sie wiederzuvereinigen. Da die Einhaltung der Festtage Vervollkommnung im göttlichen Reich bewirkt, wird das Schicksal Gottes und damit auch des Menschen beeinflußt. Religiöse Übungen beeinflussen nach diesem Verständnis Gott zugunsten des Menschen. In der jüdischen Mystik beantwortet Gott aber weder das Gebet des Menschen, noch belohnt er ihn direkt für seine Taten. Vielmehr rufen die Taten des Menschen in Gott selbst unwillkürliche Reaktionen hervor. Diese Reaktionen erzeugen einen Nachhall, der von Gott auf den Menschen zurückwirkt. Diese dialektischen Einflüsse setzen eine neue Denkweise über die Beziehungen zwischen Gott und Mensch und ihre gegenseitige Abhängigkeit voraus. Gott wird allein durch die Taten des Menschen vervollkommnet, und die Einheit der verschiedenen Aspekte von Gottes Wesen hängt von den Taten des Menschen ab. Daraus zieht der Mensch keinen Nutzen, außer durch göttliche Gnade. Gott und Mensch können nur durch den anderen handeln oder erfüllt werden.

Als die wichtigsten jüdischen Festtage gelten die hohen oder »furchtbaren« Tage – *Rosch ha-Schana* und *Jom ha-Kippurim*, der Neujahrs- bzw. Versöhnungstag – und die Wallfahrtsfeste: *Pessach*, *Schawuot* und *Sukkot*, die beiden letztgenannten das Wochen- bzw. das Laubhüttenfest. Jüdische Mystiker haben diese Festtage wie alle anderen frommen Juden eingehalten, aber ihnen sind mehrere neue theurgische Rituale zu verdanken. Der Unterschied zwischen einem Mystiker und einem Nichtmystiker liegt vor allem in der Bedeutung, die er dem Fest beimißt, nicht wie er es begeht.

Nach dem jüdischen Kalender beginnt das neue Jahr zu *Rosch ha-Schana*. Aber das Neujahrsfest kennzeichnet im liturgischen oder religiösen Kalender nicht den ersten Monat des Jahres. Dieses fängt vielmehr im *Nissan* an, dem Monat, in den *Pessach* fällt. *Rosch ha-Schana* wird an den ersten beiden Tagen des siebten Monats, *Tischri*, gefeiert. Zur Zeit der Propheten Esra und Nehemia (etwa 5. Jahrhundert v. d. Z.) begingen die Israeliten den Festtag, indem sie sich im neu erbauten Tempel in Jerusalem versammelten und der Vorlesung des Thora-Abschnitts für diesen Tag lauschten; außerdem wurde das *Schofar*, ein hohles Widderhorn, geblasen. Es war ein Tag, an dem gefeiert und eine Festmahlzeit gegessen wurde. An diesem Tag verkündete man die Herrschaft Gottes als König und bestätigte den Vorrang der göttlichen Herrschaft über irdische Monarchen aufs neue.

Im 1. und 2. Jahrhundert kamen neue Elemente für das Fest hinzu. Nach der *Mischna* wurde an diesem Tag der Mensch erschaffen. Der jüdischen Sage zufolge wurde der Mensch an diesem Tag erschaffen, und er sündigte auch an diesem selben Tag. Deshalb wurde sein Geburtstag für ihn ebenso wie für alle seine Nachfahren ein Tag des Gerichts.

Der Talmud gestaltet das Thema von *Rosch ha-Schana* als Tag des Jüngsten Gerichts durch Gott. Er zitiert eine Sage, derzufolge an diesem Tag im Himmel drei Bücher aufgeschlagen werden: eins für jene, deren Taten sie als unrettbar böse kennzeichnen, eins für die vollkommen Gerechten und eins für die, die zwischen beiden stehen. Die Bösen werden sofort ins Buch des Todes eingeschrieben, und ihr Schicksal ist für das kommende Jahr vorläufig besiegelt. Die Gerechten werden ihrerseits ins Buch des Lebens eingetragen, und ihr Los ist gesichert. Die Entscheidung über das Schicksal jener, die nicht in diese beiden Kategorien passen, wird bis zum *Jom ha-Kippurim*, dem Versöhnungstag, aufgeschoben, wenn die Bücher endgültig versiegelt werden (B.T. *Rosch Haschana* 16b). Es ist üblich, sich vor *Rosch ha-Shana* gegenseitig *Gemar Ketiwa towa* (»Guten Abschluß des Einschreibens«) und *Gemar Hatima towa* (»Guten Abschluß der Versiegelung«) von jenem Tag an bis *Jom ha-Kippurim* zu wünschen.

Jüdischen Mystikern zufolge liegt der Nachdruck an *Rosch ha-Schana* auf dem göttlichen Gericht, weil die *Sefira Din* die Oberhand gewinnt. »An *Rosch ha-Schana* wird die Macht der Strenge oben erweckt. Deshalb muß sich jede Person unten zu völliger Reue ermahnen. Denn dadurch wird oben gnädige Liebe erweckt.« (*Yesh Sakhar* 34a). Die Rituale an *Rosch ha-Schana* sind theurgische Sakramente, die die Macht der *Sefira Din* mäßigen, indem sie der *Sefira* H*essed* Kraft geben. In der jüdischen Mystik drehen sich alle Elemente der Festtage um dieses Ziel.

Ohne eine »Seelenabrechnung« und echte Entscheidung, sein Verhalten im religiösen wie persönlichen Bereich zu ändern, kann *Rosch ha-Schana* zu einem Tag werden, an dem der Mensch allen vorhandenen bösen Mächten ausgeliefert ist. Mit Reue setzt man dagegen die *Sefira Hessed* frei und hilft ihr, die *Sefira Din* aufzuwiegen. Wird *Din* nicht gezügelt, stärkt diese *Sefira* möglicherweise die zerstörerischen Kräfte, die nur warten, den Menschen anzugreifen. Durch Reue wird *Din* in Schach gehalten, und der Mensch in seiner Verletzlichkeit ist geschützt:

> Am Tag von *Rosch ha-Schana*, wenn siebzig Kammern warten, ihr strenges Urteil über die Welt abzugeben, stehen oben viele bewaffnete Rächer bereit. Einige wenden sich zur Rechten zugunsten, und andere wenden sich verächtlich links ab, während sie an die Sünden der Welt, an die Sünden jedes einzelnen, erinnern. Deshalb muß der Mensch seine Sünde bekennen, jede einzelne, wie sie wirklich sind.[1]

Das Widderhorn steht ebenfalls für die Vorherrschaft von *Hessed* über *Din*. Während des Gottesdienstes an *Rosch ha-Schana* wird das *Schofar* hundertmal geblasen. Sein Klang weckt die verschiedenen *Sefirot* und führt zu ihrer Neuanordnung, bei der *Hessed* vorherrscht. Das *Schofar* selbst symbolisiert *Bina* und betont *Hessed*, weil es die *Sefira* ist, die *Hessed* vorausgeht.

Auch die zwei an den beiden Festtagen vorgelesenen Thora-Abschnitte symbolisieren, daß *Hessed* durch das Ritual über *Din* gehoben wird. In der jüdischen mystischen Symbolik hängen bestimmte historische Bibelgestalten dank verschiedener Wortassoziationen mit bestimmten *Sefirot* zusammen. Der Patriarch Abraham steht zum Beispiel dank des Verses: »Erweise dich gnädig (*Hessed*) gegen meinen Herrn Abraham« mit der *Sefira Hessed* in Verbindung (Genesis 24,12). Sein Sohn Isaak ist durch die Worte »wäre nicht der Gott meines Vaters, der Verwandte Isaaks (*Pachad Jitzhak*), mit mir gewesen« (Genesis 31,42), mit *Din*, Strenge, verbunden, allerdings sehr viel loser. Demzufolge symbolisiert der Thora-Abschnitt für den ersten Tag, der ausführlich darlegt, wie Isaak das Erstgeburtsrecht vor seinem Bruder Ismael erhält, den Vorrang von *Din* an jenem Tag (Genesis 21). Der Thora-Abschnitt für den zweiten Tag berichtet von Abrahams Bereitschaft, Isaak auf Gottes Geheiß zu opfern, und vom plötzlichen Eingreifen, das

1 *Sohar* III, 231a; Tishby: 2, S. 550.

Isaak rettet und an seiner Stelle einen Widder auf den Altar legt (Genesis 22). Er versinnbildlicht, daß *Hessed* (Abraham) schließlich doch Vorrang vor *Din* (Isaak) hat und erklärt, welche Bedeutung dem Widderhorn dabei zukommt.

Schuldbekenntnis und Reue an *Rosch ha-Schana* mäßigen *Din* mit *Hessed* und führen am *Jom ha-Kippurim* die Vereinigung von *Tif'eret* mit *Malchut* herbei:

An *Rosch ha-Schana* wird der linke Arm [d. h. *Din*] gehoben, um die Prinzessin [d. h. *Schechina*] zu grüßen. Dann ist die ganze Welt in Schrecken vor *Din*. Zur gleichen Zeit muß die ganze Welt reuig sein in Gegenwart des Heiligen, gelobt sei sein Name. Später trifft die Prinzessin am Vorabend von *Jom ha-Kippurim* ein, und die ganze Versammlung feiert, und sie reinigen sich als Vorbereitung für die Vereinigung mit der Prinzessin (*Sohar* III, 214b).

Den *Jom ha-Kippurim*, den zehnten Tag im Monat *Tischri*, beschreibt die Bibel als eine Zeit, in der die Seele gedemütigt werden soll (Leviticus 16,30–31). Obwohl sie über den Festtag sonst kaum mehr aussagt, wurde er im allgemeinen als Mittel verstanden, um Buße zu tun und Ehrfurcht zu erlangen. Der Talmud interpretiert die Bedrängnis an diesem Tag, indem er fünf tägliche Handlungen nennt, die am *Jom ha-Kippurim* untersagt sind (*M. Joma* 8,1): »Am Versöhnungstag ist es verboten zu essen, zu trinken, sich zu waschen, zu salben, die Sandalen anzulegen und den Beischlaf zu vollziehen.«

Alle diese Handlungen bereiten dem Körper in irgendeiner Form Wohlbehagen und Freude, die man zu jeder anderen Zeit genießen darf. Ihr Verbot am *Jom ha-Kippurim* soll weder den Körper strafen, noch ihm Schmerzen bereiten, sondern ihn vielmehr über körperliche Freuden hinaustragen. Trotz ihrer Beschaffenheit wird durch diese Verbote die Seele, nicht der Körper bedrängt, damit sich der Geist auf den *Jom ha-Kippurim* vorbereiten kann.

Die Festtagsliturgie in der rabbinischen Tradition hat ihre Wurzeln in zwei historischen Ereignissen in der jüdischen Geschichte, jede mit einer starken mystischen Dimension. Als erstes werden am *Jom ha-Kippurim* die Ereignisse bis zur Offenbarung der Thora, die Moses auf dem Sinaiberg erhielt, lebendig und symbolisch nachvollzogen. In der rabbinischen Tradition zerschmetterte Moses die ersten Tafeln mit den Geboten, die Gott ihm am sechsten Tag des *Siwan* [d. h. *Schawuot*, Wochenfest] gegeben hatte, als er das Goldene Kalb erblickte. Der Sage zufolge gab Gott Moses am *Jom ha-Kippurim* die zweiten Tafeln (*Seder Olam Rabbah* 6). Jedes der fünf Verbote steht für eine der Handlungen, die Gott Moses und dem Volk als Vorbereitung auf die Offenbarung vorgeschrieben hatte. Zum Beispiel wurde Moses in einem Schlüsselerlebnis, das schließlich in die Ereignisse auf dem Sinai mündete, befohlen, am brennenden Dornbusch seine Sandalen auszuziehen (Exodus 3,5). Das Volk erhielt den Befehl, sich rein zu erhalten, bereit zu sein, sich des Beischlafs zu enthalten ebenso wie des Essens und Trinkens (Exodus 19,14–15). Die nur für den Versöhnungstag geltenden Verbote sollen also die Gemeinde vorbereiten, damit sie die Offenbarung am Sinai nachvollziehen kann, indem sie die von Moses und dem jüdischen Volk ergriffenen Schritte wiederholt. Das Schlußgebet am *Jom ha-Kippurim*, das *Ne'ila*-Gebet, entspricht der Offenbarung am Sinai. Die Bibel berichtet, daß »das ganze Volk den Donner und die Blitze, den Posaunenschall und den rauchenden Berg sah«, als die Gesetze gegeben wurden (Exodus 20,18). Der Festtag endet, nachdem das *Schofar* wie am Sinai ein letztes Mal geblasen wurde. Am *Jom ha-Kippurim* wird demnach die Offenbarung im Sinai und die Reue für die Sünde des Goldenen Kalbs noch einmal symbolisch nachvollzogen.

Zweitens werden in einem sorgfältig und kunstvoll gestalteten Ritual an diesem heiligen Tag die Vorbereitungen nachvollzogen. die der Hohepriester traf, bevor er am Versöhnungstag das Allerheiligste des Tempels in Jerusalem betrat. Diese Vorbereitungen sind Gegenstand des »Tempeldienstes« genannten Teils der Liturgie innerhalb des sogenannten *Musaf*-Gebets, das in der Liturgie um die Tagesmitte den Mittelpunkt bildet. Mit den hohenpriesterlichen Ritualen werden ihrerseits die Vorbereitungen Moses' vor seinem Aufstieg auf den Sinai wiederholt. Nur der Hohepriester durfte einmal im Jahr das Allerheiligste betreten, nachdem er dafür komplizierte Vorbereitungen wie seine Sandalen abstreifen und weitere Maßnahmen getroffen hatte, die an Moses auf dem Sinaiberg erinnern (*M. Joma* 1–7). Wenn sich der Hohepriester anschickte, das Allerheiligste zu betreten, schlangen die anderen Priester ein Seil um seine Brust, damit sie ihn herausziehen konnten, falls er in ekstatischer Verzückung drinnen starb. Sobald der Hohepriester seine Segenssprüche gesagt hatte, antwortete das versammelte Volk: »Gelobt sei der Name der Herrlichkeit seines Reiches immer und ewig.« Übrigens wird dieser Satz, den man im allgemeinen lediglich flüstert, nur im Abendgebet am *Jom ha-Kippurim* als Erwiderung auf das *Schema* laut gesagt. Am Versöhnungstag sind die Gemeindemitglieder symbolisch Moses und der Hohepriester. Jedem Teilnehmer wird die Last der Verantwortung ebenso wie die Hoffnung auf Erlösung mit der Liturgie des heiligen Tages wie ein Sakrament angeboten.

Jom ha-Kippurim ist die nächste Etappe auf dem Weg der Wiedervereinigung von *Tif'eret* mit *Malchut*, ein Prozeß, der an *Rosch ha-Schana* begann, als die Macht von *Din* gemäßigt wurde. Am Versöhnungstag hat die *Sefira Bina*, der Ursprung von *Hessed*, die Oberhand, und sie hebt *Schechina* als Vorbereitung auf ihre Vereinigung mit *Tif'eret* empor.

Wenn Israel für seine Sünden fastet, büßt [*Schechina*] für sie, weil die himmlische Matrone [d. h. *Bina*] mit ihr zusammen ihr Antlitz auf die Prinzessin scheinen läßt (*Sohar* III, 214b).

Jom ha-Kippurim ist symbolisch mit *Bina* verbunden, die *Sefira*, die an diesem furchterregenden Tag mit allen Ritualen in Verbindung gebracht wird. Mit dem *Kol Nidre*, oft der heiligste, ehrfuchtgebietendste Moment in der jüdischen Liturgie genannt, beginnt die Abendandacht. Eigentlich ist das *Kol Nidre* kein Gebet, sondern eine Rechtsformel, die von bestimmten Gelübden entbindet. Obwohl es ursprünglich von in der Vergangenheit abgelegten Gelübden entbinden sollte, wurde der Text geändert, um sich nur auf Gelübde zu beziehen, die im kommenden Jahr gemacht würden, um nicht bestehende Verträge aufzuheben. Für den Mystiker ist das *Kol Nidre* eine Anrufung der höchsten *Sefirot*, *Tif'eret* und *Malchut* aus den Banden der *Sefira Din* zu befreien, um ihre Vereinigung zu ermöglichen. Die gesamte Liturgie für den Tag, die *Bina* anruft, folgt diesem Beispiel:

Heute hängt jede Freude, jedes Licht und alle Vergebung auf der Welt von der himmlischen Matrone [d. h. *Bina*] ab. Alle Quellen beginnen dort und werden von dort gespeist. Alle Lichter werden mit Freude angestrahlt, und alles wird köstlich. Sogar die Kräfte von *Din* werden vom Licht verzehrt und sind erloschen (*Sohar* III, 69a).

Das Drama der Wiedervereinigung hält den ganzen Monat *Tischri* an. *Sukkot*, das Laubhüttenfest, beginnt am fünfzehnten *Tischri* und dauert in Israel sieben, in der Diaspora acht Tage lang. *Simchat Thora*, das Fest, an dem der jährliche Zyklus der Thora-Lesungen endet und neu beginnt, fällt auf den achten Tag und in Israel mit *Schemini Azeret* zusammen, in der Diaspora auf den neunten Tag.

Für das Fest gibt es verschiedene Bräuche, unter anderem werden provisorische Laubhütten (*Sukkot*), die an die Wanderung durch die Sinaiwüste erinnern, gebaut, in denen man ißt und auch schläft. Die vier Pflanzenarten (*arba'at ha-Minim*) verweisen darüber hinaus auf den landwirtschaftlichen Ursprung des Feiertags als einem Erntedankfest im Herbst. Die vier Arten, die während der Feiertage bei verschiedenen Zeremonien Verwendung finden, sind ein Palmzweig (*Lulaw*), Weidenzweige (*Arawot*), eine Zitrusfrucht (*Etrog*) und Myrtenzweige (*Hadassim*). Die Weiden- und Myrtenzweige werden mit dem Palmzweig zusammengebunden und in der rechten Hand gehalten, den *Etrog* hält man bei den Ritualen zu Hause und in der Synagoge dagegen allein für sich in der linken Hand.

Der Bau der Laubhütte hat symbolisch mit den sieben *Sefirot* von *Hessed* bis *Malchut* zu tun, die jeweils einem der sieben Festtage entsprechen. Die Laubhütte steht ihrerseits für *Bina*, die göttliche Mutter, die die sieben unteren *Sefirot* schützt und sich um sie kümmert.

Ein *Sukkot*-Ritual, das in traditionellen Kreisen bis heute befolgt wird, geht eindeutig auf den *Sohar* zurück. Weil die sieben unteren *Sefirot* mit den sieben *Sukkot*-Tagen zusammenhängen, hat der Verfasser des *Sohar* ein Ritual ins Leben gerufen, nach dem die mit dem jeweiligen Tag verbundene *Sefira* als Gast in die *Sukka* (Singular von *Sukkot*) geladen wird. Da mit jeder *Sefira* eine biblische Gestalt identifiziert wurde, entwickelte sich der Brauch, die mystischen Gäste (*Uschpisin*) in die *Sukka* zu laden. An jedem Tag wird ein anderer geladen: Abraham (*Hessed*), Isaak (*Din*), Jakob (*Tif'eret*), Moses (*Nezah*), Aaron (*Hod*), Joseph (*Jessod*) und David (*Malchut*) (*Sohar* III, 103b).

Wenn du die *Sukka* betrittst, mußt du offen die göttlichen Heiligen zu dir einladen, denn sie sind deine Herrlichkeit. Sie kommen in geistiger Form, um sich dir von allen Seiten anzuschließen (*Yesh Sakhar* 39b).

Für jeden Gast wird eine besondere Begrüßungsformel gesagt, und oft schmücken phantasievolle Bilder der Gäste die Wände der Laubhütte.

Auch für *Lulaw* und *Etrog* gibt es symbolische Assoziationen zu den *Sefirot*. Die sieben Teile, aus denen *Lulaw* und *Etrog* bestehen, dienen ebenfalls als Sinnbild für die sieben unteren *Sefirot*. Der hohe Palmzweig, ein Phallussymbol, hängt mit der männlichen *Sefira Jessod* zusammen. Die runde Zitrusfrucht, mit ihren weiblichen Konnotationen, symbolisiert *Malchut*. Die drei Myrtenzweige lassen auf *Hessed*, *Din* und *Tif'eret* schließen, und die beiden Weidenzweige stehen für *Nezah* und *Hod* (*Sohar* I, 220a–221a). Die Zweige werden, der *Lulaw* in der rechten Hand und der *Etrog* in der linken, jeden Tag beim Gottesdienst in der Synagoge in sechs Richtungen (Osten, Süden, Westen, Norden, auf und ab) geschüttelt. Jede Richtung entspricht einer anderen *Sefira*, und symbolisiert somit die Einheit der sechs unteren *Sefirot*.

Schließlich endet das liturgische Jahr mit der Lesung des letzten Thora-Abschnitts am letzten Tag, an *Simchat Thora* (»Gesetzesfreude«), und der Zyklus beginnt von neuem. Für den jüdischen Mystiker findet an diesem Festtag die endgültige Vereinigung von *Tif'eret* und *Malchut* statt, die an *Rosch ha-Schana* begann.

Am ersten Tag von *Sukkot* wird die rechte Seite [d. h. *Hessed*] geweckt, um die Prinzessin [d. h. *Schechina*] zu umarmen. Die Menschen müssen sich auf vielerlei Arten freuen, da sie einer Feier geneigt ist. Der achte Tag, *Simchat Thora*, ist der Tag der Vereinigung, der Tag, an dem alles eins, die Vollendung von allem ist (*Sohar* III, 214b).

Die hohen Feiertage und das Laubhüttenfest sind Bestandteil eines Vereinigungsprozesses, *Pessach* (Passa) ist ein theurgisches Drama, in dem böse und dämonische Kräfte überwunden werden. An *Pessach* wird die Befreiung der Israeliten aus ägyptischer Sklaverei durch Gott und ihr Auszug aus Ägypten gefeiert. Das Fest beginnt am fünfzehnten *Nissan*, dem ersten Monat des liturgischen Jahrs, und dauert in Israel sieben, in der Diaspora acht Tage lang (Exodus 34,25). An dem Fest befolgt man das strenge Verbot gegen den Genuß von Brot oder anderem Gesäuerten, wie auch das Gebot, nur *Matzot* (ungesäuertes Brot) zu essen, und am ersten Abend in Israel und an den ersten beiden Abenden in der Diaspora wird in einem komplizierten Ritual, dem *Seder* (»Ordnung«), die Geschichte vom Auszug aus Ägypten erzählt (Exodus 12,15).

Jüdische Mystiker haben dem Fest eine besondere Bedeutung beigemessen. Für sie symbolisiert es den Sieg über dämonische Kräfte, die wegen der Trennung von *Malchut* und *Tif eret* in der Welt herrschen. Die fehlende Einheit im göttlichen Bereich erzeugt ein Übermaß an *Din* und verwandelt die *Sefira Malchut* in eine Quelle von Leid, das auf die Welt gestrahlt wird. Nur die Wiedervereinigung von *Schechina* mit *Tif eret* kann diesem schrecklichen Zustand abhelfen. Die Versklavung in Ägypten und die spätere Erlösung sind beide ein Ergebnis dieses Vorgangs und gleichzeitig sein Symbol.

Nach der rabbinischen Sage hat *Schechina* die Israeliten in die Verbannung begleitet, um sie zu schützen. Nach einer anderen Deutung, die die Verbannung als Strafe für Versagen im religiösen und moralischen Bereich des Volkes betrachtet, geht *Schechina* selbst mit den Israeliten in die Verbannung. Jüdische Mystiker betrachten den Auszug aus Ägypten als Sinnbild für die Erlösung von *Schechina* aus der Verbannung und als Anfang ihrer Vereinigung mit *Tif eret*.

Ägypten verwandelt sich von einem historischen Ort in ein Symbol für alles Böse, das die Menschheit quält, wann immer die *Sefirot* nicht harmonisch ausgerichtet sind. Ägypten wird als Wohnort von »Hülsen« oder »Schalen« (*Kelipot*) beschrieben, die die *Schechina* festhalten und sie hindern, die Einheit zu erreichen.

Die vielen *Pessach*-Rituale wurden mit der Symbolik der Erlösung vom Bösen verbunden. Im Altertum wurde am Feiertag das Passalamm geschlachtet und gegessen (Exodus 12,1–28). Ein Überbleibsel dieses Brauchs, auf den nach der Zerstörung des Zweiten Tempels verzichtet wurde, hat sich in dem gebratenen Knochen erhalten, der auf dem *Seder*-Tisch auf einem besonderen Teller liegt. Jüdische Mystiker bezeichnen es als ein theurgisches Ritual, das die Macht des Bösen brechen soll. Sie erklären, die Ägypter hätten das Lamm als Götzen verehrt. Somit ist das Opfer oder Verbrennen eines geschlachteten Lamms ein Akt der Zerstörung, bei dem die dämonische Kraft ägyptischer Götter vernichtet wird. Interessant ist dabei, daß die jüdischen Mystiker die Existenz anderer Götter als eine Tatsache anerkannten. Aber sie wurden als teuflische, böse Mächte verstanden, die die Heiligkeit der *Sefirot* bedrohten und angriffen. Als erstes Ritual bei diesem Fest wird das Lamm geschlachtet – ein Hinweis darauf, daß die »Schalen« zerstört werden müssen, damit die *Sefirot* ihrem Zugriff entweichen können. Das Lamm wird abends gegessen, also zu einem Zeitpunkt, wenn die bösen Mächte im Aufstieg begriffen sind, um sie im Augenblick ihrer größten Macht zu überwinden.

Die *Matza* [Singular von *Matzot*], die im *Seder*-Ritual als »Brot der Armut« (*Lehem oni*, sonst im allgemeinen als »Brot des Elends« übersetzt) bezeichnet wird, erinnert an das Brot, das die Israeliten in den letzten Stunden ihres Sklavendaseins in aller Eile vor dem Aufbruch zubereiteten. In der jüdischen Mystik bezieht sich »Brot der Armut« auf die verbannte *Schechina*, die wegen ihrer Trennung von *Tif eret* verarmt ist.

Gesäuertes Brot (*hametz*), das zu *Pessach* absolut verboten ist, steht für die Mächte des Bösen. Nach den Mystikern ist gesäuertes Brot eine Allegorie für die Macht, die dämonische

Kräfte über das Gute haben. Schon ein Bruchteil von Gesäuertem trägt Gärung in sich und bewirkt, daß die Nahrung ihren ursprünglichen Geschmack verliert.[1] Ebenso kann schon ein klein wenig Böses die völlige Korruption eines guten Menschen verursachen. Gesäuertes ist verboten, denn so wie es die natürlichen Bestandteile von Nahrungsmitteln zersetzt, bringt es die Zerstörung göttlicher Güte mit sich.

Obwohl Gesäuertes zu *Pessach* verboten ist, darf es während des restlichen Jahres gegessen werden. Wenn gesäuerte Nahrung Böses weckt, sollte Gesäuertes dann nicht völlig verboten werden? Darauf antworten die Mystiker, daß Gesäuertes an die Niederlage der Kräfte des Bösen erinnert. Ohne solche Erinnerung könnte das Bewußtsein von der Erlösung verblassen. Deshalb erinnert Gesäuertes, das während des restlichen Jahrs genossen werden darf, paradoxerweise an die Heiligkeit der *Sefirot*, auf die alle religiösen Handlungen ausgerichtet sind. Diese Vorstellung beinhaltet auch, daß das Böse vorhanden ist, um an das Gute zu erinnern, denn ohne das eine ist man sich seines Gegenteils nicht bewußt.[2]

Für den Mystiker haben böse Mächte im allgemeinen und Gesäuertes insbesondere einen weiteren positiven Nutzen. Sie sind sich bewußt, daß Taten, die infolge unreiner Instinkte oder Triebe beginnen, trotzdem zu reinen und positiven Ergebnissen führen können. Zum Beispiel wissen sie, daß der Geschlechtstrieb und die Lust beim Menschen auf böse und dämonische Impulse zurückgehen. Werden diese Instinkte aber richtig gelenkt, können sie zu einer reinen und heiligen geschlechtlichen Vereinigung führen, die nach Ansicht der Mystiker ein theurgischer Akt göttlicher Wiedervereinigung ist. Wie ein Mystiker, der Verfasser von *Lecha dodi*, erklärt: »Der böse Trieb ist für die Welt lebenswichtig, damit es eine [richtige] geschlechtliche Vereinigung gibt«.[3]

Der *Seder* ist ein theurgisches Ritual, dazu bestimmt, *Schechina* wieder mit *Tif eret* zu vereinigen. Es ist üblich, sich beim

---

1 Nahmanides zu Exodus 23, 17.

2 Shlomo ha-Levi Alkabetz: *Brit ha-Levi*, Jerusalem 1970, S. 20a.

3 *Brit ha-Levi*, S. 19a; basiert auf *Bereschit Rabba* 9, 7.

Sitzen am *Seder*-Tisch links anzulehnen. Das ist ein Symbol für *Bina*, die auf allen Darstellungen der *Sefirot* links steht und die »Freiheit« genannte *Sefira* ist. Der *Seder* hängt insgesamt mit der *Sefira Bina* zusammen, die an diesem Festtag im Aufstieg begriffen ist. Die drei *Matzot*, die auf dem Tisch liegen, symbolisieren *Tif'eret*, *Malchut* und *Jessod*. Die mittlere *Matza*, die für *Malchut* steht, wird in die Hälfte gebrochen, um anzudeuten, daß *Malchut* zwischen den beiden männlichen *Sefirot, Tif'eret* und *Jessod*, zerrissen ist, bis sie schließlich mit ihrem Partner, *Tif'eret*, in der höchsten Vereinigung zusammenkommt. Eine der Hälften wird als *Afikoman* versteckt, der nach der Mahlzeit hervorgeholt und gegessen wird. Weil er versteckt ist, hängt er mit *Bina* zusammen, der verborgenen Quelle der Freiheit.

Die vier Gläser Wein, die man beim *Seder* trinkt, werden mit den vier *Sefirot Hochma*, *Bina*, *Tif'eret* und *Malchut* in Verbindung gebracht, und sie sind das Sinnbild für die Stationen unterwegs, bis sich *Tif'eret* und *Malchut* vereinigen können. Die Bitterkräuter (*Maror*) deuten auf die Bitterkeit hin, unter der *Tif'eret* leidet, solange sie von *Malchut* getrennt ist. Die Mischung aus Äpfeln, Nüssen und Wein (*Harosset*) symbolisiert die Süße der Erlösung, die an diesem Abend eintritt. Das *Seder*-Ritual gipfelt in der vorübergehenden Wiedervereinung von *Tif'eret* und *Malchut* und der Befreiung aus der Herrschaft des Bösen.

Das dritte Wallfahrtsfest, *Schawuot* (»Wochenfest«), fällt auf den sechsten Tag des Monats *Siwan*, und außerhalb von Israel dauert es zwei Tage. Man feiert den Jahrestag der Offenbarung der Thora auf dem Sinai und auch das Fest der Erstlingsfrüchte. Außer den Bräuchen, die für alle Wallfahrtsfeste gelten, gibt es für diesen Festtag nur wenige besondere Rituale. Am weitesten verbreitet ist die Sitte, an diesem Festtag vor allem Milchspeisen zu essen. Dieser Brauch geht wohl auf den landwirtschaftlichen Ursprung des Festtags und die Verwandtschaft zwischen Getreide- und Milchprodukten zurück. Außerdem ist es eine Ableitung von *Har gawnunim* für den Sinaiberg, was zerklüfteter Berg mit vielen Gipfeln bedeutet (*Shemot Rabba* 2,4). Phantasiebegabten Kommentatoren ist die Ähnlichkeit zwischen dem Begriff *gawnunim* und *gewina*, dem hebräischen Wort für Käse, aufgefallen. Wegen dieser Verbindung hat sich der Brauch, an *Schawuot* Milchprodukte zu essen, allgemein durchgesetzt.

Das Buch Ruth, eine Erzählung über die Nichtisraelitin Ruth und ihre Anstrengungen, ihr Schicksal mit dem der Israeliten zu verknüpfen, wird am Wochenfest aus zwei Gründen gelesen. Zunächst einmal dreht sich die Geschichte um scheinbar zufällige landwirtschaftliche Ereignisse, die aber für das Schicksal der Israeliten als Volk entscheidende und tiefgreifende Folgen hatten: Nach einer Hungersnot, während der die Israelitin Naomi nach Moab kommt, kehrt sie mit ihrer verwitweten Schwiegertochter Ruth, einer Moabiterin, nach Israel zurück.

Naomis Verwandter Boas lernt Ruth bei der Ernte kennen, und er heiratet sie kurz danach. Boas und Ruth, erklärt das Buch in seinem Stammbaum zum Schluß, waren die Urgroßeltern von König David. Ihre Begegnung war folgenreich, denn sie löste eine Serie von Ereignissen aus, die darin gipfelten, daß Davids Königstum und später der Tempel errichtet wurden und die jüdische Religion damit Dauer erlangte. Zweitens berichtet das Buch Ruth von Verlobung und Heirat Ruths mit Boas. Die Heirat symbolisiert die dauerhafte Verbindung und den Bund, den Gott auf dem Sinai mit dem jüdischen Volk geschlossen hat. Das Wochenfest, *Schawuot*, und das Buch Ruth sind durch das Thema Heirat miteinander verknüpft.

Es überrascht nicht, daß jüdische Mystiker diesen Festtag als den großen Höhepunkt verstanden, an dem die Vereinigung von *Tif eret* mit *Malchut* gefeiert wird. Gemäß der Bibel wird *Schawuot* nur einen Tag lang gefeiert – im Gegensatz zu den anderen Wallfahrtsfesten *Sukkot* und *Pessach*, die jeweils sieben Tage dauern. Jüdischen Mystikern zufolge geht diese Anomalie auf die Tatsache zurück, daß die Vereinigung an *Schawuot* vollständig ist, während die anderen Festtage lediglich ein Vorgriff auf die Vereinigung seien. Das Ergebnis der göttlichen Vereinigung, die am Wochenfest erreicht wird, ist Gottes Offenbarung der Thora an Moses und das jüdische Volk.

Gemäß der jüdischen Theologie hat Gott Moses die gesamte Thora offenbart, einschließlich vieler Einzelheiten von Ereignissen, die noch nicht eingetreten waren. Das alles hielt er anschließend treu schriftlich fest. Gleichzeitig hat Gott gemäß der Sage Moses die Interpretationen und verborgenen Bedeutungen der Thora offenbart. In der Tradition bildeten diese Einblicke, die sogenannte »mündliche Lehre« (*Thora sche-be-al-pe*), die Grundlage für die über Jahrhunderte hinweg gesammelte Weisheit. Sie wurde als maßgebliche Begleiterin zur schriftlichen Lehre (*Thora sche-be-ketaw*) treu vom Lehrer an den Schüler weitergegeben. Nach Ansicht jüdischer Mystiker enthält die mündliche Lehre mystische Einsichten, die nur von jenen herauskristallisiert werden können, die in die Lehren der mystischen Tradition eingeführt wurden.

Weil *Schawuot* das Musterbeispiel für eine Vereinung ist, haben die jüdischen Mystiker besondere Rituale nur für diesen Tag erfunden. Zum Beispiel wurde mit Hilfe des *Sohar* ein »*Tikun* [Wiederherstellung] des Abends des Wochenfestes« (*Tikun Leil Schawuot*) als vorgeblich alter Brauch eingeführt, an dem ausgewählte Abschnitte der mündlichen Lehre studiert werden. In der mystischen Symbolik hängt die schriftliche Lehre mit *Tif'eret*, die mündliche Lehre mit *Malchut* zusammen. Durch das *Tikun*-Ritual soll die göttliche Heirat beschleunigt werden, indem *Tif'eret* mit *Malchut* verbunden wird. Während der Andacht am Wochenfest tagsüber wird aus der schriftlichen Lehre vorgelesen. In der Nacht davor studiert man intensiv die mündlichen Lehre, um die Braut, *Malchut*, oder die mündliche Lehre, für ihre Hochzeit am Morgen vorzubereiten. Das *Tikun*-Ritual findet von Mitternacht bis Morgengrauen statt, die Zeit, in der *Malchut* vorherrscht. Somit gilt die Hochzeitszeremonie zwischen *Tif'eret* und *Malchut* als vollzogen, wenn bei der Morgenandacht die schriftliche Lehre vorgelesen wird:

Rabbi Simon saß immer und studierte des nachts, wenn die Braut sich ihrem Gemahl anschloß. Es wird gelehrt: Die Mitglieder des Brautgefolges müssen während der ganzen Nacht vor ihrer Hochzeit mit ihrem Gemahl bei ihr bleiben, um sich mit ihr an jenen Wiederherstellungen (*tikunim*) zu erfreuen, durch die sie vollkommen gemacht wird. [Sie sollten] die Thora, die Propheten und die Schriften, die Erklärungen der Verse und die Geheimnisse der Weisheit studieren, denn diese sind ihre Vollkommenheiten und ihre Zierde. Sie tritt mit ihren Brautjungfern herein und steht über jenen, die studieren, denn sie wird von ihnen vorbereitet und freut sich die ganze Nacht an ihnen. Am nächsten Morgen tritt sie mit ihnen unter den Baldachin, und sie sind ihr Gefolge. Wenn sie unter den Baldachin tritt, fragt der Heilige, gelobt sei sein Name, nach ihnen, segnet sie, krönt sie mit dem Schmuck der Braut. Gesegnet ist ihr Schicksal (*Sohar* I, 8a).

Jeder rituelle Aspekt des jüdischen liturgischen Jahrs hängt mit der Vereinung von *Tif'eret* mit *Malchut* und der Wiederherstellung der göttlichen Harmonie zusammen. Die Feiern am Sabbat und an den Festtagen und das Befolgen der täglichen Rituale beruhen auf Ritualvorschriften, wie sie in der hebräischen Bibel und den rabbinischen Kodizes stehen. Nach Ansicht jüdischer Mystiker stellt jedes Element des jüdischen Rituals einen göttlich vorgegebenen Leitfaden zu theurgischem Handeln dar, das zu Vereinung und Wiederherstellung führt. Im eigenen Verständnis unterscheidet sich der jüdische Mystiker von einem nichtmystischen Anhänger des Judentums darin, daß er sich beim Ausführen des jüdischen Rituals seines wahren Zwecks bewußt ist. Der jüdische Mystiker macht das gesamte Judentum damit zu einem Gewebe vielfältig verschlungener Handlungen, die ihn zum Höhepunkt seiner mystischen Suche führen.

10 Die Funken emporheben

Die moderne jüdische Mystik

Zu Beginn des 18. Jahrhunderts konzentrierten sich die Juden in Europa vor allem in Litauen und in der Ukraine, die damals zu Polen gehörte. Die Zahl der Juden in Polen belief sich auf rund eine dreiviertel Million Menschen, das heißt, auf drei Prozent der Gesamtbevölkerung.[1]

Die Juden in Osteuropa heißen *aschkenasische* Juden, nach *Aschkenas*, dem hebräischen Namen für Deutschland. Demnach sind *aschkenasische* Juden jene, deren Vorfahren nach dem »schwarzen Tod« von 1348 bis 1350 aus dem Rheinland in den Osten nach Polen abwanderten, bzw. vor Übergriffen von Christen aus Deutschland flüchteten, weil man die Juden für die Pest verantwortlich machte, bei der ein Drittel der gesamten Bevölkerung starb, die Juden aber verhältnismäßig ungeschoren davonkamen.

Nach dem Niedergang der jüdischen Zentren in Deutschland und Spanien im sechzehnten Jahrhundert stieg Polen zum vorrangigen Zentrum jüdischen Lebens auf. 1569 annektierte Polen Litauen, und die Ukraine wurde um ungefähr die gleiche Zeit kolonisiert. Polen war bis 1772, als es erobert und unter Rußland, Preußen und Österreich aufgeteilt wurde, ein eigenes, unabhängiges Königreich.

Während dieser Zeit erfreuten sich die jüdischen Gemeinden einer beträchtlichen Autonomie und entwickelten eine blühende schöpferische und dynamische Kultur. Dank eines ausgeklügelten Systems der Selbstbesteuerung unterhielten die Gemeinden ein eindrucksvolles Netz von Religions-, Bildungs- und Wohlfahrtseinrichtungen und betätigten sich auch als Verleger. Diese Zeit brachte einige der Koryphäen der jüdischen Geistesgeschichte hervor, unter ihnen Rabbi Mosche

1 Simon Dubnow: *History of the Jews of Russia and Poland*, New York (Ktav) 1975.

Isserles von Krakau (1520–1572), der einen bedeutenden Kommentar zum *Schulchan Aruch*, dem wichtigsten Kodex des jüdischen Gesetzes, verfaßte. Die Juden waren dank eines ihnen vom König gewährten Privilegs aktiv an vielen Bereichen des Wirtschaftslebens beteiligt. Gegen hohe Steuern erhielten sie königliche Freibriefe, die ihnen die Exklusivrechte (*arenda*) für bestimmte Tätigkeiten wie Destillation, Vertrieb und Verkauf von alkoholischen Getränken zusicherten. Juden beherrschten den Exporthandel und wandten sich Berufen wie Schuhmacher, Kürschner, Teppichweber, Maurer und Goldschmied zu, die als ein Vorrecht der Mittelklasse gegolten hatten. Nur wenige Juden waren in der Landwirtschaft tätig.

Die Juden wohnten vorwiegend in Marktstädten, den sogenannten *Shtetlach* (Plural von *Shtetl*, vom jiddischen Wort *Shtot*, d. h. Stadt), in denen sie oft die Mehrheit stellten. Größenmäßig reichten diese *Shtetlach* von kleinen Weilern zu großen Städten mit tausend oder mehr jüdischen Einwohnern. Religion und die jiddische Sprache, eine Mischung aus Mittelhochdeutsch, Hebräisch und slawischen Sprachen, einten diese Gemeinden.

Viele *Shtetlach* entstanden, als die Juden in den Osten zogen und sich maßgeblich an der Erschließung von Litauen und der Ukraine beteiligten. Hier kamen die Juden mit der ansässigen Bevölkerung in Kontakt, die sie und die polnischen Behörden, die ihnen Freibriefe ausstellte und das Recht auf Kolonisation gewährten, als Fremde und Eindringlinge betrachtete. 1648 führte Bogdan Chmielnicki, heute als Vater des ukrainischen Nationalismus verehrt, einen organisierten paramilitärischen Aufstand ukrainischer Bauern gegen die Juden und damit indirekt gegen polnische Interessen an. Dabei dürften rund einhunderttausend Juden in dreihundert Städten in der Ukraine ermordet, verstümmelt oder abgeschlachtet worden sein.

Auf diese Katastrophe reagierten die Juden anders als bei früheren Anlässen. Natürlich wurden religiöse Werke und liturgische Dichtung zur Erinnerung an die Toten und um Gott und seine Gerechtigkeit zu verteidigen verfaßt. Die bedeutsamste Reaktion nahm aber die Gestalt einer machtvollen messianischen Erhebung an, die das jüdische Leben bis in seine Grundfesten erschütterte.

Schon vor 1648 hatten sich in bestimmten Kreisen der polnischen Juden Messiaserwartungen eingenistet. Nach der Überlieferung würde der Erlösung durch den Messias eine Zeit der Unruhen und des Leids auf der Welt vorausgehen. Der Talmud sagt, daß »sich vor der Ankunft des Messias Frechheit (*Chuzpa*) ausbreiten« werde (*M. Sota* 9,16). Diese künde eine Zeit des Chaos an, die sogenannten »Wehen des Messias« (*Heble Maschiah*), bei denen ein Vorläufer des Messias zu Tode komme. Erst danach werde der Messias selbst eintreffen, mit dessen Erscheinen eine Zeit des Friedens beginne. In der »Gematria«, einer mystischen Buchstabendeutung, bei der jeder hebräische Buchstabe einen Zahlenwert hat, bekommt der hebräische Ausdruck *Heble Maschiah* den Zahlenwert 408, was im hebräischen Kalender dem Jahr [5]408 oder gemäß dem Gregorianischen Kalender 1648 entspricht.

Die messianische Erschütterung nach 1648 geht auf die kabbalistische Mythologie aus dem Jahrhundert davor zurück. Isaak Luria Aschkenasi (1534–1572)[1], der größte unter den Safeder Gelehrten, entwickelte eine faszinierende Theorie über die Verborgenheit Gottes. Seine Vorstellungen sprachen seine Zeitgenossen an, vielleicht, weil sie Verbannung und Vertreibung am eigenen Leib erfahren hatten, denn viele waren Nachkommen der aus Spanien Ausgewiesenen.

Luria hat die Schöpfung als etwas im wesentlichen Unvollkommenes definiert, obwohl der Mensch ihm zufolge paradoxerweise mit der Fähigkeit ausgestattet ist, die Welt zu vervollkommnen und somit den Schöpfungsvorgang zu vollenden. Die Vollkommenheit Gottes, lehrte Luria, ist einzigartig, und der Versuch, seine eigene Vollkommenheit zu kopieren und sie in die Schöpfung einzubringen, müsse notgedrungen Störungen

1 Siehe G. Scholem: *Die jüdische Mystik*, S. 244–286. Für weitere Studien über die Safeder Mystiker siehe Lawrence Fine: *Safed Spirituality: Rules of Mystical Piety, The Beginning of Wisdom*, Ramsey (NJ Paulist Press) 1984; Solomon Schechter: Safed in the sixteenth century, in: *Studies in Judaism*, Philadelphia (Jewish Publication Society) 1908.

und Chaos nach sich ziehen. Bei dem Versuch, der Welt etwas von seiner eigenen Essenz abzugeben, überfordere Gott die Fähigkeit der Welt, der göttlichen Vollkommenheit als Gefäß zu dienen. Die Überlastung führe beim Schöpfungsvorgang zu einem Bruch und bringe eine Welt hervor, in der Schmerz, das Böse, Verbannung und Unordnung vorherrschten. Leid und moralisches Versagen im Leben des Menschen seien tatsächlich Strukturen des Seins und nicht in erster Linie das Ergebnis menschlicher Sündighaftigkeit.

Luria erklärte den Vorgang, bei dem alle Existenz ihren Anfang nimmt, als Einschränkung des unendlichen Seins von *En Sof*. *En Sof*, metaphorisch als grenzenloses Licht dargestellt, ist alles, was existiert:

Wisse, daß vor der Emanation aller Dinge und der Erschaffung von allem das reine, göttliche Licht alle Existenz erfüllte. Es gab keinen leeren Ort gleich einer Leere oder Vakuum. Alles wurde von jenem einfachen Licht von *En Sof* durchdrungen. Es gab weder Anfang noch Ende. Es gab nur ein einfaches, unbewegliches, einheitliches Licht. Es hieß das Licht von *En Sof*.[1]

Das einzige Attribut des unendlichen Wesens ist sein Wille. Es ist sein Wille, etwas außer sich selbst zu erschaffen, etwas anderem außer sich die Existenz zu gestatten. Zweck, eine andere Existenz zu gestatten, war, seine eigene Existenz bekanntzumachen. Das andere wird um seinetwillen erschaffen. Da seine Existenz aber unendlich ist, kann sie ausschließlich durch die *Sefirot* erkannt werden. Die *Sefirot* sind die endlichen Taten, Namen und Attribute des unendlichen Wesens.

Gottes einfacher Wille wurde dazu bewegt, Welten zu schaffen, Emanation auszustrahlen, die Vollkommenheit seiner Taten, Namen und Attribute ans Licht zu bringen, denn dieses war die Ursache, daß er Welten schuf.

1 Hayyim Vital: *Sefer Etz Hayyim*, Jerusalem 1910, S. 11b. Dort auch alle folgenden Zitate.

En Sof leitete den Prozeß, bei dem andere Existenzen ins Leben gerufen werden, durch einen Akt der Selbstbegrenzung, »Kontraktion« (*Zimzum*) genannt, ein. Wie hat *En Sof* sein eigenes unendliches Wesen eingeschränkt? Luria zieht zur Lösung dieses großen philosophischen Rätsels eine Metapher heran, die er seiner Kenntnis mittelalterlicher Geometrie und Physik verdankt. Das Unendliche schuf eine Leere innerhalb seiner grenzenlosen Existenz, indem es sich selbst zu einem Urpunkt zusammenzog. Aus unbegrenzter Unendlichkeit wurde unbegrenzte Endlichkeit. Das Universum, das vor dem Zusammenziehen existierte, war kein physisches Universum von Raum und Materie. Es war ausschließlich *En Sof*. Als die Unendlichkeit zusammengezogen wurde, wurde das Universum endlich, aber noch immer unbegrenzt in dem Sinn, daß es weder Rand noch Grenze hatte. Physiker würden eine solche Erscheinung heute als »hypersphärisch« bezeichnen. Innerhalb der unbegrenzten Hyperkugel schuf *En Sof* eine Grenze, indem es sich zu einem Punkt zusammenzog. Das Wesen von *En Sof* ist somit unendlich zu einem Punkt geschrumpft, der einen Rand und eine Grenze besitzt. Das bezeichnen moderne Physiker als »Singularität«.

Nachdem *En Sof* sich zu einer Singularität zusammengezogen hatte, dehnte es sich von dem Punkt fort und zur Peripherie der Hyperkugel hin aus. Dadurch erschuf es Raum und Materie. Es schuf Raum innerhalb des begrenzten Universums, indem es ein endliches Zentrum und ein unendliches Perimeter schuf. Das unbegrenzte Perimeter muß kugelförmig sein, denn es hat sich gleichmäßig vom Zentrum in alle Richtungen zurückgezogen. Die innerhalb der Kugel ausgesparte Fläche ist sein Urraum. Da *En Sof* sich vom Zentrum zur Peripherie bewegt hat, ist der von ihm hinter sich gelassene Raum gleichzeitig in ihm selbst und muß einen Rest von seinem Wesen besitzen. Das ist das Urwesen Gottes, aus dem alle Existenz entstanden ist.

Alles in der Welt weist in seinem Sein Spuren von der Uressenz von *En Sof* auf, das sich zurückzog, damit andere Wesen existieren können:

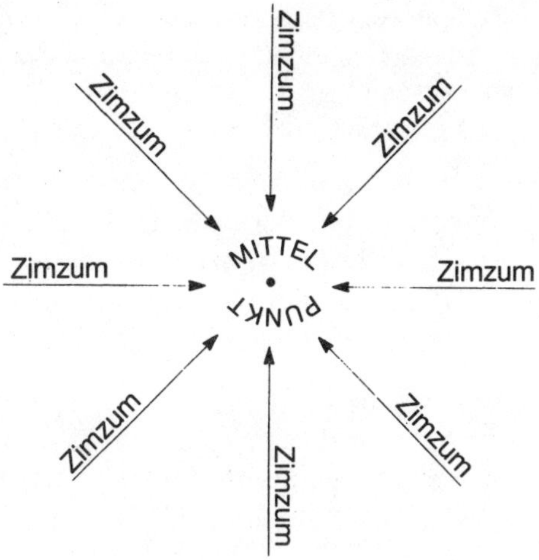

Das unendliche Universum
Abbildung 3: *Zimzum*

Dann zog sich *En Sof* mit seinem Licht in einem Mittelpunkt zusammen. Es zog dieses Licht zusammen und entfernte sich dann zu den Seiten, wobei es den Punkt in der Mitte wie ein Kreis umgab. Damit blieb ein leerer Raum zurück, ein Äther, und ein Vakuum um den Mittelpunkt.

Dieses Zusammenziehen, das vom Punkt in der Mitte überall hin die gleiche Entfernung hatte, bildete eine Leere auf solche Weise, daß das Vakuum auf allen Seiten im gleichen Maß kugelförmig war. Es bildete keinen Würfel mit rechten Winkeln, weil *En Sof* sich selbst zu einer Kugel zusammenzog, die auf allen Seiten die gleiche Entfernung hatte. Es wollte, daß das Licht von *En Sof* völlig gleichmäßig sei. Dazu war es nötig, daß es sich selbst in gleichem Maße auf allen Seiten und auf der einen nicht mehr als auf der anderen Seite zusammenzog.

Nach Luria ist dieser Akt des Zusammenziehens innen und außen ein Akt göttlicher Selbstbeschränkung. Solch ein Einschränken gibt dem Undefinierten und Unbegrenzten Maß und Definition. Dies wird als »Offenbarung der Wurzeln der Gerechtigkeit«, das Maß von *Din*, bezeichnet:

Zweck dieses Zusammenziehens war es, die Wurzeln göttlicher Gerechtigkeit zu offenbaren, damit den Welten später das Maß von *Din* gegeben werden kann.

Innerhalb dieser Hyperkugel entsteht Existenz. Die Hyperkugel kommt der menschlichen Vorstellung wie ein Vakuum, ein leerer Raum, vor. Aber dieser Raum ist eigentlich kein richtiges Vakuum, denn er enthält einen Rest von *En Sof*, die Wurzeln von *Din* und die Möglichkeit aller Existenz.

Und nach diesem Zusammenziehen gab es nur Vakuum, Äther und leeren Raum in der Mitte des Lichts von *En Sof*. Es war jetzt Platz für die Emanationen, Schöpfungen, Gestalten und Taten.

En Sof fing an, innerhalb dieses Urraums zu erschaffen. Zunächst erschuf es in diesem Vakuum direkt die idealen Prototypen der Existenz. Als erstes strahlte es zehn *Sefirot* als zehn Attribute des Protoyps eines menschlichen Wesens aus. *En Sof* lenkte sein Licht in einer geraden Linie von einem Punkt an der Peripherie der Hyperkugel durch den Mittelpunkt zu einem anderen Punkt der Peripherie.

Dann stieg vom Licht von *En Sof* von der Spitze eine gerade Linie bis auf den Boden der Lichtkugel herab. Sie entfaltete sich nach unten durch diese Leere.

In den Raum dieses Vakuums hinein gab er seine Emanation, erschuf, formte und wirkte auf alle Welten ein.

Eine gerade Linie konnte die Hyperkugel nicht durchdringen. Da die Hyperkugel unbegrenzt ist, ist alles in ihr unbegrenzt und hat keinen Rand. Eine gerade Linie kann den Raum nicht durchlaufen, ohne sich seiner Kugelform anzupassen. Das Licht von *En Sof* wurde von einer Linie in einer Kurve gebrochen, die die Form eines konzentrischen Kreises innerhalb der Hyperkugel annahm. Aber bevor die gerade Linie gebrochen wurde, diente sie der grenzenlosen Hyperkugel von *En Sof* und der ersten begrenzten Kugel darin als Bindeglied.

Er breitete die gerade Linie Stück um Stück aus. Zuerst fing die Lichtlinie an, sich auszubreiten, und dann breitete sie sich aus, stieg

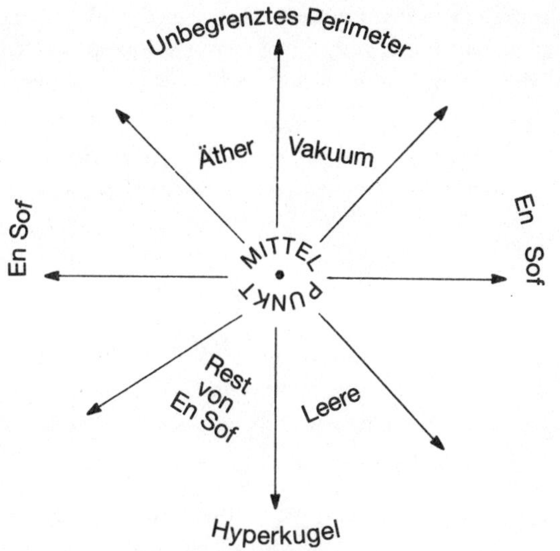

Abbildung 4: Die Urleere

herab und wurde eine Art Kugel drum herum. Diese Kugel haftete nicht an das Licht von *En Sof*, das es umfaßte. Die Verbindung und das Band zwischen der Kugel von *En Sof*, die die Emanation bewirkte, und der Kugel, die durch die Emanation entstanden war, ist diese gleiche gerade Linie.

Diese erste begrenzte Kugel innerhalb der Hyperkugel ist die erste *Sefira*, *Keter*. Sie ist auch der erste Aspekt des idealen Prototyps des Menschen und heißt deshalb »*Keter* des Urmenschen«. In der Hyperkugel wiederholt sich dieser Vorgang mehrmals. Jede eindringende gerade Lichtlinie von *En Sof* wurde gebrochen und verwandelte sich in einen weiteren konzentrischen Kreis im vorhergehenden. Jeder stellte beim Entfalten der *Sefirot* als der idealen Ankündigung des Menschen ein anderes Stadium dar:

Dieser erste konzentrische Kreis, der eng an *En Sof* haftet, heißt *Keter* des Urmenschen. Danach geht die gerade Linie kurz weiter, dann zieht sie sich zurück und bildet eine weitere konzentrische Kugel in der anderen. Diese Kugel heißt *Hochma* des Urmenschen.

Was alle Kugeln zusammenbindet, ist die feine dünne Linie, die sich von *En Sof* aus ausbreitet, die, während sie jede Kugel durchquert und hinabsteigt, alle miteinander verbindet, bis sie die allerletzte erreicht hat.

Als nächstes breitet sich die Linie in einer geraden Bahn von oben zum Boden aus, vom höchsten Punkt der höchsten Kugel zur allerniedrigsten und letzten der Kugeln. Sie besteht aus zehn *Sefirot*, geheimnisvoll nach dem Bild einer aufrechten Menschengestalt angeordnet.

Jede auf diese Weise entstandene *Sefira* war ein Behältnis für das göttliche Licht:

Durch das Zusammenziehen und Verringern des Lichts konnte ein Behälter entstehen und sichtbar werden.

Jeder konzentrische Kreis, der entstand, war immer weiter vom ursprünglichen Licht von *En Sof* entfernt. Innerhalb dieses schrumpfenden Universums blieb das Licht stark, obwohl das Gefäß immer schwächer wurde. Unter dem Einfluß des starken Lichts von *En Sof* barsten die Gefäße schließlich, explodierten und zerstörten den ursprünglichen Prototyp:

Wenn das Licht zu stark wird, zerfällt der Behälter wegen seiner begrenzten Fähigkeit, das mächtige Licht zu fassen.

Luria bezeichnet diese Katastrophe als »Zerbrechen der Gefäße« (*Schewirat ha-Kelim*). Das Licht von *En Sof* und die Materie der *Sefirot* wurden durch das ganze Universum zerstreut. Einerseits hatte die Urszene der Schöpfung in Chaos und Unglück gemündet. Andererseits wurde das Licht von *En Sof* jetzt willkürlich durch die Hyperkugel verteilt. Danach verstrahlte *En Sof* ein zweites schwächeres Licht, das die Struktur nicht überforderte. Dieses Licht durchdrang langsam das Universum und erschuf Zeit, Materie und die Welt, wie man sie kennt.

Mitten aus dieser gewaltigen und heftigen Explosion wurde das Universum geboren. Die Überreste der Katastrophe lieferten die Grundmaterie für die Schöpfung. Für Luria reichte dieser »Urknall«, um ausreichend »Lichtfunken« und »Gefäßscherben« für eine ganze Welt zu liefern. Zwar wurde die Welt demnach aus Schlacken erschaffen, aber es war göttliche Materie.

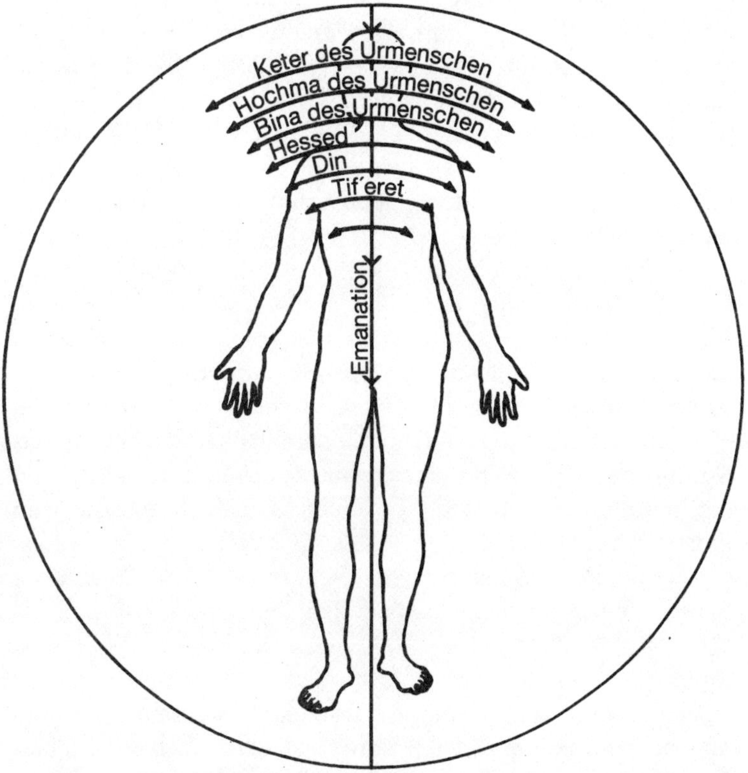

Abbildung 5: Emanation des Urmenschen. Der Urmensch enthält alle Attribute der Gottheit in vollkommener Form. Er ist auch die Blaupause für den Menschen. Deshalb ist der Mensch die Verkörperung der Sefirot auf der Welt. Jeder Mensch ist ein göttlicher Mikrokosmos.

Die äußere Manifestation des Universums ist chaotisch und verzerrt. Die Explosion hat Gottes Mühe, eine vollkommene Welt zu erschaffen, zunichte gemacht. Danach erhielt die Welt ihre Gestalt von den Überbleibseln und Scherben des Urchaos. Es sieht ganz danach aus, als sei der Abgrund zwischen *En Sof* und der Welt unüberwindbar. Weil aber der Stoff, aus dem die

Welt gemacht ist, eigentlich göttlich ist, fehlt der Welt nicht so sehr das Göttliche, sondern sie wirkt eher wie eine Maske, die das Göttliche verbirgt.

Tief in der Welt verborgen und in sie eingebettet gibt es Scherben göttlichen Lichts. Da der Zustand des Universums chaotisch ist, ist ihm gerade dadurch die Möglichkeit gegeben, sich selbst zu vervollkommnen. Jede Existenz ist an sich paradox, weil sie verzerrt und korrupt erscheint, aber trotzdem enthält sie Samen von Heiligem. Für Luria trägt die Welt die Samen für ihre eigene Erneuerung in sich. Darauf beruht für ihn eine mögliche »Wiederherstellung« (*Tikun*).

Der Mensch kann beschließen, den Bruch, der nicht durch sein Zutun entstanden ist, mit Hilfe theurgischer Rituale und Akten moralischer Reue zu beheben. Reue verwandelt sich dabei von einer Technik der Umkehr zu dem richtigen und vorgeschriebenen Weg, bei dem Gott und seine Schöpfung in einem aktiven Prozeß wieder in jenen Zustand zurückversetzt werden, der vor dem Bruch angestrebt wurde. Luria lehrte, daß die natürliche Veranlagung der Seele, Gutes zu suchen, vom Existenzgefüge abhängt. Alle Triebe und Impulse, jedes Versagen und alle verhaßten Gedanken spiegeln im Menschen zutiefst den Bruch wider, der die Welt durchdringt. Aber durch aktive Buße können diese Neigungen beseitigt und behoben werden.

Isaak Luria hat diesen moralischen Grundsatz zu einem universalen Gesetz erhoben. So wie sich der einzelne mit seiner Reue bemüht, seine Harmonie und Standfestigkeit wiederzuerlangen, so strebt auch jede Existenz an, die Brüche und Tränen, die man auf dieser Welt sieht, auszubessern und zu beheben. Buße und Wiederherstlellung (*Tikun*) sind für die Vervollkommnung der Welt ebenso lebenswichtig wie für die moralische Vervollkommnung. Die Träne, die die Existenz durchdringt, ist die Ursache aller Schmerzen und des Chaos, und doch ist sie paradoxerweise ein notwendiges Stadium in dem Prozeß, bei dem sich die göttliche Vollkommenheit entfaltet. Die Spaltung in Gut und Böse, in Vollkommenheit und Zerstörung ist nur vordergründig. Tatsächlich sind alle Erscheinungen Erweiterungen und Etappen des essentiell

Göttlichen. Bei der Übertragung göttlicher Vollkommenheit auf weltliche Maßstäbe geht tragischerweise, aber nicht für immer, etwas verloren.

Alles nimmt in einer kontinuierlichen Kette des Seins seinen Anfang in Gott, so daß Gut und Böse für die Existenz notwendige Etappen und ein fester Bestandteil von ihr sind. Alle geistigen Äußerungen der jüdischen Religion, von diesem Wechsel von Störung und Wiederherstellen beeinflußt, unterliegen derartigen Schwankungen von Niedergang und Aufstieg, Wachstum und Zerfall, und was zerstörerisch aussieht, erweist sich vielleicht noch einmal als konstruktiv. So dienen unter Umständen auch jene Zeiten, die in der Geschichte einer Nation wie ihr Tiefpunkt wirken, einem höheren Zweck.

Vielen in Polen erschien die Katastrophe von 1648 paradoxerweise wie ein Hinweis auf die bevorstehende Erlösung. Schon vor 1648 hatten Lurias Mythologie und *Kabbala* tiefe Wurzeln in der Kultur der Juden Polens geschlagen. Optimismus wurde geweckt, indem man andeutete, das erbärmliche äußere Leben auf dieser Welt widerspreche der Reinheit der inneren Wirklichkeit. Daran inspirierte sich eine Bewegung, die sich der geistigen und moralischen Erneuerung durch Buße widmete und mit Hilfe beliebter Prediger verbreitet wurde. Vor und nach 1648 war Polen voller Erwartung und reif und bereit für eine allgemeine religiöse Erneuerung.

Die Erneuerung setzte um 1665 ein, als jüdische Missionare die Nachricht nach Polen brachten, der osmanische Sultan habe jemanden zum König der Juden gekrönt. Phantastische Geschichten von Wundern sowie Gerüchte über große militärische Leistungen waren im Umlauf. Im Anschluß daran schickten sich viele gutgläubige Juden in Polen an, ins Land Israel zu gehen, um dort Zeuge der Wiederherstellung des jüdischen Königreichs zu werden. Einige gingen sogar so weit, ihren Besitz zu veräußern und aggressiv mit der Bekehrung ihrer christlichen Nachbarn zu beginnen.

Diese Berichte beruhten auf tatsächlichen Ereignissen. 1666 wurde Sabbatai Zwi (1626–1676), ein Kabbalist, in Gallipoli vom osmanischen Sultan verhaftet und ins Gefängnis geworfen.[1] Sabbatai Zwi hatte unter den Untertanen des Sultans nämlich Anhänger gewonnen, die ihn als den Messias betrachteten. Er verbreitete eine eigene Version von Lurias *Kabbala*, derzufolge der Messias alle Widersprüche der Existenz in sich selbst trage. Die Seele des Messias werde die gefangenen Lichtfunken widerspiegeln, die sich unter den Hülsen der zerborstenen Gefäße befinden. Der Messias sei in der Lage, rituelle Bußeakte vorzuschreiben, die das Leid auf der Welt beenden würden.

Vor seiner Verhaftung hatten sich Sabbatai Zwi im gesamten Mittelmeerbecken und in Osteuropa Anhänger angeschlossen. Besonders in Osteuropa fielen die Gerüchte über eine Erlösung dank der Kombination von latentem kabbalistischem Glauben und echtem Messianismus auf fruchtbaren Boden. Anfangs blühte die Bewegung, denn sie wurde als Kraft für moralische Erneuerung und als Erfüllung der Messiaserwartung verstanden.

Als der Sultan Sabbatai Zwi verhaften ließ, wollte er wieder das Gleichgewicht zwischen Herrscher und Untertanen herstellen, das Zwis Messianismus gestört hätte. Er forderte Sabbatai Zwi auf, seinen Anspruch zu beweisen, konnte er es nicht, blieb ihm die Wahl zwischen Islam und Tod. Am 15. September 1666 trat Sabbatai Zwi zum Islam über, und er rechtfertigte seinen Abfall damit, daß er Teil des messianischen Vorhabens sei, wie ihn Lurias Lehre beinhalte. Die Seele des Messias müsse den letzten Akt der Wiederherstellung vollbringen, indem sie die Lichtfunken emporhebt, die ganz tief im Wirrwarr der zerbrochenen Gefäße gefangen sind. Das bedeute, der Messias müsse das Böse an seinem Ursprung bekämpfen und die Last auf sich nehmen, in die Welt des Dunklen hinabzusteigen. Konkret bedeutet dies, daß man beim letzten Akt des Einsammelns in die Sünde hinabsteigen muß, um ihr die Macht zu nehmen und ihre Lebensfähigkeit zu zerstören. Sabbatai Zwi und seine Anhänger erklärten seinen Abfall als einen für den Messianismus notwendigen Schritt.

---

1 Eine ausführliche Biographie dieser Gestalt liefert Gershom Scholem: *Sabbatai Zwi*, Frankfurt a. M. (Jüdischer Verlag) 1992.

Sabbatai Zwis Anhänger stellten auch nach seinem Abfall unter den Juden Osteuropas eine starke Macht dar. Viele erwarteten, er werde zum Judentum zurückkehren und bald das messianische Zeitalter bringen. Kaum einer war auf die Tatsache vorbereitet, daß nach einer bestimmten Zeit noch immer nichts geschah. Diejenigen, die weiterhin an ihn glaubten, schlugen unterschiedliche Richtungen ein. Einigen zufolge war die Seele des Messias vorübergehend verschwunden, aber er werde seine Aufgabe bald beenden. Ihnen selbst obliege es, mit gläubigem Herzen geduldig zu warten. Andere wollten aktiv sein endgültiges Werk herbeiführen, indem sie sich auf eigene Verantwortung zu Boten des Messias erklärten. Sie bemühten sich, ihn zu stärken, indem sie seinen Abstieg in die Dunkelheit nachvollzogen. Praktisch bedeutete das, daß sie gegen bestimmte Vorschriften des jüdischen Gesetzes verstießen, um die messianischen Voraussetzungen zu erfüllen. Viele Anhänger des Sabbatianismus führten in der Öffentlichkeit ein redliches Leben, während sie privat gegen religiöse Vorschriften verstießen.

Der Sabbatianismus überrollte Polen in den Jahren nach 1666 in seiner gemäßigten wie in seiner extremen Form. Viele angesehene polnische Rabbinen gerieten in diesen Malstrom, und die Bewegung behauptete sich immerhin bis in die Mitte des 18. Jahrhunderts. Als Volksbewegung verlor sie mit der Zeit zwar an Anziehungskraft, aber sie hatte sich der jüdischen Bevölkerung trotzdem tief eingeprägt. Der Sabbatianismus entfachte in allen jüdischen Kreisen eine tiefe Sehnsucht nach Erlösung durch den Messias und legitimierte beliebte religiöse Volksbräuche wie eigene Bußriten, Amulette und andere folkloristische Erscheinungen. Außerdem bestärkte er die Juden in ihrer Überzeugung, sie könnten trotz Armut, Unterdrückung und anderen widrigen Umständen ihres täglichen Lebens bewußt ein Leben der inneren Erlösung und Erfüllung führen. Die zukünftige Welt konnte ihnen zufolge schon in der Gegenwart verwirklicht werden, sie war nicht auf das Leben nach dem Tode beschränkt.

Die Provinzen Galizien und Podolien, also Gebiete in der Südukraine, standen noch bis in die Mitte des 18. Jahrhunderts unter dem Einfluß des Sabbatianismus. 1756 erlebte einer seiner radikalen Auswüchse dort noch einmal eine kurze Blüte. Jakob Frank (1726–1791) ermunterte seine Anhänger, sich offen zum Sabbatianismus zu bekennen. Um »die Thora durch Verstoß gegen sie zu erfüllen«, predigte er Anarchie und Zerstörung der Weltordnung. 1757 überredete Frank den Bischof von Kamenetz-Podolsk, einer Stadt am Dnjestr, eine Debatte zwischen Frankisten und führenden jüdischen Vertretern zu veranstalten. Die Frankisten warfen den Juden vor, die Schuld an der Ermordung von Christen zu tragen und ihr Blut für rituelle Zwecke zu verwenden. Auf Grund dieser Anschuldigungen wurde noch im gleichen Jahr, kurz darauf, der Talmud entweiht und verbrannt. 1758 folgten tausend Anhänger Franks Vorbild und bekehrten sich mit ihm zum katholischen Glauben.

Vor diesem komplizierten Hintergrund von Häresie, Zwist und Messianismus entwickelte sich eine religiöse Erneuerung unter dem Volk, die traditionellere Merkmale aufwies. 1735 versammelten sich um Israel ben Elieser, besser bekannt als der *Bescht*, ein Akronym für *Baal Schem Tow*, Herr des guten Namens, der bis dahin ein beim Volk beliebter Prediger und Heiler war, Anhänger für eine neue religiöse Disziplin. Diese Disziplin (die in Polen entstand), der *Chassidismus* (*Chassidut*, d. h. Pietismus), sollte es ihren Anhänger ermöglichen, sich von den Wechselfällen dieser Welt freizumachen und die Vereinigung mit dem Göttlichen zu erlangen. Im Mittelpunkt der Lehre des *Bescht* stand die Auffassung, der Mensch könne sich durch ekstatisches Gebet und Transzendenz der materiellen Welt von dieser Welt lösen und dadurch zur Einheit mit dem Göttlichen gelangen.

Der Chassidismus förderte ein neues Menschenideal, den *Chassid*, den im Gegensatz zum Gelehrten die Gegenwart Gottes betäubt und der durch ekstatisches Beten von Gottes Gegenwart erleuchtet wird. Die chassidische Lehre ist stark panentheistisch, das heißt, sie lehrt, daß eigentlich nur Gott echt und wirklich ist. Alle Erscheinungen der Welt sind lediglich Gefäße, die das göttliche Licht enthalten, selbst aber nicht unabhängig existieren. Das ist nicht das gleiche wie Pantheismus, demzufolge Gottes Wesen alles auf der Welt durchdringt. Nach der chassidischen Lehre existiert in Wirklichkeit nichts außer Gottes Wesen. Die Welt ist nicht mehr als ein Schleier, und wird er entfernt, bleibt nur das Göttliche zurück.

Nichts in der Welt existiert unabhängig von Gott. Alles Existierende kann an seinen göttlichen Ursprung zurückgeführt werden. Der Baal Schem Tow deutet sogar an, der Mensch habe keinen eigenen Willen außer in dem Umfang, in dem er ihm von Gott mitgegeben wurde. Diese Vorstellung läßt kaum Raum für etwas anderes außer Gott.

Man muß wissen, daß alles in der Welt vom Schöpfer durchdrungen ist, gesegnet sei sein Name. Jedes Produkt menschlichen Denkens ist das Ergebnis seiner Vorsehung.[1]

Die Schönheit der Welt liegt nicht in den Dingen dieser Welt sondern in Gott, dem Ursprung aller Schönheit. Der *Chassid* hat die Aufgabe, die Funken zu heben, alles zurück zu seinem Ursprung zu erheben, über alles Halbe hinauszugehen und das Absolute anzustreben. In dieser Welt spielen die Dinge keine Rolle, außer daß sie Äußerungen Gottes sind. In der Welt gibt es keine eigentliche Schönheit, außer als die Verwirklichung des Göttlichen in menschlicher Form. Alles ist demnach ein Gefäß für die göttliche Essenz:

Sieht jemand eine schöne Frau, denkt er: Was ist die Ursache ihrer Schönheit? Ist es nicht so, daß sie, wenn sie stirbt, nicht mehr so aussieht? Wenn dem so ist, rührt ihre Schönheit von der göttlichen Macht her, die sie durchflutet. Sie gibt ihr die Schönheit und das [gute] Aussehen. Somit ist die göttliche Macht die Quelle ihrer Schönheit. Warum sollte ich also vom Halben angezogen werden, wenn ich mich mit dem Ursprung des gesamten Universums vereinigen kann?[2]

Jeder *Chassid*, nicht nur der Messias, muß die Funken heben.

---

1 *Sefer Tzevaat ha-Rivash*, Jerusalem 1973, S. 21. Zu einer vollständigen Diskussion dieser Frage siehe Rivka Schatz: *Ha-Hasidut ke-Mistika*, Jerusalem (Magnes) 1968, S. 21–40.

2 *Tzevaat ha-Rivash*, S. 23–25.

Er muß alles zurück zu seinem Ursprung oben führen, muß um des Ganzen willen über das Halbe hinausgehen, muß die göttliche Essenz in allem Materiellen sehen. Jeder Gegenstand, der innerlich von den *Sefirot* vibriert, muß zurück zu seinem Ursprung erhöht werden. Wahre Gottesverehrung bedeutet, die Essenz innerhalb des Gefäßes, das Göttliche im Weltlichen, das Geistige im Materiellen zu suchen. Aus diesem Grund läßt sich im Chassidismus sogar darauf schließen, daß es nichts wirklich Böses gibt. Das Böse ist die Verzerrung des Unerlösten:

Was bedeutet, die Funken emporheben? Wenn du etwas mit Körperform findest und es nicht, der Himmel bewahre, böse ist, darfst du den Schöpfer, gesegnet sei sein Name, anbeten. Denn in diesem Ding kannst du Liebe oder Ehrfurcht oder andere Eigenschaften [d. h. *Sefirot*] finden, durch die du es emporheben kannst.[1]

Die Lehre des *Bescht* wurde von seinem herausragendsten Schüler, Dov Baer Friedman, dem Prediger (*Maggid*) von Mesritsch weitergeführt. Der *Maggid* lehrte, alle Existenz sei Gott, und nichts habe eine getrennte, autonome Existenz. Gott habe den Menschen erschaffen, denn Gott sei nur in bezug auf das, was sich von ihm unterscheidet, erkennbar. Hätte Gott die Welt nicht erschaffen, es gäbe kein Gottesbewußtsein. Der Mensch existiere, um Gott zu erkennen. Um aber Gott zu erkennen, müsse der Mensch über das Bewußtsein seiner eigenen selbständigen Existenz hinausgehen. Menschliches Selbstbewußtsein sei nötig, um Gott zu erkennen, aber paradoxerweise stehe es auch der Gotteserkenntnis im Weg. Der Mensch müsse die Schranke zwischen sich und Gott niederreißen, das heißt, sein eigenes Selbstbewußtsein abbauen, um Gott zu erkennen und anzubeten:

Es ist wohl bekannt, daß Gott in uns einen Willen schuf, der sich von seinem eigenen unterscheidet, um unseren Willen seinem zu unterwerfen. Darin findet er Befriedigung. Dies wäre unmöglich, außer

---

1 Levi Isaak von Berditchev: *Sefer Kedushat Levi*, Jerusalem 1958. Parashat Pekudei.

unser Wille unterscheidet sich von seinem. Wenn wir unsere Existenz auslöschen, sind wir mit dem Verborgenen verbunden.[1]

Letztlich existiert in der Welt nichts wirklich außer Gott, der einzigen Wirklichkeit. Die Welt ist eigentlich eine Täuschung, die überwunden werden muß. Mit dem Chassidismus kam eine ›akosmische Lehre‹, eine die Welt verleugnende Mystik, die im Judentum weitaus radikalere Implikationen als der Pantheismus hat. Nach dem Pantheismus findet man Gott in jedem Aspekt der Welt. Er bestätigt die Wirklichkeit der Welt und die Existenz Gottes und erklärt, daß Gott in der Welt vorhanden ist. Im Panentheismus existiert Gott, und die Welt scheint zu existieren. Er postuliert, die Welt sei in Wirklichkeit ein Merkmal und Erzeugnis von Gottes Bewußtsein und die Welt existiere eigentlich nur in Gott. Das bedeutet, daß nur Gott wirklich existiert und er die Welt in sich selbst umfaßt und einschließt. ›Akosmisch‹ bedeutet, einen Schritt weiterzugehen und der Welt ihre Wirklichkeit abzusprechen. Der Begriff läßt darauf schließen, daß die Welt in Wirklichkeit eine Täuschung ist und daß außer Gott nichts existiert. Das Denken des *Maggid* weist stark panentheistische und sogar akosmische Züge auf:

Nichts in der Welt existiert außer Gottes Existenz. Alles Existierende hat als Möglichkeit vor der Schöpfung existiert. Dann emanierte Gott diese Möglichkeit und gab ihr einen geistigen und materiellen Mantel. Seine Kräfte flößten ihnen Leben ein. Sollten sie sich auf ihren Zustand vor der Schöpfung zurückziehen, würde der geistige und materielle Mantel überhaupt nicht existieren.[2]

Der *Maggid* forderte, das Bewußtsein des *Chassid* müsse sich ändern. Die Welt existiert, aber der *Chassid* wurde in eine mystische Technik eingeweiht, die es ihm erlaubt, sein Bewußtsein für die Welt auszulöschen und unter Ausschluß alles anderem Gottesbewußtsein zu erlangen. Er ist in der Lage, über die Welt der Körperlichkeit (*Gaschmijut*) hinauszugehen

1 Hayyim Hayke von Amdur: *Sefer Hayyim va-Hesed*, Jerusalem 1953, S. 155. Schatz, S. 24–25.
2 Meshullam Feibush Heller: *Sefer Dereckh Emet*, Jerusalem 1952, S. 14.

und im reinen Bewußtsein der Geistigkeit (*Ruchanijut*) zu verweilen. Der *Chassid* kann sich vom Weltbewußtsein lösen, weil die Welt im wesentlichen eine von Gott geschaffene Täuschung ist. Er kann hinter den Schleier schauen, weil er weiß, daß die Welt in Wirklichkeit nur eine Täuschung, ein Hindernis ist, um Gott zu erkennen. Mit dem Gebet kann der *Chassid* einen Zustand des Anhaftens (*Dewekut*) erreichen, in dem er über das Bewußtsein seiner eigenen Existenz hinausgeht und das Bewußtsein für die Einheit mit Gott erringt.

> Wenn wir diese Vereinigung erlangen, denken wir auch von uns, daß wir nichts anderes als Gott sind, der uns Leben gibt. Er allein existiert, und es gibt nichts außer ihm … Und wenn wir dies verstehen, daß wir in Wahrheit wie nichts sind und nichts in der Welt existiert außer Gott genau wie unmittelbar vor der Schöpfung, dann hat Gott sozusagen seine echte Freude daran.[1]

Der *Maggid* führte die Technik des *Bitul ha-Jesch*, ein, des Auslöschens der Existenz, was bedeutet, daß der Mensch sein Selbstbewußtsein löscht und einen Zustand erreicht, in dem er in Gott absorbiert wird. Dieser Vorgang setzt ein, wenn er versteht, daß der physische Aspekt eines Menschen lediglich etwas Äußerliches ist. Das fängt manchmal gleich zu Beginn des Gebets an. Die dem Gebet vorausgehende Meditation zielt darauf ab, die Beziehung zwischen dem eigenen körperlichen Selbst und dem eigenen Bewußtsein zu verstehen. Zum Beispiel ist die Macht der eigenen körperlichen Existenz so groß, daß sie das Bewußtsein mit körperlichen Empfindungen und Überlegungen ablenkt. Anreize des eigenen Körpers, die sich ins Bewußtsein drängen, erschweren das Gebet. Zum Beispiel drängen sich beim Gebet Gedanken an das Geschäft, die Familie oder Beziehungen auf. Noch aufdringlicher sind Gedanken an sündhafte Versuchung, besonders der sexuellen Art. Diese Gedanken enthalten aber einen Funken des Heiligen, der gerettet werden kann. Das geht aus den folgenden Sätzen von Jakob Joseph aus Polonoye hervor, in denen er seinen Lehrer, den *Bescht*, zitiert:

1 *Derekh Emet*, S. 14.

Ich habe ein überzeugendes Argument von meinem Lehrer [dem *Bescht*] gehört. Es galt den fremden Gedanken (*Machschawot sarot*), die dem Menschen mitten im Gebet kommen. Sie rühren vom Geheimnis der zerbrochenen [Gefäße] und den 288 Funken her, die jeden Tag geläutert werden müssen. Sie erscheinen, um wiederhergestellt und emporgehoben zu werden. Der fremde Gedanke, der an einem Tag auftaucht, unterscheidet sich von dem an einem anderen Tag. [Der *Bescht*] hat gelehrt, daß man dieses sehr aufmerksam verfolgen muß. Ich habe von ihm gelernt, wie ich diese fremden Gedanken wiederherstellen kann, selbst wenn es Gedanken an Frauen sind. Man muß sie emporheben und sich bemühen, daß sie an ihrer Quelle, der [*Sefira*] *Hessed*, haften.[1]

Im Gebet hat der Mensch mit der Meditation die Gelegenheit, sich mit allen Störungen auszusöhnen, die in sein Bewußtsein eindringen. Indem er erkennt, welche Macht und welchen Willen sein körperliches Sein auf das Bewußtsein ausübt, kann er beide bewußt steuern. Dann ist er fähig, sein Bewußtsein vom eigenen Selbst zu lösen und allmählich über das eigene Bewußtsein hinauszugehen. Dazu muß er sein Selbstbewußtsein völlig auslöschen, was der *Maggid* als »Auslöschen der [bewußten] Existenz« (*Bitul ha-Jesch*) bezeichnet hat:

Als Ziel wird angestrebt, daß dem Gebet ein Akt vorausgeht, bei dem man sich seiner Körperlichkeit entledigt. Der Mensch ist endlich und hat Grenzen, aber er muß sich selbst zum Nichts machen, ohne Grenze. Das kann er, indem er all sein Mühen allein auf Gott richtet und sonst auf nichts, nicht einmal auf sich selbst. Dieses ist unmöglich, es sei denn, er macht sich selbst zu Nichts.[2]

Der *Maggid* hat gezeigt, welche Rolle das Bewußtsein in der Religion spielt. Er unterscheidet zwischen dem Selbstbewußtsein, der »Kleinheit« (*Katnut*), und dem mystischen Bewußtsein, »Größe« (*Gadlut*), genannt. Das Selbstbewußtsein steht einem wahren Bewußtsein im Weg, weil es eine Täuschung ist. Da nur Gott existiert, ist alles andere eine Täuschung. Der

1 Yaakov Yosef von Polnoye: *Toledot Yaakov Yosef*, Warschau 1841, va-Yakhel.
2 *Sefer Shemuah Tovah*, Warschau 1938, S. 79b. Zitiert in Schatz, S. 29.

Chassidismus strebt das mystische Bewußtsein an, und um es zu erreichen, bedient er sich der Technik des Gebets. Natürlich tritt das mystische Bewußtsein nur periodisch auf, weil die Welt solch eine große Kraft zum falschen Bewußtsein hin ausübt.

Der *Chassid* hat die Aufgabe, sich neu und dauerhaft bewußt zu werden, daß nur Gott allein Sein ist. Er beginnt den Prozeß mit der Erkenntnis, daß sein körperliches Selbst ein Hindernis zum wahren Bewußtsein ist. Das nennt man *Hitpaschtut ha-Gaschmijut*, sich seiner Körperlichkeit entledigen. Dieser Vorgang wird erleichtert, wenn man die Vorschriften des jüdischen Gesetzes und die Thora-Rituale befolgt. Der Prozeß geht damit weiter, daß sich der *Chassid* bewußt wird, daß alles, was er sieht, in Wirklichkeit eine Manifestation Gottes ist. Das ist der Vorgang des *Ha'alat ha-Nizozot*, das Heben der Funken. Dann denkt er weniger über die Welt nach, sondern nur an Gott. Er leert sein Bewußtsein von der Wahrnehmung der Welt und denkt an sich als Nichts. Das wird als *la'assot azmo ajin*, sich zu nichts machen, bezeichnet. Es ist ein heikles Übergangsstadium zwischen zwei Bewußtseinszuständen. Zum Schluß füllt die Wahrnehmung von Gott und nichts anderem sein Bewußtsein. In jenem Augenblick sind sein Bewußtsein und Gottes Sein identisch. Das mächtige mystische Bewußtsein, das er erreicht hat, bewirkt eine machtvolle und dauerhafte Umwandlung. Von jenem Augenblick an hat der *Chassid* eine neue Einstellung zur Welt.

Jetzt kann er Gott auf viele Arten wirksam verehren. Da er jetzt ein neues Bewußtsein auf einer höheren Ebene besitzt, kann er in der Welt leben und erkennen, was sie wirklich ist. Sogar Gott kann er auf neue Art anbeten, weil er deutlich sieht, daß das Göttliche in allem wohnt. Diese neue Form der Verehrung heißt *Awoda ba-Gaschmijut*, Gottesdienst in der Körperlichkeit. Dabei begegnet der *Chassid* den Verführungen der Welt gleichgültig, weil er das Ziel kennt, auf das sein Bewußtsein ausgerichtet ist. Er hält sich das Bewußtsein von Gott ständig dergestalt vor Augen, daß er sich des Göttlichen in allem um ihn herum akut bewußt ist.

Obwohl der Chassidismus sich als eine machtvolle mystische Lehre und Disziplin darstellte, bewies er jedoch gleichzeitig, daß er den Anforderungen des täglichen Lebens verständnisvoll entgegenkam. In den Legenden über die chassidischen Meister findet man viele dieser Lehren wieder. Einige moderne Gelehrte stellen heute Bedeutung und Authentizität eines großen Teils der chassidischen Sagen um den Baal Schem Tow in Frage.[1] Der Baal Schem Tow starb 1760, und die ersten Sagen wurden 1815 veröffentlicht, andere sogar noch später. Die weiter oben angeführten Quellen sind jedoch den *Deraschot* oder *Drosches*, also der homiletischen Literatur entnommen, die aus der Zeit datieren, als der *Bescht* und *Maggid* noch lebten, und sie wirken authentisch. Nach Meinung der Gelehrten können die *Deraschot* für die frühe chassidische Lehre als typischere Vertreter gelten als die Erzählungen. Allerdings üben gerade die Erzählungen mit ihrer besonderen Würze und ihrem Geist auf den modernen Leser eine größere Anziehungskraft aus als die *Deraschot*.

Trotzdem beweisen die Sagen, wie beliebt der frühe Chassidismus im Volk war. Die *Chassidim* (Plural von *Chassid*) erzählen die Geschichte von einem einfachen Juden namens Suscha, der am Tag des Jüngsten Gerichts in den Himmel kommt und große Angst hat, nicht die in ihn gesetzten Erwartungen erfüllt zu haben. Er befürchtet, er werde gefragt, warum er kein Gerechter wie Abraham, Isaak oder Jakob gewesen sei. Stattdessen fragt man ihn: »Warum warst du nicht wie Suscha?« In seinem Kommentar zu dieser Legende erklärt Martin Buber, der als erster den *Chassidim* und ihrer volkstümlichen Lehre breitere Anerkennung verschaffte, die Aufgabe eines Menschen im Leben sei so einzigartig wie seine nur ihm gegebene Gelegenheit, sie zu verwirklichen. Der Chassidismus lehrt, daß jede Situation im Leben eines Menschen ihn vor eine Herausforderung und eine Aufgabe stellt, die er lösen muß:

Der Mensch sollte nicht fragen, welche Bedeutung sein Leben hat, sondern er muß erkennen, daß ihm diese Frage gestellt wird. Jedem Menschen stellt das Leben diese Frage, und nur er allein kann dem

1 Gershom Scholem: *The Messianic Idea in Judaism*, New York (Schokken) 1971, S. 227–250.

Leben antworten, indem er für sein eigenes Leben Rechenschaft ablegt.[1]

Die *Chassidim* zitieren, um zu erklären, was gemeinsames Gebet bedeutet, die folgende Parabel:

Einst wurde in einem tropischen Land ein gewisser prachtvoller Vogel, bunter als jeder andere je zuvor gesehene, auf der Spitze des höchsten Baums gesichtet. Das Gefieder des Vogels hatte alle Farben der Welt in sich. Aber der Vogel saß so hoch oben, daß kein einziger Mensch hoffen konnte, ihn je zu erreichen.

Als die Nachrichten von dem Vogel dem König zu Ohren kamen, befahl er, mehrere Männer sollten versuchen, ihm den Vogel zu bringen. Sie sollten sich jeweils auf die Schultern des andern stellen, bis der oberste Mann den Vogel erreichen und ihn dem König bringen könne. Die Männer versammelten sich beim Baum, aber während sie so standen und einander auf den Schultern trugen, beschlossen jene weiter unten, davonzugehen. Sobald der erste Mann einen Schritt tat, fiel die ganze Kette in sich zusammen, und mehrere Männer wurden verletzt. Aber der Vogel war immer noch nicht gefangen.

Die Männer hatten vor dem König gleich zweimal versagt. Denn noch größer als sein Wunsch, den Vogel zu sehen, war sein Wunsch, sein Volk so eng wie eben verbunden zu sehen.[2]

Eine andere Parabel handelt vom chassidischen Ideal des persönlichen Gebets:

Es war einmal ein einfacher Hirte, der nicht zu beten verstand. Aber er pflegte jeden Tag zu sagen: »Herr der Welt! Du weißt, daß, wenn du Vieh hättest und es mir zu hüten gäbest, ich nichts von dir nehmen würde, obwohl ich von allen anderen Lohn dafür fordere.«

---

1 Martin Buber: *Der Weg des Menschen nach der chassidischen Lehre*, Neu-Isenburg (Ed. Tiersen) 1983.

2 Arthur Green und Barry Holtz: *Your Word is Fire*, Ramsey (NJ Paulist Press) 1977, S. 25. Zu weiteren Studien des Chassidismus siehe Arthur Green: *Tormented Master: A Life of Rabbi Nahman of Bratslav*, New York (Schocken) 1981; Rachel Elior: *Torat ha-Elohut ba-Dor ha-Sheni shel Hasidut HaBaD*, Jerusalem (Magnes Press) 1982.

Eines Tages kam ein Rabbi vorbei und hörte, wie der Mann auf diese Weise betete. Er sagte zu ihm: »Narr, so betet man nicht.« Der Hirte fragte: »Wie soll ich sonst beten?« Daraufhin lehrte der Rabbi ihn das *Schema* und andere Gebete, damit er nicht länger bete, wie er es gewohnt war.

Nachdem der Rabbi gegangen war, vergaß der Hirte alle Gebete und betete nicht. Und da der Rabbi ihm untersagt hatte, so zu beten wie vorher, sagte er gar nichts mehr. Und das war ein großes Unglück.[1]

Der Chassidismus ist wohl die vermutlich mächtigste Geistesströmung im Judentum der Neuzeit. In der dritten und vierten Generation zersplitterte die chassidische Bewegung in verschiedene Dynastien. Die osteuropäischen Zentren des Chassidismus wurden während des Holocaust in ihrer Mehrheit von den Nationalsozialisten ausgelöscht. Aber mehrere chassidische Sprößlinge überstanden den Krieg und wurden in die Vereinigten Staaten und nach Israel verpflanzt. Eine Reihe kleiner, aber sehr lebensfähiger chassidischer Gemeinden blühen inzwischen in den Vereinigten Staaten, besonders in New York.[2] Auf den Außenstehenden wirkt die Bewegung oft wie eine archaische, fundamentalistische Form von Orthodoxie, die die moderne Welt ablehnt. Dem mag so sein, aber der mystische Kern des Chassidismus ist trotz aller Äußerlichkeiten immer noch vorhanden.

Allerdings ist der Chassidismus nicht die einzige moderne mystische Erscheinung im Judentum. Die Mystik hat sich im modernen Judentum als wichtiges Element des religiösen Ausdrucks behauptet. Wie anhaltend die Lebenskraft der mystischen Tendenzen im Judentum ist, zeigt sich deutlich in der monumentalen Gestalt von Rabbi Abraham Isaac Kook, der von 1919 bis 1935 Oberrabbiner in Palästina war.[3] Raw Kook,

1 Von dieser Erzählung gibt es viele Versionen, einschließlich Martin Bubers: *Die Erzählungen der Chassidim: Die frühen Meister*, Zürich (Manesse) 1949.

2 Zu einer zeitgenössischen Bewertung siehe Lis Harris: *Holy Days: The World of a Hasidic Familiy*, New York (Summit) 1985.

3 Siehe *Abraham Isaac Kook*, übers. von Ben Zion Bokser, Ramsey (NJ Paulist Press) 1978.

wie er allgemein heißt, erhielt seine Ausbildung an der großen litauischen Rabbinerakademie in Voložin. Er war ein orthodoxer Zionist und gleichzeitig ein Mystiker mit einer tiefen universalen Vision; außerdem besaß er einen hochentwickelten Intellekt und Geist, der typisch für jene religiösen Meister ist, die im Judentum verwurzelt sind, deren weiterer Bereich jedoch die menschliche Zivilisation ist.

Raw Kook, der die Tradition fortführte, die mit Luria und den chassidischen Meistern begonnen hatte, suchte seinerseits die Natur des Menschen zu erklären. Er lehrt, die innere Bereitschaft der Seele, Gutes anzustreben, werde vom Existenzgefüge beeinflußt. In einer Abwandlung der chassidischen Vorstellung von *Awoda ba-Gaschmijut* erläutert Raw Kook ein neues Konzept zur Buße. Buße beginne mit der Anerkennung von Ursprung, Wirklichkeit und Macht dieser Impulse. Davon ausgehend verändert der Mensch diese Triebe, indem er sie auf den leidenschaftlich und kraftvoll vollzogenen Bußeakt überträgt. Heiligkeit wird durch den freiwillig gewählten Akt der Buße erreicht, der den ursprünglichen Impuls wieder auf sein beabsichtigtes Ziel ausrichtet.

Raw Kooks großer Beitrag zum jüdischen Denken liegt vermutlich darin, daß er die dialektische Existenztheorie auf das Phänomen der jüdischen Geschichte angewandt hat. Nach Raw Kook hat die lange Zeit der Verbannung das jüdische Volk vor bestimmte intellektuelle und geistige Herausforderungen gestellt, die es befähigten, einen nationalen Prozeß von Neudefinition und letztlich der Restauration in Gang zu setzen. Zum Kummer anderer stellte er kühn fest, der Atheismus erfülle in der Konfrontation für das Judentum eine notwendige Aufgabe, denn er fordere es heraus, einige der eher mythischen und anthropomorphischen Äußerungen Gottes zu untersuchen und neu zu definieren. In ihrem Eifer, den ursprünglichen Charakter des Judentums zu bewahren, nahmen die Orthodoxen angesichts der Herausforderung durch die vorherrschenden kulturellen Werte der Zeit eine defensive Haltung ein. Nach Raw Kook hielten sie damit lediglich den gesunden Wind der Herausforderung von der jüdischen Religion fern, so daß nur die weltliche Kultur Fortschritte machte. Darüber hinaus sei die Herausforderung immer noch da, und viele der besten jüdischen Denker wurden der Tradition entfremdet. Die Herausforderung ist, wie Raw Kook es sieht, so notwendig wie das Festhalten der Tradition.

Die zionistische Bewegung im 20. Jahrhundert war das Produkt einer überwiegend weltlichen Ideologie. Viele ihrer Anhänger hatten in Theorie und Praxis mit der religiösen Tradition des Judentums gebrochen. Für Raw Kook stellten die jungen Zionisten nicht so sehr eine Bedrohung des traditionellen Judentums dar als vielmehr eine notwendige Herausforderung an seine geistige Dimension. Mit ihrer Tätigkeit bewirkten sie durch eine neue Wende im universalen Prozeß von Verbannung und Rückkehr nicht weniger als die Neubelebung und Wiederherstellung des Judentums. Der politische Zionismus diente einem höheren Zweck, indem er den Riß reparierte, der in der Zeit der Verbannung durch das Judentum gegangen war, indem er dem Land Israel wieder den Geist des jüdischen Volkes zurückgab, dessen physische Existenzgrundlage es war. Raw Kook hat das weltliche Wirken des Zionismus auf das Niveau einer religiösen Pflicht erhoben, derzufolge er die Aufgabe hat, für die Wiederherstellung zu sorgen.

Während seiner Amtszeit als Oberrabbiner wurde Raw Kook von seinen orthodoxen Glaubensgenossen häufig wegen seiner allzu großen Nachsicht gegenüber den weltlichen Zionisten kritisiert. Um seinen scheinbaren Liberalismus zu erklären, erzählte er eine Parabel über den Bau des Allerheiligsten im Tempel. Obwohl nur der Hohepriester das innere Heiligtum nach seiner Vollendung betreten durfte, wurden für die Errichtung des Baus allerlei Handwerker benötigt. Einfache Arbeiter, Steinmetze und Tischler wurden gebraucht, um das Heiligtum zu errichten, obwohl der Bau, nachdem sie ihre Arbeit vollendet hatten, letztlich den Charakter eines Heiligtums erhalten würde, das sie nicht mehr betreten durften. Ähnlich, erklärte er, hätten allerlei Juden einen Beitrag zum Aufbau der neuen Heimat geleistet und seien für die Wiederherstellung des Judentums gleich lebenswichtig.

Raw Kook bemühte sich um eine Definition des religiösen Glaubens, die über die besonderen und ausschließlichen

Ansprüche des orthodox-religiösen Judentums hinausging und universale Werte und Ideale anstrebte. Ihm zufolge zeugt die Suche nach Universalität, die in der jüdischen Geschichte in vielen verschiedenen Formen ihren Ausdruck gefunden hat, von der extremen Empfindsamkeit der jüdischen Seele. Für ihn war die Rückkehr nach Zion die konkrete Manifestation eines tiefgründigeren Prozesses, bei dem jüdische Äußerungen im moralischen, intellektuellen und geistigen Bereich, die breit gestreut waren, wieder eingesammelt und der jüdische Geist mit der Quelle seiner Inspiration wiedervereinigt wurde. Bei diesem Unternehmen spielten alle Träger des Geistes, genau wie die Handwerker in der Stiftshütte, eine gleich lebenswichtige Rolle.

Nicht alle modernen jüdischen Mystiker beschreiten den Pfad der Tradition. Einige haben ihre Inspiration aus der jüdischen Mystik bezogen, ohne daß sie unbedingt auch den religiösen Verhaltenskodex übernahmen, der in der Vergangenheit untrennbar mit ihr verbunden war. Jüdische Mystiker, die ihre Inspiration vor allem aus der *Kabbala* beziehen, im rituellen Leben aber nicht den älteren Kabbalisten folgen, sind eine moderne Erscheinung. Hängt die jüdische Mystik untrennbar mit der gesamten Kultur, in der sie geblüht hat, zusammen? Kann man von modernen Kabbalisten sprechen, die nicht im Einklang mit dem jüdischen Gesetz leben?

Moderne jüdische Mystik außerhalb der traditionellen jüdischen Kultur gibt es kaum. Die einzigen Schulen, an denen Gläubige und Anhänger der traditionellen jüdischen Mystik in die Tradition eingeführt werden, sind heute einige ultraorthodoxe Rabbinerseminare in Israel. Mehrere bedeutende Hochschulen in Israel und Nordamerika fördern zwar die akademische Forschung in Geschichte und Literatur der jüdischen Mystik. Aber die Absolventen dieser Lehrgänge sind Akademiker, also Gelehrte, keine Praktiker oder Anhänger der Mystik. Eine große Persönlichkeit lebt heute noch, deren Vision in der *Kabbala* und im traditionellen jüdischen Leben wurzelt. Adin Steinsaltz, der Chefredakteur, der für die moderne hebräische Übersetzung und Kommentierung des Babylonischen Talmud zuständig ist, erfreut sich dank seiner tiefen Geistigkeit, Aufgeschlossenheit gegenüber dem Modernen, eines forschenden Intellekts und echter mystischer Vision internationalen Ruhms.[1]

Die wichtigsten Äußerungen der modernen jüdischen Mystik trifft man in der Literatur an. Martin Bubers Veröffentlichungen haben jüdische und nichtjüdische Leser an den Chassidismus herangeführt. Seine Darstellung chassidischer Ideen ist ausgesprochen selektiv, und er hat sie durch die Brille seiner eigenen Philosophie betrachtet. Trotzdem hat Buber mehr als jeder andere Schriftsteller dazu beigetragen, chassidische Lehren als Ideen mit einem überwältigenden geistigen Gehalt und menschlicher Anziehungskraft einer breiteren Öffentlichkeit nahezubringen. Trotz seiner eigenen Interpretationen und Ableitungen hat Buber die geschlossene Welt des Chassidismus für die Außenwelt geöffnet.

In seinen Werken stellt Isaac Bashevis Singer eine vernichtete Welt dar, deren geistiges Fundament die Mystik war. Für Singer lehrt die *Kabbala* allem Anschein nach, wie von Isaak Luria angedeutet, daß alles von Göttlichem durchdrungen ist, je nachdem, wie nahe oder wie fern es Gott steht:

> Eigentlich sind wir alle ein Teil von Gottes Licht, aber durch den Prozeß der Emanation und Verringerung wurde Gottes Licht immer dunkler, immer spezifischer und zugänglich, bis es Materie wurde – Erde, Fels, Meer, Tiere, Menschen. Gemäß der Cabala (*sic*) war die Schöpfung so etwas wie eine allmähliche Offenbarung und allgemeine Verbreitung des Göttlichen. Die Kabbala ist pantheistisch.[2]

Singer hat aus dem abstrakten philosophischen Verständnis der *Kabbala* phantasievolle, aber notwendige Schlußfolgerungen gezogen. Wenn »sogar im Himmel das Prinzip vom Männlichen und Weiblichen herrscht«, wie die Kabbalisten sagen,[3] ließe sich damit nicht die Vernarrtheit eines Heranwachsenden mit

1 Siehe Adin Steinsaltz: *The Thirteen Petalled Rose*, New York (Basic Books) 1980.

2 Isaac Bashevis Singer und Ira Moscowitz: *A Little Boy in Search of God*, Garden City, NY (Doubleday) 1976, S. 43.

3 Ebenda, S. 27.

den Geheimnissen der menschlichen Sexualität erklären? Singers Weltanschauung hat durch die Philosophie der *Kabbala* gewissermaßen ihre Gestalt erhalten, von der er seine Interpretation der normalen Neugier eines Heranwachsenden über Sexualität ableitete. Wenn es Verbindungen und ähnliches im Himmel gibt, warum sollten die Menschen auf der Erde dann anders sein? Seine Erzählungen sind voll reicher sexueller Phantasie und übernatürlicher Erotik. Bei vielen seiner Romangestalten herrscht Verwirrung über die Identität ihres Geschlechts. Diese Zweideutigkeit beruht möglicherweise zum Teil auf der Zwittergestalt der Menschenseele, wie sie so umfassend in der *Kabbala* beschrieben wird. Singers phantasievolle Interpretation der kabbalistischen Sexualität ist eine spielerische, aber keineswegs unrichtige Interpretation der *Kabbala*.

In Singers Prosa wimmelt es von übernatürlichen Erscheinungen wie Dämonen, Besessenheit, Seelenwanderung, Dybbuks und bösen Geistern. Natürlich gehen auch sie auf die *Kabbala* zurück. Andererseits wurde ein Großteil der spätkabbalistischen und chassidischen Dämonenwelt aus der transsylvanischen, ukrainischen und anderen osteuropäischen Folklore in die jüdische Volkskultur übernommen. Trotzdem beruht die kabbalistische Dämonenwelt größtenteils auf der Vorstellung, daß es einen Schöpfungsbereich gibt, den Gott nicht erreichen konnte, einen Bereich der Dunkelheit und des Bösen, in dem sein Licht nicht scheint. Im kabbalistischen Universum gibt es keine tote Materie. Alles ist mit Göttlichem lebendig. Da Gott aber bei seinem vergeblichen Versuch, eine vollkommene Welt zu erschaffen, nicht überall hinreichen kann, setzen jüdische Mystiker voraus, daß der dunkle Bereich gleichermaßen mit der Macht des Bösen lebendig ist. Für Singer ist diese Welt das unterste und deshalb schwächste Glied in der Daseinskette.

In der *Kabbala* hat das Okkulte immer eine Rolle gespielt. Der Glaube des Mystikers an Theurgie führt geradewegs zum Glauben an die Magie. Wenn man Gott durch das Ritual beeinflussen kann, um wieviel einfacher würde es sein, die Welt durch Zauberkräfte zu beeinflussen? So hat sich zum Beispiel jahrhundertelang hartnäckig die Sage vom *Golem* behauptet. Sie geht auf Legenden im Talmud zurück, in denen der Weise Rawa einen Menschen geschaffen haben soll, den er aus irgendeinem Grund zu seinem Gehilfen Raw Sira sandte. Die gleiche Sage berichtet weiter, daß Raw Hanina und Raw Oschaja sich jeden Vorabend des Sabbats mit dem Studium des Buchs der Schöpfung befaßten und ein dreijähriges Kalb schufen, welches sie dann aufaßen.[1]

Die Idee vom *Golem* selbst dürfte von den deutschen *Chassidim* im zwölften Jahrhundert stammen.[2] Für sie bedeutete die Erschaffung eines *Golem* die Umsetzung des Astralkörpers eines Menschen in Materie. So lauten die Anweisungen für die Schaffung eines *Golem*: Als erstes eigne man sich die okkulte Wissenschaft der Kosmologie an, wie sie im *Sefer Jezira*, dem »Buch der Schöpfung«, steht, weiter reinige man sich, kleide sich in saubere weiße Gewänder und tue sich mit zwei oder drei Gefährten zusammen. Als nächstes nehme man jungfräulichen Boden aus den Bergen und vermische ihn mit frischem Wasser, um daraus ein menschenähnliches Gebilde zu formen. Durch die Anrufung verschiedener magischer Kombinationen von hebräischen Buchstaben könne man Geschlecht und Dauer der Existenz des *Golem* bestimmen.

Die Idee des *Golem* als Homunkulus, das heißt eines künstlichen Menschen, der dem Menschen dient, hat sich dann im 17. Jahrhundert unter dem Einfluß dieser älteren Vorstellungen entwickelt, hinzu kamen magische und alchimistische Theorien. In einer Weiterentwicklung der Sage wurde einem großen Rabbiner des 18. Jahrhunderts, dem *Maharal* von Prag, die Schaffung des *Golem* zugeschrieben. Sein *Golem* diente ihm sechs Tage in der Woche, am Sabbat blieb er dagegen ohne Leben. Allerdings lief der *Golem* an einem Sabbat Amok, so daß der *Maharal* ihn für immer stillegte.

Jakob Grimm, einer von den Brüdern Grimm, hat wesentlich zur Verbreitung dieser jüdischen Sage in ganz Europa beigetragen. In seiner Version[3] schufen polnische Juden einen Homun-

1 B. T. *Sanhedrin*, 65b; Scholem: *Pirkei Yesod*, S. 388.
2 Scholem: *Pirkei Yesod*, S. 395.
3 Scholem: *Pirkei Yesod*, S. 382.

kulus aus Schlamm und gaben ihm Leben, indem sie die Macht des göttlichen Namens gebrauchten. Dieser stumme Diener verrichtete für seinen Herrn schwere körperliche Arbeiten. Besonderen Aufschwung erhielt die Sage dank der Veröffentlichung von Gustav Meyrinks Novelle *Der Golem* und durch die Volkssagen, die viele jiddische Autoren wie Isaac Bashevis Singer in ihre Werke aufnahmen.

Zwar spielt das Okkulte in Singers Werk eine hervorragende Rolle, aber es enthält auch eine starke Unterströmung, die die *Kabbala* als Quelle der ewigen Wahrheit sieht. Die unsichtbare Welt der *Sefirot* belebt in Singers Verständnis von der *Kabbala* einfach alles. Jeder Käfer, jedes Buch und jeder Mensch erbebt innerlich mit der Macht des Göttlichen. Die Welt besteht aus Funken göttlichen Lichts, das unsichtbar in allem scheint.

Für Singer ist die Wahrheit der *Kabbala* mit der Wahrheit der modernen Wissenschaft identisch. Die *Kabbala* ist seiner Meinung nach schon seit jeher für die Wissenschaft von Elektrizität und Atomen im allgemeinen und die Ansicht von der belebten und mitnichten unbelebten Materie eingetreten. Singer wuchs in der Welt chassidischer Frömmigkeit zu einer Zeit auf, als Urbanisierung und Modernisierung allmählich die Mauern der Tradition erschütterten. Der Glaube, daß *Kabbala* und moderne Wissenschaft sich einig sind, schlug für den Heranwachsenden eine Brücke zwischen diesen beiden Welten.

Der Künstler Yaacov Agam ist ein herausragendes Beispiel für einen modernen jüdischen Mystiker, der außerhalb der Tradition steht. Von Agam bekannt sind seine dreidimensionalen graphischen Kunstwerke, die an die Zeitdimension erinnern. Damit der Betrachter sein Kunstwerk richtig aufnehmen kann, muß er um es herumgehen, um zu verfolgen, wie sich die flüssigen Bilder mit seinem wechselnden Standort verändern. Seine Kunst ist veränderlich und fordert vom Betrachter Bewegung, weil jede neue Perspektive ein anderes Bild zeigt.

Agam, 1928 in Rischon le-Zion im damaligen Palästina geboren, war der Sohn eines Rabbiners. Er wuchs im Milieu der *Kabbala* und religiöser Orthodoxie auf. Seiner eigenen Aussage zufolge ist die *Kabbala* eine der wesentlichen

Antriebskräfte, die hinter seinen Kunstwerken stehen. Agam erklärt, die Wirklichkeit des Unendlichen, das nicht existiert, außer in seiner vollständigen Form, sei das Grundprinzip im Judentum überhaupt.[1] Gott ist im Judentum unsichtbar und abstrakt unerreichbar. Aber er ist anhand seiner Spuren auf der Welt zu erkennen. Allerdings hat der Mensch eine zu enge Sicht, um die Gesamtheit von Gottes Gegenwart in der Welt zu erfassen. Die Wahrnehmung des Menschen beschränkt sich auf teilweises Bewußtsein, flüchtige Blicke und gelegentliches Bewußtwerden des Göttlichen in der Welt. Gott kann man in der Welt nicht begreifen, weil jedes Sehen nur Teilsehen ist. Gott ist nur stückchenweise wahrnehmbar, denn man wird sich zunehmend bewußt, daß das Unendliche allein in der Gesamtheit des Universums zu finden ist.

Für Agam ist Kunst das Medium, das Unendliche zu erfassen. Kunst ist das Mittel, um über die sichtbare Welt hinauszugehen und zu neuen Formen der Wahrnehmung zu gelangen. Da das Unendliche nur in der Gesamtheit des Universums entdeckt werden kann, hat die Kunst die Fähigkeit, den Menschen auf das Niveau erhabensten Bewußtseins des Unendlichen zu heben. Gott kann nur in Etappen wahrgenommen werden, die zu einem integrierten Bewußtsein des Ganzen führen.

Auch Agams Kunst liegt das Prinzip zugrunde, daß sie nur abschnittweise wahrgenommen werden kann. Seine Kunst ist ein Mittel, durch das er die Wirklichkeit des Unendlichen ausdrückt. Seine Kunst bezieht den Betrachter ein und verlangt vom Betrachter, daß er um sein graphisches Werk mit wechselnden Standorten herumgeht. Für Agam existiert das Kunstwerk, genau wie das Unendliche, nur in der Gesamtheit seiner flüssigen Etappen.

In seinem Glaubensbekenntnis als Künstler erklärt Agam die Beziehung zwischen *Kabbala* und Kunst:

Im Judentum ist Gott unsichtbar, genau wie die Essenz der Macht im Leben unsichtbar ist. In meinem Werk bemühe ich mich, dieses

1 Jack Solomon, Jr.: *Agam*, New York (Circle Fine Art) 1981, S. 3.

Unsichtbare, die endlose Wirklichkeit hinter allem, einzufangen und anzudeuten. Jedes meiner unablässig veränderlichen Werke kann man auf praktisch unendliche Arten betrachten: aus unterschiedlichen Winkeln, verschiedenen Situationen, anderen Bewegungen heraus – alle weisen auf eine grundsätzliche, unteilbare Essenz hin, die hinter allem ist und nie ganz sichtbar wird.[1]

Jüdische Mystik hat ihre Anziehungskraft für traditionelle wie zeitgenössische Juden nicht verloren. Die geistige Dimension der jüdischen Mystik übt auf zeitgenössische Juden, die transzendente Werte suchen, eine starke Anziehung aus. Zum Beispiel wohnt dem Begriff des unendlichen und unteilbaren Gottes, der nicht direkt auf die Welt einwirkt, heute eine mächtige theologische Anziehungskraft inne. In einer Welt, die den Holocaust erlitten hat, kann man sich kaum vorstellen, wie ein guter Gott solche Schrecken hat zulassen können. Die *Kabbala*, die ein fernes und transzendentes *En Sof* postuliert, lehrt, daß letzten Endes die Taten des Menschen und nicht so sehr göttliches Handeln den Lauf der Welt bestimmen. Die Idee eines transzendenten Gottes, dessen Gegenwart nur in seiner Abwesenheit fühlbar ist, öffnet möglicherweise einer neuen Bedeutung in der Theologie die Tür. Die vereinfachenden Vorstellungen von Gott als einer menschlichen Vater- oder Mutterfigur könnte man als die unteren Stufen des Göttlichen betrachten. Der abstrakte nicht erkennbare Gott hilft vielleicht zu verstehen, wie er zwar vorhanden sein mag, den Geschicken des Menschen aber fern steht.

Die jüdische Mystik ist sicher noch weitaus vielschichtiger, nur muß man zu diesen Schichten erst noch vordringen. Die Tradition der jüdischen Mystik wird wohl nie wieder in den traditionellen Formen der Vergangenheit auftreten. Ebensowenig läßt sich vorhersagen, wie und ob sie in Zukunft zu neuen und schöpferischen religiösen Ideen inspiriert wird. Eines aber ist sicher: Auch zweihundert Jahre nach dem letzten großen Ausbruch mystischer Begeisterung innerhalb des Judentums hat die *Kabbala* noch nichts von ihrer Anziehungskraft verloren.

1 Solomon: *Agam*, S. 16.

11 Jüdische Mystik und die mystische Suche

Im Vergleich zu anderen Formen religiöser Mystik dürfte jüdische Mystik insofern einmalig sein, als ihr höchstes Ziel nicht die Vereinung mit Gott ist. Zwar hat die mystische Suche im Judentum die mystische Begegnung mit Gott zum Ziel, aber die Kabbalisten bezeichnen das nicht als Vereinung. Der Begriff *Jihud* (Vereinung) beschreibt den theurgischen Akt, bei dem Gottes verschiedene *Sefirot* miteinander vereint werden. Die höchste Form, die der Mensch im mystischen Bereich je erlangen kann, ist die »Zwiesprache« oder Begegnung mit den *Sefirot*, nicht mit *En Sof*. Das wird *Dewekut* (Anhaften) genannt.

In theistischen Religionen, die an die Existenz eines transzendenten Gottes glauben, verhindern oft strenge Maßregeln eine vollständige *unio mystica*. Diese Regeln beruhen auf dem Glauben, daß die Unterschiede zwischen Mensch und transzendentem Gott nicht ohne weiteres überwunden werden können. Die theistische Mystik ist zu einem großen Teil insofern vom Gläubigen von vornherein festgelegt, als für ihn Gott und Mensch eine unüberbrückbare Kluft trennt. Allein schon deshalb ist die theistische Mystik kaum jene Art absorbierender Mystik, bei der der Mystiker undifferenziert in Gott aufgeht.

Jüdische Mystik ist vorwiegend theistisch und nicht absorbierend. Selbst auf dem höchsten Niveau von *Dewekut* vereinigt sich der jüdische Mystiker nie mit *En Sof*, noch wird er mit den *Sefirot* identisch. Er behält seine von Gott verschiedene Individualität und Gesondertheit bei. Anstelle der eigenen persönlichen Begegnung strebt der jüdische Mystiker Gottes Vereinigung und Wiederherstellung an. Seine Mystik ist insofern indirekt, als er die *unio mystica* in Gott selbst herbeiführt und so in den Genuß des von ihm verursachten Überströmens göttlicher Gnade kommt. Deshalb möchte der jüdische Mystiker die Dynamik verstehen, mit der er Gott zu seinem eigenen Nutzen beeinflussen und vervollkommnen kann. Er strebt also eher mystisches Wissen um Gottes Innenleben an, als daß er dem Göttlichen direkt begegnen will. Im Judentum setzt die mystische Suche eingehende Kenntnisse über den Mechanismus des göttlichen Bereichs und strenge Übungen voraus, bei denen die vorgeschriebenen theurgischen Rituale nachvollzogen werden. Das höchste Ziel der mystischen Suche ist der direkte und unvermittelte Einfluß auf die *Sefirot*, ebenso soll die Einheit im Bereich der *Sefirot* wiederhergestellt werden. Der jüdische Mystiker vergißt nie, daß seine Taten zwar zum Wohl des Himmels geschehen, die Erde mit all ihrer Pracht aber Sache des Menschen ist.

Eine pantheistische Mystik, in der Gott, ohne transzendent zu sein, die Natur schlechthin »ist«, gibt es in der jüdischen Mystik nicht. Im Gegenteil, nach dem jüdischen Mystiker hat die Welt ihren Ursprung in Gottes Essenz. Zwar bedeutet das, daß die Welt voll von Spuren des Göttlichen – den göttlichen Funken – ist, aber die Natur wird keineswegs als mit Gott identisch betrachtet. Für den jüdischen Mystiker ist die Welt ein Hinweis, welche Ebenen und Schichten der Wirklichkeit auf der Suche nach Gott durchlaufen werden müssen. Er nimmt die Welt nie für etwas anderes, als sie ist – die entfernteste Manifestation der göttlichen Essenz. Gleichzeitig erkennt er an, daß die Welt Gottes Signatur ist. Nicht die Buchstaben interessieren ihn, sondern der Schreibende.

Eine panentheistische Mystik, in der die Welt in Gott existiert und sich von ihm nicht unterscheidet, hat es nur im frühen Chassidismus gegeben. Obwohl der osteuropäische Chassidismus ein Leben in einem Zustand ständiger *Dewekut* forderte, in dem alle Gedanken nur um Gott kreisen, hat er nie Wirklichkeit und Bedeutung seines Wirkens in der Welt geleugnet. Für den wahren Panentheisten ist die Welt eine Täuschung, die er überwinden muß. Der chassidische Panentheist glaubt dagegen eher, daß die Kluft, die den Menschen von Gott trennt, eine Täuschung ist, die er überbrücken kann.

Selten, wenn überhaupt, findet man akosmische Mystik, die die Wirklichkeit von allem außer Gott leugnet, im Judentum.

Das ozeanische Gefühl trifft man in der jüdischen Mystik bei jenen Anhängern des *Maggid* an, die an immerwährende *Dewekut* glauben. Aber die akosmische Vorstellung, wonach alles Sein seinem Wesen nach undifferenzierte Einheit ist, ist dem theistischen Judentum fremd.

Das Judentum bietet wenig Raum für eine spontane mystische Erfahrung. Das tägliche Leben des jüdischen Mystikers ist um die Vorschriften des jüdischen Rituals und die Gebote für Sabbat und Festtage herum aufgebaut. Jüdische Mystiker machen aus traditionellen jüdischen Übungen mystisch mächtige und folgenreiche Handlungen. Für den jüdischen Mystiker ist kein Ritual reine Routine, denn jede Handlung beeinflußt die *Sefirot*.

In der *Kabbala* führen verschiedene Wege zur *Dewekut*. Jeder einzelne stellt einen erlaubten Pfad zum Ziel dar. Die zum Erlangen von *Dewekut* notwendigen Voraussetzungen sind ein mystisches Bewußtsein sowie Wahrnehmung und Bewußtsein, wie das Universum beschaffen ist. Jüdischen Mystikern ist traditionell ein gleiches Verständnis für die Natur der göttlichen Welt und ihre Beziehung zum menschlichen Bereich zu eigen. Ohne eine gemeinsame Vorstellung über die Topographie der göttlichen Welt gibt es keine Reise dorthin. Das Beispiel von der Welt der *Sefirot* gibt dem traditionellen jüdischen Mystiker einen Rahmen vor. Es definiert die Parameter, innerhalb derer sich ein jüdischer Mystiker legal bewegen darf. Thora-Studium und mystische Interpretation der Thora sind wichtige Aufgaben, denen man für die *Dewekut* nachkommt.

Nimmt der Mystiker wahr, wie die transzendente Welt der *Sefirot* funktioniert, hat er ein Mittel in der Hand, mit dem er sich an sie heften kann. Die Macht theurgischer Rituale, die die Vereinigung der *Sefirot* durch *Kawwana* (Intention) bewirken, führt indirekt zu *Dewekut*. Nicht der Mystiker selbst erlangt *Dewekut* mit Gott, seine Handlungen bewirken vielmehr *Dewekut* in Gott selbst. Ein theurgisches Ritual, eine mystische Handlung, die das routinemäßig ausgeführte Ritual auf das Niveau einer kosmischen Handlung erhöht, wird *Jihud* (Vereinung) genannt. Sie gilt als volkstümliche Form der Mystik.

Eine höhere Ebene von *Dewekut* heißt *Siwug*, geschlechtliche Vereinigung. In diesem Zustand sublimiert der Mystiker seine natürliche Erotik und überträgt sie auf die Vereinigung mit der *Schechina*. Für diese Art mystischen Handelns ist ein besonderes Training nötig, und es ist im allgemeinen dem außergewöhnlichen Heiligen vorbehalten, der volle Kontrolle über die eigene Sexualität hat. *Siwug* schreibt besondere Rituale wie das Studium bestimmter Thora-Abschnitte oder das Beten des *Schema* (»Höre, Israel, der Ewige, unser Gott, der Ewige ist einzig!«) um Mitternacht vor, oder aber der Sabbat wird in dem intensiven Bewußtsein begrüßt, daß die Möglichkeit einer Vereinigung mit der *Schechina* besteht. Das wird oft mit erotischen Bezügen dargestellt, wobei der Mystiker mit der *Schechina* wie ein Bräutigam mit seiner Braut vereinigt wird. Damit erreicht er einen besonderen Zustand vorübergehender Transzendenz, für den man über ein mystisches Bewußtsein und Übung in theurgischen Ritualen verfügen muß. Eng verwandt damit ist der als *Hit'orerut* (Erwachen) bezeichnete Zustand. Der Mystiker erlebt eine erotische Vereinigung mit der *Schechina*, und gleichzeitig bewirkt er die Vereinigung von *Tif'eret* mit *Malchut*.

Mystische Meditation kann zu einem als *Meschicha* (Herabziehen) bekannten Zustand führen. Indem der Mystiker einer bestimmten Meditationstechnik folgt, kann er aus der besonderen *Sefira*, auf die er seine Handlungen richtet, Lebenskraft zu sich herabziehen. Bei dieser Technik muß man sich auf die einzigartige Macht einer *Sefira* konzentrieren. Die folgenden Anweisungen zeigen, wie diese Technik aussieht:

Wer sich etwas in seinem Sinn mit vollkommener Festigkeit vornimmt, erwirbt das Ding in seiner wahren Natur. Wenn du also betest und Benediktionen sprichst oder sonst die *Kawwana* auf etwas wahrhaft richten willst, so stelle dir vor, daß du und alles um dich Licht bist, von jeder Richtung und jeder Seite her Licht; und in dem Licht ein Lichtthron und darauf ein glänzendes Licht und ihm gegenüber ein Thron und darauf ein gutes Licht.

Und stehst du zwischen ihnen und willst *Din*, so wende dich dem Glanz zu, und willst du *Hessed*, so wende dich dem Guten zu, und was aus deinen Lippen kommt, sei seinem Antlitz zugewandt. Und wende dich nach rechts, und du wirst leuchtendes Licht finden, nach links und du findest eine Aura, die das ausstrahlende Licht ist.

Und über ihm die Krone des Lichtes, das die Anliegen der Gedanken krönt, die Wege der Vorstellungen erleuchtet und den Glanz der Visionen beglänzt. Und dies Leuchten ist unergründlich und unendlich, und aus seiner vollkommenen Herrlichkeit kommen Gnade und Segen, Friede und Leben denen, die den Weg seiner Einung innehalten. Zu denen aber, die von seinem Wege weichen, kommt das Licht, das sich verbirgt und sich von einem Ding zu dessen Gegensatz verwandelt, [und es erscheint ihm manchmal] als Heimsuchung und [manchmal] als rechte Führung [...],

je nach der *Kawwana* dessen, der sie auf rechte Weise zu vollziehen weiß: durch Anschluß an den Gedanken und Willen, der in seiner vollen Stärke aus dem Unergründlichen emaniert.

Denn nach der Intensität der *Kawwana* kann man auf den eigenen Wille Stärke ziehen und Willen auf sein Bewußtsein und Vorstellungskraft auf seinen Verstand und Kraft auf sein Tun und Festigkeit auf sein Denken – wenn keinerlei anderes Sinnen und Anliegen sich in seine Meditation einmischt und wenn sie gestärkt ist durch Vorbereitung, um den Strom, der aus *En Sof* kommt, an sich zu ziehen – nur dann wird sein Tun, sein Bewußtsein und sein Wille erfüllt sein.[1]

Diese Anweisungen zum Meditieren beschreiben einen Zustand, bei dem der Mystiker sich für den eigenen Gebrauch auf die *Sefirot Hessed* und *Din* stützen kann. Die psychologische Verbindung zwischen den *Sefirot* und seinen eigenen Eigenschaften drückt die Ansicht aus, daß der Mensch letztendlich eine Erweiterung des Göttlichen in der Materie ist. Deshalb gelingt es dem Menschen auch, einen Zustand der Verbindung zum Ursprung herzustellen.

Das vorletzte Stadium mystischer Errungenschaften ist *Alijat ha-Neschama* (Aufstieg der Seele). Dies erfordert ein besonderes Training, damit die Seele den Körper verlassen, die Himmel und die unteren Bereiche der Welt der *Sefirot* durchqueren kann, bis sie *Bina* erreicht. Dies ist jene Art von

1 Siehe G. Scholem: *Ursprung*, S. 369–371; Gershom Scholem: *Monatszeitschrift für Geschichte und Wissenschaft des Judentums* 78, 1934, S. 511–512.

Mystik, die im Kapitel über die Seele beschrieben ist. Der Baal Schem Tow will mehrere Begegnungen dieser Art erlebt haben, bei denen seine Seele in den himmlischen Bereich aufstieg.

Er habe direkt mit dem Messias gesprochen, dessen Seele dort bis zum Jüngsten Gericht wohnt, und habe für das jüdische Volk plädiert.[1]

Die höchste Phase mystischer *Dewekut* ist intellektueller Art. Der Mystiker, der ein mystisches Bewußtsein erwirbt und die theurgischen Rituale beherrscht, wird in der Topographie der göttlichen Welt unterrichtet. Wenn das betreffende Individuum alle anderen Etappen der mystischen Disziplin gemeistert hat, besitzt es ein sehr entwickeltes mystisches Bewußtsein. Dann hat es seine *Neschama* und damit gleichzeitig seinen mystischen Intellekt vervollkommnet. Dieser Mystiker ist unter Umständen fähig, die Leiter der *Sefirot* über *Schechina* und *Bina* hinaus weiter bis *Hochma* zu erklimmen. Das ist die höchste Ebene von *Dewekut*. Kein jüdischer Mystiker kann weiter als *Hochma* bis *Keter* oder *En Sof* vordringen. Die größte mystische Leistung ist die Vereinigung mit *Hochma*. Auf diesem Niveau wird das Bewußtsein des Mystikers von Gottes Intellekt absorbiert, ohne daß es mit dem verborgenen Gott identisch wird.

Gipfel der mystischen Suche ist nach jüdischer Auffassung die *Dewekut*. Für den zeitgenössischen Juden klingt die Existenz derartiger mystischer Praktiken und Theorien vielleicht überraschend.

Die mystische Suche hat das Judentum tief durchdrungen, und dennoch sind diese Elemente im Judentum nur wenig bekannt.

Jüdische Mystik als lebendiger Bestandteil des Judentums ist heute praktisch ausgestorben. Sie wird größtenteils in die Vergangenheit verwiesen und als bedeutungsloses Relikt des jüdischen Kulturerbes abgetan. Viele verbannen sie in die

---

1 Yaakov Yosef von Polnoye: *Ben Porat Yosef*, 1781, Anhang.

Kategorie von Altweibergeschichten, auf jiddisch *Bubbe maysses*.[1]

Viele historische Faktoren waren am Untergang der jüdischen mystischen Tradition beteiligt. Durch die europäische Aufklärung des 18. Jahrhunderts hat das Judentum in West- und Mitteleuropa eine grundlegende Änderung erfahren. Bis zu jenem Zeitpunkt galten die Juden bei ihren Zeitgenossen als Fremde, die aus der christlichen Gesellschaft ausgeschlossen und auf besondere Wohnbezirke, die Gettos, zu beschränken waren. Die Stellung der Juden in West- und Mitteleuropa, denen die Staatsbürgerschaft vorenthalten wurde, die oft nicht an einer produktiven Wirtschaftstätigkeit teilnehmen durften und der politischen Willkür ausgesetzt waren, war in den meisten Fällen unsicher. Ihr Zustand änderte und verbesserte sich im 18. Jahrhundert dank einer ganzen Reihe von intellektuellen, politischen und wirtschaftlichen Gründen.

Die europäische Aufklärung führte einen tiefen Wandel in der intellektuellen Einstellung vieler Europäer und eine Neubewertung des Status der Juden herbei. Mit ihrer Philosophie regten Descartes, Voltaire, Montesquieu und Hume zu einer Neubewertung der Religion und ihrer Bedeutung an. Viele Intellektuelle unterschieden nun zum ersten Mal zwischen offenbarten Religionen und Naturreligion. Zu den offenbarten Religionen gehörten jene, die sich auf die an ein bestimmtes Volk gerichtete historische Offenbarung von Wahrheiten beriefen. Die Naturreligion, auch Religion der Vernunft genannt, ist dagegen die universale Wahrheit von der Natur Gottes und der Welt, die jeder rationale Mensch erkennen kann, indem er die Welt um sich beobachtet.

So hat Voltaire es formuliert:

---

1 Das erste bekannte Buch auf jiddisch ist das *Bovo Buch* von Elija Levita aus Nürnberg (16. Jahrhundert), die Nacherzählung eines älteren romantischen Epos über Sir Bevis (Bovo) und Druzane. Dieses Gedicht in Reimen fand als »Bovo Mayse« (die Bevis-Sage) Verbreitung. Später wurde daraus die verballhornte Version »bubbe mayse« (Altweibermärchen), obwohl es ursprünglich etwas ganz anderes bedeutete.

Der Mensch ist ein intelligentes Wesen, aber solch ein Wesen kann nicht von einem ungebildeten, blinden und unempfindlichen Wesen geschaffen worden sein. Es besteht sicher ein Unterschied zwischen [einem Sir Isaac] Newton und Eselskötteln.[1]

Er leitete die Existenz einer rationalen Gottheit von der Ordnung und Vernunft in Natur und Welt ab, die die Ordnung und Naturgesetze bestimmten.

Als der Mensch begann, Ordnung für die Welt zu postulieren, statt sie dem göttlichen Eingreifen zu überlassen, wurde die Religion im Licht dieser neuen Philosophie unter die Lupe genommen. Für die Philosophen der Aufklärung war Religion die Anerkennung der Weltordnung, gleichzeitig erkannten sie die Existenz und Vorsehung der Gottheit an, die die Natur geschaffen hatte. Dieses Verständnis der Weltordnung beschränkte sich nicht auf die Anhänger irgendeiner bestimmten Religion. Alle rationalen Menschen konnten ihm zustimmen, selbst wenn sie verschiedenen Religionen angehörten.

Nach Hume hatte Religion die Aufgabe, sozial Gutes zu fördern:

Die rechte Aufgabe der Religion ist es, das Herz des Menschen zu mäßigen, sein Verhalten zu vermenschlichen und seinem Geist Mäßigung, Ordnung und Gehorsam einzuflößen.[2]

Dieser neuartige Begriff einer Naturreligion veranlaßte eine Handvoll liberaler Christen, den Status der Juden neu zu überdenken. Vielleicht waren die Juden an sich nicht hassenswert, sondern waren es auf Grund ihrer Geschichte, Umwelt und verzerrter Vorstellungen über religiöse Wahrheit geworden. Vielleicht konnte man die Juden dazu bringen, sich im aufstrebenden Merkantilismus wirtschaftlich nützlich zu machen, wenn sie ihre Loyalität zum jüdischen Volk aufgeben und statt dessen loyale Bürger des Staates würden, in dem sie lebten, und wenn die Juden auch noch auf die unaufgeklärten

---

1 Norman Hampson: *The Enlightenment*, London (Penguin) 1968, S. 103.

2 Hampson: *Enlightenment*, S. 105.

Aspekte ihrer Religion verzichteten, konnte man sie sogar akzeptieren. Die These, »alle Menschen wurden gleich geschaffen und haben ein unveräußerliches Recht auf Leben, Freiheit und das Streben nach Glück«, könnte auch die Juden einschließen, wenn sie sich nur änderten.

Die jüdische Emanzipation gründete auf der Voraussetzung, daß Juden ihr Verhalten und ihre Einstellung von Grund auf ändern müßten. Sogar christliche Befürworter der jüdischen Emanzipation betrachteten die jüdische Religion als Haupthindernis, das einem Fortschritt auf dieses Ziel hin im Weg stand. Der Preis für Staatsangehörigkeit in Europa setzte Bereitschaft von den Juden voraus, auf ihre religiösen Lehre und jenen vorgeblichen Aberglauben zu verzichten, der mit der Religion der Vernunft in Widerspruch stand, wie andere Kleidung, Einschränkungen gegen den gesellschaftlichen Umgang (besonders wegen der Speisevorschriften) mit Nichtjuden, Gebrauch von Fremdsprachen (Jiddisch und Hebräisch), Glaube an die Rückkehr nach Zion, Vorbehalte gegen die Heirat mit Nichtjuden und Glaube an die Existenz eines abgesonderten jüdischen Volkes. In keinem europäischen Land wurde Juden vor 1791 die Staatsbürgerschaft gewährt, erst dann erhielten sie in Frankreich, zwei Jahre nach der Erklärung der allgemeinen Menschen- und Bürgerrechte durch die französische Nationalversammlung, das Stimmrecht. Im Laufe des 19. Jahrhunderts erfolgte in West- und Mitteleuropa allmählich die Emanzipation der Juden, selbst wenn es auf diesem Weg immer wieder zu Rückschlägen kam.

Breite Kreise unter den Juden in West- und Mitteleuropa bemühten sich, auf die Herausforderung durch die Emanzipation mit der Einführung von Änderungen zu reagieren. Die im frühen 19. Jahrhundert in Deutschland ins Leben gerufene jüdische Reformbewegung wollte den rationalen und universalen Kern des Judentums bewahren, gleichzeitig aber die abergläubischen, nationalistischen und separatistischen Elemente des rabbinischen Judentums daraus entfernen. Bei diesem Prozeß wurde auch die *Kabbala*, die einen der Aspekte des religiösen Erbes der Juden in Europa darstellte, verworfen.

Um die gleiche Zeit trieben Lurias *Kabbala* und der Chassidismus in Osteuropa weiterhin tief ihre Wurzeln in das religiöse Bewußtsein des Volkes. Obwohl die moderne Zeit den Charakter der west- und mitteleuropäischen Juden verändert hatte, lebten die Juden in Osteuropa noch immer in einer mittelalterlichen Welt. Im frühen 19. Jahrhundert wuchs der Chassidismus als die vorherrschende religiöse Bewegung unter den osteuropäischen Juden weiter. Nach 1848 veränderte sich der Charakter der Juden in Osteuropa unter dem Einfluß der europäischen Aufklärung ebenfalls. Während der Zar den Anschluß Rußlands an den Westen förderte, stellten jüdische Intellektuelle ein Programm für die jüdische Emanzipation auf. Ihr Programm, das sie *Haskala* nannten, das hebräische Wort für »Aufklärung«, rief nach Reformen und der Modernisierung der jüdischen religiösen Traditionen sowie danach, ein aufgeklärtes Schulprogramm einzuführen und die gesellschaftlichen Gepflogenheiten, Stil und Sprache der Gesellschaft, in der sie lebten, zu übernehmen. Andere folgten einem ähnlichen Programm, traten aber für den Gebrauch des Hebräischen als der *lingua franca* des jüdischen Volkes ein.

Trotz des Optimismus der osteuropäischen *Haskala* stießen die Juden auf keine positive Reaktion. Ein Zar nach dem anderen beschränkte das ihnen erlaubte Wohngebiet weiterhin auf bestimmte, an der Grenze gelegene Regionen, ebenso standen Juden weiterhin viele Wirtschaftsbereiche nicht offen, und es gab Widerstand gegen ihre Emanzipation. Legal kam die Emanzipation erst mit der Russischen Revolution zu den osteuropäischen Juden, aber selbst dann wurden sie im Grunde genommen immer noch nicht akzeptiert.

Im späten 19. Jahrhundert verzweifelten – angesichts der zunehmenden Häufigkeit und Brutalität der Pogrome – viele Juden an ihrer Emanzipation und fanden andere Lösungen für sich wie Verweltlichung und Assimilation, aktives Engagement als Sozialisten und Kommunisten, Auswanderung nach Amerika und Zionismus. Zu diesem Zeitpunkt hatten viele Juden mit der Tradition gebrochen, wenn auch ein Kern der Juden Osteuropas weiterhin wie in der Vergangenheit lebte – bis dieser Teil für immer im nationalsozialistischen Holocaust unterging. Mit dem Zusammenbruch der traditionellen Welt des *Shtetl* wurden auch *Kabbala* und Chassidismus als Fossilien einer vergangenen Zeit verworfen.

Jüdische Mystik blühte in einer Zeit, als die meisten Juden fromm das jüdische Ritual befolgten. Bis zum Auftreten von Sabbatai Zwi bestand kaum die Gefahr, daß sich ein Mystiker von der traditionellen jüdischen Praxis lossagen würde. Infolgedessen gestaltete sich die Initiation in die jüdische Mystik ziemlich explizit und konventionell. Eingeführt in die Geheimnisse der *Kabbala* wurden Rabbinen und andere Juden, die fortgeschrittene Kenntnisse der rabbinischen Literatur und Erfahrung hatten.

Die *Kabbala* war für alle, die Mühe hatten, Bibel, Talmud und *Midrasch* zu verstehen, einfach unverständlich. Da die *Kabbala* so reich an Symbolen ist, brauchte man für die Einführung einen Meister und Lehrer, der den Neuling an der Hand nahm. Es gibt seit der Zeit von Ezechiel bis zum 19. Jahrhundert keinerlei Berichte über unabhängige jüdische Mystiker, die eine eigene Form der Mystik praktiziert hätten. Die erhaltenen Aussagen von Mystikern sprechen alle die Sprache der jeweils vorherrschenden mystischen Bewegung: *Merkawa*, deutscher Chassidismus, *Sohar*, Lurias Bewegung, Sabbatianismus und Chassidismus.

Erst in den letzten beiden Jahrhunderten, als die jüdische Religion ihre Kontrolle über die Juden einbüßte, hat es unabhängige und autonome Formen der Mystik gegeben. Außer den schon erwähnten Beispielen – Buber, Singer und Agam – weisen die meisten Formen zeitgenössischer jüdischer Mystik beinahe keine jüdischen Elemente auf. Kaum eine bedeutende Form einer eklektischen jüdischen Mystik verbindet erfolgreich die traditionelle jüdische Mystik mit anderen Formen menschlicher Geistigkeit.

Moderne, weltliche Meditationstechniken fördern einen entspannten, konzentrierten und deautomatisierten Bewußtseinszustand. Während der gesamten Geschichte haben einige Kabbalisten besondere Atem- und Meditationstechniken praktiziert, die sie größtenteils aus dem nichtjüdischen Bereich, insbesondere dem Yoga übernommen haben. Eigenständige

Formen kabbalistischer Meditation sehen dagegen Versinken in das traditionelle hebräische Gebet und Thora-Studium, nicht Entspannungstechniken vor. Der jüdische Mystiker möchte Einblick in die Funktionsweise der *Sefirot* gewinnen, um sie zu beeinflussen, nicht um Ruhe und Entspannung um ihrer selbst willen zu erreichen.

Eine Neubelebung der jüdischen Mystik in ihrer traditionellen Gestalt ist unwahrscheinlich. Die Lehre der jüdischen Mystik wurzelt zu stark in der mittelalterlichen Denkweise, als daß sie den modernen Verstand reizen könnte. Aber Mystik ist ein dauerhaftes Kennzeichen der menschlichen Geistigkeit, die viele brennend interessiert.

Welche Aussichten hat eine zeitgenössische jüdische Mystik? Seit das Interesse an der jüdischen Identität in den letzten beiden Jahrzehnten neuerwacht ist, hat man begonnen, das jüdische kulturelle Erbe zu erforschen. Die Beliebtheit von Büchern, Vorträgen und Studiengruppen über die jüdische Mystik belegt nachdrücklich, wie anhaltend das Interesse für jüdische Mystik ist.

Obwohl dieses Interesse unter Umständen lediglich eine Suche nach kulturellen Wurzeln widerspiegelt, steht es vielleicht aber auch für ein sehr viel tieferes Phänomen.

Das Interesse an Religion ist ein beharrliches Merkmal der menschlichen Natur.

Die Wissenschaft ist mittlerweile immer spezialisierter und theoretischer geworden und ihre Theorien dermaßen komplex und symbolisch, daß die meisten Laien den dabei entwickelten Theorien über den Ursprung des Universums, die Natur des Bewußtseins und die Grundstrukturen des Seins nicht mehr folgen und nicht verstehen können. Für viele stellt Religion einen Überbau von Glaubenssätzen dar, der ihnen etwas über die Beschaffenheit des Universums und allem, was es enthält, sagt.

Religion füllt das intellektuelle Vakuum, das auf die wachsende Unfähigkeit der Wissenschaft zurückgeht, ihr Verständnis des Lebens in für den Laien verständliche Begriffe zu fassen. Obwohl Religion in diesem Fall als Pseudowissenschaft mißverstanden werden kann, steht sie doch für das echte

Bemühen, sich mit Fragen nach dem Sinn des Lebens in einem zeitgenössischen Rahmen auseinanderzusetzen.[1]

Das neuerwachte Interesse an Religion ließe sich überdies kulturellen Faktoren zuschreiben. Der Mensch sucht seit alters her nach einem Sinn, der außerhalb seiner Reichweite liegt. Die mechanistische Anschauung, die Welt und Individuum als kaum mehr als das Ergebnis blinder biochemischer Kräfte, natürlicher Vorgänge und zufälliger astronomischer Ereignisse betrachtet, geht nicht einmal annähernd auf die Frage ein, warum die Welt so und nicht anders beschaffen ist. Der tief verwurzelte Drang des Menschen, Sinn, Ordnung und Ursache zu suchen, hat bei vielen Humanisten das Gefühl geweckt, der menschliche Geist sei einfach zu beschränkt, um Erklärungen für die Geheimnisse der Lebens zu finden. Der Mensch sehnt sich nach Erklärungen, die über den Stand des menschlichen Wissens hinausgehen. Jeder strebt irgendwie nach einer transzendenten Erfahrung, einem ozeanischen Gefühl, einem Gefühl der Undifferenziertheit. Für diese Formen des menschlichen Ausdrucks sind Religion und oft auch die Mystik das passende Mittel.

Religion bietet der Gesellschaft heute eine Möglichkeit, sich als Teil einer Gemeinschaft zu fühlen. Die Andacht kann als öffentlicher Ausdruck, zu einer Gemeinschaft zu gehören, wichtig sein und im gesellschaftlichen Bereich die Zugehörigkeit zum Judentum bestätigen. Für viele hat der gesellschaftliche Aspekt der offiziellen Andacht in einer Synagoge weitaus größere Bedeutung als das, was die Liturgie besagt. Die Synagoge ist die einzige Einrichtung im jüdischen Leben, in der ganze Familien mit anderen Familien zusammenkommen können. Obwohl sich dank sozialer Wohlfahrt und freiwilliger Zusammenschlüsse viele Möglichkeiten im weltlichen Rahmen anbieten, um sein Judentum auszudrücken, ist die religiöse Gemeinschaft im Judentum von ihrer Art her einzigartig.

Oft verändern religiöse Rituale ganz unterschwellig die psychologischen Strukturen, die das Bewußtsein des Menschen

1 Siehe Paul Davies: *God and the New Physics*, New York (Simon & Schuster) 1983, S. 1–8.

normalerweise ordnen, begrenzen und für es auswählen und interpretieren. Das traditionelle jüdische Gebet beinhaltet, sich einer Form des Bewußtseins hinzugeben, die sich stark vom gewöhnlichen Bewußtsein unterscheidet. Für den beteiligten Gläubigen setzt die Teilnahme am Gottesdienst eine Empfänglichkeit für Anregungen voraus, denen er sonst nirgends begegnet. Wie man sich beim Singen angesichts ungewohnter Ritualgegenstände, dem Klang der hebräischen Sprache, den Kodes, Signalen und Ritualen beim Gottesdienst sowie beim Heraufbeschwören religiöser Vorstellungen körperlich fühlt, das alles trägt dazu bei, daß eine Bewußtseinsänderung eintritt. Ist man längere Zeit derartig einbezogen, entsteht oft ein Gefühl von Ehrfurcht und Einheit. Es überrascht deshalb nicht, daß *Jom ha-Kippurim*, der Versöhnungstag, bei vielen Juden ein großartiges religiöses Hochgefühl weckt.

Psychologen bezeichnen diese Veränderung des normalen Bewußtseins als »Deautomatisierung«[1], beim Theologen heißt sie »Transzendenz«. Das religiöse Erlebnis des Gläubigen in der Synagoge weckt in ihm oft ein Gefühl von Einheit und Erhebung, das für mystische Erfahrungen typisch ist. Das ozeanische Gefühl, das einige Erscheinungen der religiösen Erfahrung begleitet, wird von der modernen Psychologie sehr unterschiedlich beurteilt. Strenge Freudianer betrachten eine derartige religiöse Erfahrung als Regression zu einem verhältnismäßig undifferenzierten Ego.[2] Für andere stellt sie ein notwendiges integratives Stadium des menschlichen Bewußtseins dar. Der Jungianer Erich Neumann betrachtete Mystik als ein essentielles Stadium der menschlichen Entwicklung. Seiner Ansicht nach entwickelt sich das Ego aus Undifferenziertheit zu eigenem Selbstbewußtsein. Er postuliert ein weiteres integratives Stadium, in dem das differenzierte Ego Indivi-

---

1 Arthur Deikman: Deautomatization and the mystic experience, in: *The Nature of Human Consciousness*, Robert E. Ornstein (Hrsg.), San Francisco (W. H. Freeman) 1973, S. 216–233.

2 Freud: *Gesammelte Werke*, Bd. 21, S. 64–73.

dualität und Undifferenziertheit erfahren kann.[1] Damit bietet sich vielleicht ein wichtiger Einblick in den psychologischen Wert des gemeinschaftlichen Gebets an. Das Gebet in der Gemeinschaft ist die Gelegenheit, Individualität und gleichzeitig Undifferenziertheit als fortgeschrittene Form des menschlichen Bewußtseins zu erleben.

Die religiöse Erfahrung der einzelnen Teilnehmer ist unterschiedlich. Als verbindendes Element mag gelten, daß ein ungewöhnlicher Bewußtseinszustand erzeugt wird, begleitet von Wirklichkeitsgefühl und Unsäglichkeit der Erfahrung. Ein Synagogengänger kann nicht ohne weiteres erklären, was ihm beim Beten eigentlich widerfährt. Möglicherweise umschreibt er es als »ein gutes Gefühl« oder als »Zugehörigkeit zur Gemeinde«. Aber unterschwellig liegt im allgemeinen ein Bewußtseinswandel auf Grund der gemachten Erfahrung vor.

Außerdem dient das Gebet hin und wieder auch als wichtigstes Medium, individuell eine religiöse Erfahrung in einem religiösen Kontext zu machen, bei dem sonst der gemeinschaftliche Rahmen betont wird. Dadurch, daß ständig wiederholt wird, wie zentral die Rolle ist, die die Offenbarung im Judentum spielt, wird womöglich die Vorstellung bestärkt, daß die mystische Erfahrung den Kern des Judentums bildet. Trotzdem sticht ins Auge, daß dieses zentrale theologische Thema der jüdischen Liturgie – die Offenbarung – als Ereignis in die Vergangenheit verwiesen wird, nicht als eine Aufforderung an alle zeitgenössischen Juden, die mystische Begegnung mit Gott zu suchen. Solange die direkte und unmittelbare Beziehung zwischen Gott und Mensch im Mittelpunkt des Judentums steht, sucht der einzelne Jude vermutlich seine eigenen individuellen religiösen Erfahrungen. Solange es Menschen gibt, die das Judentum ernst nehmen, gibt es auch Juden, die Mystik ernst nehmen.

Das erneuerte Interesse an jüdischer Mystik könnte paradoxerweise auch aus einer Entfremdung mit den formalen liturgi-

---

1 Erich Neumann: Mystical man, in: *The Mystic Vision: Papers from the Eranos Yearbooks*, Joseph Campbell (Hrsg.), Princeton (Princeton University Press) 1968.

schen Strukturen im Judentum heraus erwachsen. Durch die fremdartige Sprache, das Hebräische, und die begrifflichen Schwierigkeiten mit der jüdischen Theologie erscheint das Judentum vielen unzugänglich oder fremd. Trotzdem sehnen sich diese selben Menschen, die sich in den Traditionen oder formalen Einrichtungen des Judentums nicht zu Hause fühlen, oft nach einem geistigen Weg, um das Jüdische in sich auszudrücken. Viele stehen zerrissen zwischen ihrer Entfremdung von der formalen jüdischen Religion und einem tiefen Wunsch, jüdisch zu sein. Für sie sind die weltlichen und gesellschaftlichen Möglichkeiten einer jüdischen Gemeindetätigkeit ohne religiöse oder geistige Dimension kleinkariert und trivial. Für diese Menschen, die in der Gemeinde keinen Platz für sich finden, bietet sich jüdische Mystik als attraktive Alternative an. Sie stellt eine ausgesprochen individualistische Geistigkeit in Aussicht, die nicht von irgendeiner externen Autorität reguliert wird. Jüdische Mystik zieht unter Umständen die entfremdesten modernen Juden an.

Allerdings läßt sich unmöglich voraussagen, welche Formen die jüdische Mystik in der Zukunft einmal annehmen wird. Es ist unwahrscheinlich, daß man die Lehre von den *Sefirot* heute als mehr als nur einen mächtigen Mythos betrachtet. Kann der unterschwellige philosophische Gehalt der jüdischen Mystik in eine Form umgewandelt werden, die auch für die moderne Frau und den modernen Mann von Nutzen ist?

Die moderne Wissenschaft hat bewiesen, daß die tieferliegenden Strukturen der Existenz weiterbestehen. Fortschritte in der Kerntheorie haben den Menschen veranlaßt, seine Vorstellungen von unbelebter Materie neu zu überdenken. Im Universum bleibt nichts unverändert. Alles vibriert als eine Unzahl teilbarer kleinster Teilchen, die so winzig sind, daß die Sinne des Menschen sie nicht wahrnehmen. Die Struktur der Existenz wurde nicht unterbrochen. Das Universum besteht aus Energie und Masse, und Masse ist die Verlängerung von Energie. Die gesamte Existenz ist eine Einheit.

Solch eine Konstruktion der Realität erinnert an die kabbalistische Theorie der *Sefirot*. Der Unterschied zwischen Unendlichkeit und dem einfachsten Mensch auf Erden ist lediglich eine Frage des Grades. Das Menschenleben ist die Verlängerung der Unendlichkeit von *En Sof* auf die Welt. Die *Kabbala* könnte als Metapher für eine religiöse Reaktion auf die wunderbaren Entdeckungen in der modernen Physik und Astronomie dienen. Vielleicht bietet sich die *Kabbala* auch als Beispiel an, wie man die abstrakten Hypothesen der Wissenschaft in die bewußte Organisation des menschlichen Weltverständnisses integrieren kann.

Die kabbalistische Lehre von der Seele ist ihr vielleicht herausragendstes Element. Zeitgenössische Philosophie und Psychologie haben ein kohärentes Musterbeispiel entwickelt, das keine getrennte Existenz einer von außen kommenden Seele vorsieht. Die Psyche ist ein Merkmal der biologischen Existenz eines Menschen. Man nimmt an, daß sie weder vor dem Körper existiert noch nach seinem Tod fortbesteht. Aber neuere Untersuchungen von Elisabeth Kübler-Ross und anderen haben einige Vorstellungen von Tod, Sterben und dem Leben nach dem Tode in Frage gestellt. Die nachweisbaren Wahrheiten der Psychologie werden gerade formuliert. Die Lehre von der Menschenseele wird möglicherweise noch erweitert.

Und letztendlich liefert die kabbalistische Gottesvorstellung womöglich noch einmal einen fruchtbaren Boden für die zeitgenössische jüdische Theologie. Für viele Menschen muß Gott, wenn es ihn wirklich gibt, persönlich sein. Reagiert er nicht und ist er kein liebevoller, persönlicher Gott, dann existiert er nicht. Diese volkstümlichen Vorstellungen haben zu sehr vereinfachten theologischen Auffassungen von Gottes Existenz und Natur geführt.

Die Vorstellung, daß Gott im wesentlichen verborgen ist, ließe sich besser mit der menschlichen Erfahrung in Einklang bringen. Nach der jüdischen Mystik ist Gott im wesentlichen verborgen, aber er zeigt sich auf verschiedene Arten, was ganz vom Tun der Menschheit abhängt. Was der Mensch als Gott bezeichnet, ist nicht Gott, sondern seine Manifestationen. Was als göttliche Grausamkeit oder Gleichgültigkeit wirkt, spiegelt demnach nicht Gottes Taten, sondern die des Menschen wider.

Die kabbalistische Theologie eröffnet der jüdischen Theologie neue Aussichten. Gott hat weder Auschwitz noch den Tod eines Kindes gewollt oder erlaubt. Die Menschheit lebt in einer Welt, in der Gott keine direkte Beziehung zum einzelnen aufnimmt. Das Schicksal des Menschen liegt ausschließlich in der Hand des Menschen. Gott nimmt immer die Form oder Manifestation an, die ihm das Handeln des Menschen vorschreibt. Trotzdem ist der Mensch durch ein gemeinsames Wesen gleichzeitig an Gott gebunden, das von ihm fordert, nach seinen moralischen Eigenschaften zu handeln. Verfährt er nicht so, kommt es zu einer selbst verursachten Katastrophe.

Trotz ihrer mächtigen Theologie ist die jüdische Mystik zutiefst menschlich. Sie gibt dem Menschen, der durch seine Natur an Gott gebunden ist, ein edles und kohärentes Format. Gleichzeitig kann nur der Mensch sein eigenes Schicksal bestimmen. Die Macht, sich zu erheben oder in die Tiefen der zerbrochenen Gefäße zu versinken, ruht ausschließlich in ihm selbst.

Glossar

Absorbierende Mystik: Bei dieser Art von Mystik wird der Mystiker vom Gegenstand seiner Suche absorbiert und ist von ihm ununterschieden.

Akosmische Mystik: Eine die Existenz der Welt verleugnende Mystik.

Alijat ha-Neschama: Aufstieg der Seele in den Himmel.

Anthropomorphismus: Vermenschlichung Gottes und seine Beschreibung als körperliches Wesen.

Anthropopathismus: Beschreibung Gottes als menschähnlich, mit menschlichen Gefühlen und Emotionen.

Azilut (Emanation): Hypertrophie oder Überfließen der göttlichen Essenz aus *En Sof*.

Betrachtende Meditation: Ruhiges Heraufbeschwören und Betrachten einer Folge von Ideen und Bildern, die in das Bewußtsein treten.

Bina (Einsicht): Die dritte *Sefira*.

Bitul ha-Jesch: Aufhebung der bewußten Existenz.

Deautomatisierung: Der bewußt unternommene Versuch, einen hypnotischen oder anderen tranceähnlichen Zustand herbeizuführen.

Dewekut: Die *Unio mystica* mit den *Sefirot* oder mit Gott.

Din (richtende Macht oder Urteil): Die fünfte *Sefira*.

En Sof: Der unendliche Aspekt Gottes.

Essentialisten: Kabbalisten, für die die *Sefirot* Gottes Essenz sind.

Extraversionsmystik: Die Person erfährt, wie ihr ganzes Wesen eine Reise in den Himmel macht.

Gaschmijut: Körperlichkeit.

Gedula (Größe); auch *Hessed* (Gnade): Die vierte *Sefira*.

Gematria: Ein System, in dem jedem hebräischen Buchstaben ein Zahlenwert zugeschrieben wird.

Gevura (Kraft); auch *Din* (richtende Macht): Die fünfte *Sefira*.

Gilgul: Seelenwanderung, Reinkarnation.

Golem: Homunkulus, ein aus Erde geschaffener Kunstmensch.

Hessed (Gnade): Die vierte *Sefira*.

Hochma (Weisheit): Die zweite *Sefira*.

Hod (Majestät): Die achte *Sefira*.

Ibbur: Empfängnis – der Zustand, in dem sich die Schutz- oder Begleitseele eines Menschen der eines anderen anschließt.

Instrumentalisten: Kabbalisten, für die die *Sefirot* die Gefäße sind, über die Gott handelt.

Introversionsmystik: Eine Reise des Mystikers ins Innere seines Bewußtseins.

Jessod (Grund): Die neunte *Sefira*.

JHWH: Das Tetragramm, der traditionelle, vierbuchstabige Name Gottes, *Adonai* ausgesprochen.

Jihud (Einheit): Die Vereinigung der *Sefirot* untereinander.

Kabbala: Eine jüdisch-mystische Bewegung des Mittelalters.

Kawwana: Absicht oder mystische Konzentration.

Keter (Krone): Die erste *Sefira*.

Malchut (Königsmacht); auch *Schechina*: Die zehnte *Sefira*.

Meschicha (nach unten ziehen): Die Macht einer *Sefira* wird konzentriert auf die Seele gelenkt.

Mischna: Der älteste nachbiblische jüdische Gesetzkodex (ca. 200 u. Z.).

Mizwot: Die nach dem jüdischen Ritual für einen Juden gültigen Ge- und Verbote.

Nefesch: Leben, die unterste Stufe der Seele.

Neschama: Seele, die höchste Stufe der Seele.

Nezah (Ruhm): Die siebente *Sefira*.

Nichtabsorbierende Mystik: Bei dieser Art von Mystik ist der Mystiker vom Gegenstand seiner Suche unterschieden.

Noetisch: Ein Element von Einsicht, Wissen, Intuition oder Offenbarung.

Ozeanisches Gefühl: Ein Gefühl, daß der Mystiker von der Wirklichkeit um ihn herum ungeschieden ist.

Pantheismus: Bei diesem Typ von Mystik wird Gott als sich überall in der Natur befindlich und von ihr als nicht unterscheidbar empfunden (Naturmystik).

Ruach: Atem, Geist, mittlere Stufe der Seele.

Ruchanijut: Geistigkeit.

Schechina: Wörtlich »die Gegenwart Gottes«; in der *Kabbala* der weibliche Aspekt Gottes.

Schewira: Bruch, die zerstörte Harmonie der göttlichen Welt.

Sefirot (»Berechnungen«): Die zehn Aspekte von Gottes nicht erkennbarem Wesen (Sing. *Sefira*).

Siwug (Vereinigung): Die Vereinigung der männlichen und weiblichen *Sefirot* und der Menschenseele mit *Schechina*.

Talmud: Wichtigste Sammlung jüdischer Gesetze, Überlieferung, Philosophie und Ethik, die zwischen 200 und 500 u. Z. im Land Israel bzw. in Babylon zusammengestellt wurde.

Theismus: Gott als ein eigenes und von der Welt zu unterscheidendes Wesen.

Thora: Die fünf Bücher Moses' (Genesis, Exodus, Leviticus, Numeri und Deuteronomium). Auch: *Thora sche-be-ktaw*, d. h. die schriftliche Lehre.

Thora sche-be-al-Pe: Die mündliche Lehre, d. h. die mündlich überlieferten jüdischen religiösen Vorschriften.

Tif'eret (Pracht): Die sechste *Sefira*.

Tikun: Die Wiederherstellung der durch den »Bruch der Gefäße« gestörten Welt Gottes.

Tikunim: Rituelle Handlungen oder Taten, mit denen bewußt die Wiederherstellung herbeigeführt werden soll.

Zelem: Astralkörper.

Zimzum: Das Zusammenziehen Gottes.

Literaturhinweise

Aboth de-Rabbi Nathan, S. Schechter (Hrsg.) Wien 1887.

Abraham Isaac Kook: *The Lights of Penitence, The Moral Principles, Lights of Holiness, Essays, Letters and Poems*, B. Z. Bokser (Üb. und Hrsg.) New York (Paulist Press) 1978.

Alkabetz, Shlomo ha-Levi: *Brit ha-Levi*, Jerusalem 1970.

Ariel, D.: *Shem Tob ibn Shem Tob's Kabbalistic Critique of Jewish Philosophy in the Commentary on the Sefirot,* Dissertation, Waltham (Brandeis University) 1981.

ders.: The Eastern dawn of wisdom: The problem of the relation between Islamic and Jewish mysticism, in: *Approaches to Judaism in Medieval Times*, D. Blumenthal (Hrsg.), Chico (CA: Scholars Press) 1985, S. 149–167.

Aristoteles: *Über die Seele*, Willy Theiler (Üb.), Darmstadt (Wissenschaftliche Buchgesellschaft) 1970.

Ben-Sasson, H. H.: Rabbi Mosheh ben Nahman: Ish be-Sivkhei Tekufato. *Molad* (N.S.) 1967, Bd. 1, S. 360–368.

Biale, D.: *Gershom Scholem: Kabbalah and Counter-History*, Cambridge (Harvard University Press) 1978.

Buber, M.: *Der Weg des Menschen nach der chassidischen Lehre*, 1. Aufl. 1947, Neuaufl., Neu-Isenburg 1983, Tiersen (Hrsg.).

ders.: *Die Erzählungen der Chassidim: Die frühen Meister*, Zürich (Manesse) 1949.

Bucke, R. M.: *Cosmic Consciousness*, Philadelphia 1901.

Campbell, J.: *The Masks of God: Occidental Mythology*, New York (Penguin) 1976.

Cohen, M. A.: Reflections on the text and context of the disputation of Barcelona. *Hebrew Union College Annual*, Nr. 35, S. 157–192.

Dan, J.: *Torat ha-Sod shel Hasidei Ashkenaz*, Jerusalem (Bialik Institute) 1968.

ders.: *Gershom Scholem and the Mystical Dimension of Jewish History*, New York (New York University Press) 1987.

Dan, J. und Kiener, R.: *The Early Kabbalah*, Ramsey (NJ: Paulist Press) 1986.

Davies, P.: *God and the New Physics*, New York (Simon & Schuster) 1983.

Deikman, A.: Deautomatization and the mystic experience, in: *The Nature of Human Consciousness*, R. E. Ornstein (Hrsg.), San Francisco (W. H. Freeman) 1973, S. 216–233.

Der Babylonische Talmud, Lazarus Goldschmidt (Üb.), Haag 1933.

Der Jerusalemer Talmud in deutscher Übersetzung, Charles Horowitz (Üb.) Tübingen (J. C. B. Mohr – Paul Siebeck) 1975.

Der Sohar: Das heilige Buch der Kabbala, nach dem Urtext hrsg.

von Ernst Müller, Wien (Heinrich Glanz) 1932.

Die Heilige Schrift des Neuen Bundes, Freiburg im Breisgau (Herder Verlag) 1965.

Die vierundzwanzig Bücher der Heiligen Schrift, Dr. Zunz (Üb.), Basel (Victor Goldschmidt).

Dubnow, S.: *History of the Jews of Russia and Poland*, New York (Ktav) 1975.

Elior, R.: *Torat ha-Elohut ba-Dor ha-Sheni shel Hasidut HaBaD*, Jerusalem (Magnes Press) 1982.

Elishov, S.: *Sefer Hakdamot u-Shearim*, Pietrakov 1904.

Fine, L.: *Safed Spirituality: Rules of Mystical Piety, The Beginning of Wisdom*, Ramsey (NJ: Paulist Press) 1984.

Freud, S.: *Gesammelte Werke*, 4. Aufl., Frankfurt am Main (S. Fischer Verlag) 1968.

Gafni, I.: The historical background, in: *Jewish Writings of the Second Temple Period*, M. Stone (Hrsg.) Philadelphia (Fortress Press) 1984.

Gottlieb, E.: *Studies in Kabbalistic Literature*, Tel Aviv (Tel Aviv University Press) 1976.

Green, A.: *Tormented Master: A Life of Rabbi Nahman of Bratslav*, New York (Schocken) 1981.

Green, A. und Holtz, B.: *Your Word is Fire*, Ramsey (NJ: Leiden: E. J. Brill) 1977.

Gruenwald, I.: *Apocalyptic and Merkavah Mysticism*, Leiden (E. J. Brill) 1980.

Habermann, A.: *Shirei ha-Yihud ve-ha-Kavod*, Jerusalem (Mossad Harav Kook) 1948.

Halperin, D. J.: *The Merkabah in Rabbinic Literature*, New Haven (American Oriental Society) 1980.

Hammer, R.: *Sifre: A Tannaitic Commentary on the Book of Deuteronomy*, New Haven (Yale University Press) 1986.

Hampson, N.: *The Enlightenment*, New York (Penguin) 1968.

Harris, L.: *Holy Days: The World of a Hasidic Family*, New York (Summit) 1985.

Hayyim Hayke von Amdur: *Sefer Hayyim va-Hesed*, Jerusalem 1953.

Heller, Meshullam Feibusch me-Zborocz: *Sefer Derekh Emet*, Jerusalem 1952.

Heschel, A. J.: The mystical element in Judaism, in: *The Jews: Their History, Culture and Religion*, L. Finkelstein (Hrsg.) 3. Aufl., Philadelphia (Jewish Publication Society) 1966, Bd. 2, S. 932–951.

Idel, M.: *Kabbalah: New Perspectives*, New Haven (Yale University Press) 1988.

Ibn Gabbai, Meir: *Sefer Derekh Emunah*, Warschau 1890.

Inge, W. R.: *Mysticism in Religion*, London 1947.

Jacobs, L.: *Jewish Mystical Testimonies*, New York (Schocken) 1977.

James, W.: *The Varieties of Religious Experience*, London/Glasgow (The Fontana Library) 1960.

Jellonek, A.: *Beiträge zur Geschichte der Kabbala*, Leipzig (C. L. Firtzche) 1852, 2 Bde.

Katz, J.: *Halakha ve-Kabbalah*, Jerusalem (Magnes Press) 1984.

Katz, S. T.: Language, epistemology and mysticism, in: *Mysticism and Philosophical Analysis*, S. T. Katz (Hrsg.), New York (Oxford University Press) 1978, S. 22–74.

Levi Isaac von Berditschew: *Sefer Kedushat Levi*, Jerusalem 1958.

Levine, M. H.: *Falaquera's Book of the Seeker*, New York (Yeshiva University Press) 1976.

Lewin, B.: *Otzar ha-Geonim*, Haifa 1928–1962, 13 Bde.

Maimonides, Moses: *Mishneh Torah*, Jerusalem (Mossad Harav Kook) 1958, 14 Bde.

ders.: *Führer der Unschlüssigen*, Adolf Weiss (Üb.), Leipzig (Meiner) 1923/1924, 3 Bde.

Marcus, I.: *Piety and Society: The Jewish Pietists of Medieval Germany*, Leiden (E. J. Brill) 1981.

Mekhilta de-Rabbi Yishmael, Horowitz (Hrsg.), Frankfurt 1931.

Midrash Bereshit Rabba, J. Theodor und H. Albeck (Hrsg.), Jerusalem (Wahrmann) 1965, 3 Bde.

Midrash Shemot Rabbah, A. Halevy (Hrsg.), Tel Aviv (Mahbarot la-Sifrut) 1959.

Midrash Tanhuma, S. Buber (Hrsg.) Wilna 1885.

Mikraot Gedolot: Torah, Jerusalem (Schocken) 1958–1959, 2 Bde.

Nahmanides: *Perush al ha-Torah*, C. D. Chavel (Hrsg.), Jerusalem (Mossad Harav Kook) 1959, 2 Bde.

ders.: *Kitvei Ramban*, C. D. Chavel (Hrsg.), Jerusalem (Mossad Harav Kook) 1964.

Neumann, Erich: The mystic man, in: *The Mystic Vision: Papers from the Eranos Yearbook*, Joseph Cambell (Hrsg.), Princeton (Princeton University Press) 1968.

Neusner, J.: *Understanding Rabbinic Judaism*, New York (Ktav) 1974.

ders.: *First Century Judaism in Crisis*, Nashville (Abingdon Press) 1975.

Otto, R.: *Das Heilige: Über das Irrationale in der Idee des Göttlichen und sein Verhältnis zum Irrationalen*, 7. Aufl., Breslau (Trewendt & Granier) 1922.

ders.: *West-östliche Mystik. Vergleich und Unterscheidung zur Wesensdeutung*, Gotha 1926.

Parrinder, G.: *Mysticism in the World's Religions*, New York (Oxford University Press) 1976.

Pesikta de-Rav Kahana, B. Mandelbaum (Hrsg.), New York 1962, 2 Bde.

Platon: Das Gastmahl, in: *Werke in acht Bänden*, Griechisch und Deutsch, G. Eigler (Hrsg.), Darmstadt (Wissenschaftliche Buchgesellschaft) 1988, Bd. 3.

Rankin, O. S.: *Jewish Religious Polemic*, Edinburgh (Edinburgh University Press) 1956.

Schatz, R.: *Ha-Hasidut ke-Mistikah*, Jerusalem (Magnes Press) 1968.

Schechter, S.: Safed in the sixteenth century, in: *Studies in Judaism*, Philadelphia (Jewish Publication Society) 1908.

Scholem, Gershom: *Das Buch Bahir*, 1. Aufl., Leipzig (Drugulin) 1923 / 3. Aufl., Nachdruck, Darmstadt (Wissenschaftliche Buchgemeinschaft) 1980.

ders.: Perakim me-toledot sifrut ha-Kabbalah, *Kiryat Sefer*, Nr. 6, S. 402–403, 1929–1930.

ders.: *Kitvei Yad ba-Kabbalah*, Jerusalem (Hebrew University Press) 1930.
ders.: *Die jüdische Mystik in ihren Hauptströmungen*, 1. Aufl. 1941, Frankfurt (Suhrkamp) 1967.
ders.: *Jewish Gnosticism, Merkabah Mysticism and Talmudic Tradition*, New York (Jewish Theological Seminary) 1960.
ders.: *Ursprung und Anfänge der Kabbala*, Berlin (Walter de Gruyter) 1962.
ders.: *Zohar: The Book of Splendor*, New York (Schocken) 1963.
ders.: *Zur Kabbala und ihrer Symbolik*, 1. Aufl. 1965, 2. Aufl. Frankfurt (Suhrkamp) 1977.
ders.: *Ha-Kabbalah be-Provence*, Jerusalem (Hebrew University) 1970.
ders.: *The Messianic Idea in Judaism*, New York (Schocken) 1971.
ders.: The name of God and the linguistic theory of the Kabbalah, in: *Diogenes* Nr. 79, S. 59–80; Nr. 80, S. 164–194, 1972. Deutsch in: Judaica III, Frankfurt am Main 1973.
ders.: *Sabbatai Sevi*, Thüringen (Jüdischer Verlag).
ders.: *Pirkei Yesod be-Havanat ha-Kabbalah u-Semaleha*, Jerusalem (Bialik Institute) 1976. (Deutsch: *Zur Kabbala und ihrer Symbolik* und: *Von der mystischen Gestalt der Gottheit*).
Schweid, E.: *Judaism and Mysticism According to Gershom Scholem*, Atlanta (Scholars Press) 1985.
Seder Olam Rabbah, Ratner (Hrsg.), Wilna 1897.
Sefer Maarekhet ha-Elohut, Mantua 1558.
Sefer Tzevaat ha-Ribash, Jerusalem 1973.
Sefer Shemuah Tovah, Warschau 1938.
Sefer Yetzirah, Jerusalem 1965.
Sefer ha-Zohar, Jersualem (Mossad Harav Kook) 1970.
Shatzmiller, Y.: Le-Temunat ha-Mahloqet ha-Rishonah al Kitvei ha-Rambam, *Zion* Nr. 34, S. 126–144.
Shishah Sidrei Mishnah, H. Albeck und H. Yalon (Hrsg.), Jerusalem (Bialik Institute) 1952–1956, 6 Bde.
Shohat, A.: Beirurim be-Parashat ha-Pulmus ha-Rishon al Sifrei ha-Rambam, *Zion* Nr. 36, S. 27–60.
Silver, D. J.: *Maimonidean Criticism and the Maimonidean Controversy*, Leiden (E. J. Brill) 1965.
Singer, I. B. und Moskowitz, I.: *A Little Boy in Search of God: Mysticism in a Personal Light*, Garden City (NY: Doubleday) 1976.
Solomon, J.: *Agam*, New York (Circle Fine Art Books) 1981.
Sperling, H. und Simon, M.: *The Zohar*, London (Soncino Press) 1931–1934.
Stace, W. T.: *Mysticism and Philosophy*, Philadelphia (Lippincott) 1960.
Steinsaltz, A.: *The Thirteen-Petalled Rose*, New York (Basic Books) 1980.
Strauss (Ashtor), E.: *Toledot ha-Yehudim ba-Mitzrayim ve-Suria Tahat Shilton ha-Mamelukim*, Jerusalem 1944, 2 Bde.

Tanna de-Vei Eliyahu (Seder Eliahu Rabba and Seder Eliahu Zuta and Pseudeo-Seder Eliahu Zuta), M. Friedmann (Hrsg.), Wien 1902, 1904.

Tikkunei Zohar, Mantua 1558.

Tishby, I.: *Mishnat ha-Zohar*, Jerusalem (Bialik Institute) 1957–1961, 2 Bde.

Twersky, I.: Aspects of the social and cultural history of Provencal Jewry, in: *Jewish Society Through the Ages*, H. H. Ben-Sasson und S. Ettinger (Hrsg.), New York (Schocken) 1969, S. 185–207.

Urbach, E. E.: *The Sages*, Jerusalem (Magnes Press) 1975, 2 Bde.

Vital, H.: *Sefer Etz Hayyim*, Jerusalem 1910.

Werblowsky, R. J. Z.: *Karo: Lawyer and Mystic*, Philadelphia (Jewish Publication Society) 1977.

Wolfson, H. A.: *Religious Philosophy*, Cambridge (MA: Harvard University Press) 1961.

Yaakov Yosef von Polnoye: *Ben Porat Yosef*, 1781.

ders.: *Toledot Yaakov Yosef*, Warschau 1841.

Yissakhar Baer von Prag: *Sefer Yesh Sakhar*, Warschau 1901.

Zaehner, R. C.: *Mysticism Sacred and Profane*, London (Clarendon Press) 1957.

Zohar: The Book of Enlightenment, D. Matt (Üb.), Ramsey (NJ: Paulist Press) 1983.

Zohar Hadash, Venedig 1658.

Register

Aaron 220
Abba (»Vater«) 129f.
Abbasiden(kalifat) 67, 181
Abgrund zwischen Gott und Welt 88ff., 127, 144, 148, 165
Abraham 86f., 97, 135, 175, 215f., 220, 249
absorbierende Mystik 55
Adam 86, 88, 194
Adonai (»Herr«) 107, 175
Agam, Yaacov 34, 258f., 271
ägyptischen Sklaverei, Zeit der 221
Aharon, Abu 69
Ajin (»Nichts«) 124, 167
Akademiker, akademische Forschung 254
Akiva ben Josef, Rabbi 61f., 80, 104
akosmische Mystik 52f., 262
Algazel, *siehe* Ghasali, al-
Alijat ha-Neschama (»Aufsteigen der Seele«) 265
Alkabez, Salomo ha-Levi, Rabbi 160
Allerheiligstes 90, 98, 110, 217f., 253
Almohadendynastie 71
Amulette 68
Andalusien (hebr. *Sefarad*) 72f., 78
Arabijja, Ideal der 73
Arabische Sprache, Literatur 73
Arawot (»Himmel«) 61
Aristoteles 103, 181f.
Asai, Simon ben, *siehe* Simon ben Asai
Ascent to the Absolute (Findlay) 45
Aschkenasische Juden 228
Asriel aus Gerona 111
Astralkörper, *siehe Zelem*
Attara (»Diadem«) *siehe Schechina*
Atheismus 252
Aufklärung 267f., 270
außerkörperliche Erfahrungen 44, 65
Avraham ben David (RABaD), Rabbi 75, 106
Avuja, Elisa ben 62
Awoda ba-Gaschmijut (»Gottesdienst durch Körperlichkeit«) 248, 252
Awot (Talmudtraktat) 99, 103
Azilut, siehe Emanation

Baal Schem Tow, *siehe* Israel ben Elieser
Babylonisches Exil 205
Bagdad 67, 69, 72, 181
Bahja ibn Pakuda 72
Beischlaf; *siehe* Geschlechtsverkehr
Bescht, siehe Israel ben Elieser
Bewußtsein, Selbstbewußtsein, *siehe auch* mystische Erfahrungen 43, 53, 246ff., 259, 263ff., 266, 270, 272f., 275
Bibel 75, 86, 88ff., 102, 105f., 110f., 115, 117, 119, 134f., 271
Bina (»Einsicht«) 123f., 130ff., 150ff., 163, 168f., 175f., 186, 201, 208, 215, 217ff., 224, 237, 265f.
Bitterkräuter *siehe Maror*
Bitul ha-Jesch (»Auslöschen der Existenz«) 246f.
Böse, das 208f., 222f., 224, 238f., 244, 256

Braut als kabbalistisches Symbol 154, 160
Brot 222 f.
gesäuertes und ungesäuertes 222 f.
Buber, Martin 34, 249, 255, 271
Bucke, R. M. 42, 59
buddhistische Mystik 50

Chassid 69 f., 242 f., 245 f., 248 ff.
Chassidej Aschkenas (»die Frommen in Deutschland«) 69
chassidische Mystik 54
chassidische Sagen 34
Chassidismus 53, 55, 69 ff., 107, 242, 244 f., 248 ff., 255, 262, 270 f.
Chmielnicki, Bogdan 229
Christentum 47, 67, 79
Christiani, Paulus 79
Chronik des Ahimaas, Die 69
Conversos (span. »die Bekehrten«) 82
Cosmic Consciousness (Bucke) 42

Damaskus 68
Dämon, Dämonologie 194, 256
Dante 193
David, König von Israel 159, 220, 225
Descartes, René 267
Deuteronomium 94 f., 110, 144, 153, 161 f., 208
Deutschland 69, 71, 78, 228, 269
Dewekut (»mystische Vereinigung«, lat.: *Unio mystica*) 200, 202, 246, 261 ff.
Die tugendhafte Hausfrau *siehe Eschet Chajil*
Din (»richtende Macht«) 124, 131 ff., 135, 139, 154, 163, 190, 208, 210, 214 ff., 218 ff., 233 f., 237 f., 264 f.
Dominikanerorden 79
Dualismus 180, 185

Eckart, Meister 52
Ego 53, 274
Ehje ascher ehje (»Ich bin, wer ich bin«) 125
Eleusinische Mysterien 37, 41
Elias 75, 94
Elieser, Rabbi, Sage von 93
Elohim (»Gott«) 135, 137, 175
Elsasar von Worms 108
Emanation 122, 128, 130 ff., 139, 150, 166, 168 ff., 176, 231, 234 f., 237, 255
Emanzipation *siehe Haskala*
En Sof (der verborgene Aspekt Gottes) 109 ff., 126 f., 131 ff., 137, 147 ff., 154, 166 f., 176, 186, 190 f., 199 f., 202, 230 ff., 260 f., 265, 277
Entelechie, *siehe* Vermögen
Erklärung der universalen Menschenrechte 269
Erleuchtung als kabbalistischer Begriff 110, 154, 201
Eschet Chajil (»Die tüchtige Hausfrau«) 212
Esra 213
Essenzen, Theorie von den 118, 122 ff., 166, 172 f.
Esser Sefirot, siehe Sefirot
Exilarch *siehe Resch Galuta* (*Resch Galuta*)
Exodus 87, 94, 161 f., 208
Extraversionsmystik 65
Ezechiel 58, 83, 86, 102, 105, 149, 271

Falaquera, Schem Tow 78
Ferdinand, König von Spanien 83
Festtage 263
Findlay, J. N. 45
Flamme der Dunkelheit 154
Folklore 36
Frank, Jakob 242
Franziskanerorden 83
Französische Revolution 35

Freud, Sigmund 40, 46
Friedman, Dov Baer (der *Maggid*) 244 ff., 263
Führer der Unschlüssigen (Maimonides) 74
Funken des Göttlichen, Aufheben (*Haalat ha-Nizozot*) 243 f., 246 ff., 258, 262

Gabirol, Shlomo ibn 72
Gai Hinom oder *Gehenom* (»Verdammnis«) 197
Galiläa 84
Galizien 241
Gaon 64 f., 127
Gaschmijut (»Körperlichkeit«) 245
Gastmahl, Das (Platon) 188
Gebet, *siehe auch* Meditation 96 f., 104, 109, 115 f., 133, 156, 180, 199, 201, 203 ff., 209, 213, 246 f., 251, 272, 274 f.
Gebote, *siehe auch* Zehn Gebote, Die 217, 263
Gedula (»Ruhm«) *siehe auch Hessed* 70, 123 f., 131
Gefäße(n), Theorie von den 118 f., 124, 130, 134, 142, 167 ff., 172 ff., 178, 236, 240, 242, 247, 278
Geheimnis der Empfängnis *siehe Ibbur*
Gematria (Zahlenwert eines hebräischen Buchstabens) 208, 230
Gemeinden 81, 84, 161, 206, 251
Genesis 87, 135, 137, 185
Geonim 67
Geronenser Kabbalisten, *siehe auch* Asriel von Gerona 77, 123
Geschlechtsverkehr 212, 216
Gettos 35, 267
Gevura, siehe Din
Ghasali, al- 55
Gilgul Nefaschot siehe auch Seelenwanderung 195
Goldenes Kalb 217
Golem, Sage vom 258 f.
Gott, *siehe auch* Abgrund; *En Sof; Sefirot; Schechina* 59, 86 ff., 104 ff., 109 ff., 119 ff., 131 ff., 139, 144, 146, 165 ff., 173, 176, 178, 182, 185, 191, 202, 206, 212, 214, 221, 225 f., 238 f., 243, 245 ff., 248, 255, 258 ff., 261 ff., 277 f.
göttliche Sprache 169
Gregorianischer Kalender 37, 230
griechische Philosophie 181
Grimm, Jakob 257
Große Versammlung 100

Haalat ha-Nizozot (»Emporheben der Funken«) *siehe* Funken des Göttlichen
Hai Gaon, *siehe* Gaon
Händewaschen 210 f.
Harosset 224
Haskala (»Emanzipation«) 270
hebräisches Alphabet 169 f.
hebräische Bibel 47, 86, 227
hebräische Sprache, Literatur 73, 170, 269
Hechalot-Mystik 64
Heilige 144, 146, 151, 184 f., 189, 192, 196 f., 201, 205 f., 227
Herr als kabbalistisches Symbol 154
Heschel, Abraham Joshua 55
Hessed (»Gnade« oder »Liebe«), *siehe auch Gedula* 124, 131 ff., 139, 154, 163, 175, 190, 201, 208, 210 f., 214 ff., 219 ff., 237, 247, 264 f.
Himmel und Erde 179
Himmel und Hölle 194 f.
Himmelsglieder 154
Hindu-Mystik 52
Hochma (»Weisheit«) 123 f., 129 ff., 132, 137, 139, 150 ff., 164, 167 ff., 189, 199 ff., 224, 235, 237, 266

Hochma penimit (»innere Weisheit«) 125
Hod (»Majestät«) 123 f., 133, 139, 154, 220
Hohelied 161
Holocaust 251, 260, 270
Hume, David 267 f.
Huxley, Aldous 49
Hymnen 61, 209, 212
Hyperkugel 232, 234 ff.

Ibbur (»Geheimnis der Empfängnis«) 197
Ima (»Mutter«), *siehe auchBina* 130
Immanenz 70, 143 ff., 148
Individualität 181
Inge, W. R. 47
Inquisition 83, 157
institutionelle Periode des Judentums 86
Intention (*siehe Kawwana*)
Intraversionsmystik 65
Intuition 37, 42, 48, 125
Isaak 135, 175, 215 f., 220, 249
Isaak der Blinde 75 ff., 106, 108, 123, 200
Isaak von Akkon 200
Isabella, Königin von Spanien 83
Islam 65 f., 240
Islamisches Reich 68
islamische Kultur 67
Israel 58, 75, 79, 81, 84, 89, 100, 154, 176, 204, 219, 225, 239, 251, 253 f.
Israel ben Elieser (der *Bescht*; Baal Schem Tow) 242 ff., 246 f., 249, 265
Isserles, Rabbi Mosche 228
Italien 79

Jakob 135, 173, 175, 220, 249
Jakob I., König von Aragonien 79
James, William 40, 47, 49
Jehuda ha-Levi 72
Jehuda ibn Tibbon 74
Jerusalem 58, 101, 140, 161, 163, 213, 217
Jesaja 111, 136, 159 ff.
Jesch (»Das Seiende«) 129
Jessod (»Grund«) 123 f., 135, 139, 154, 161, 163, 176, 208, 210, 224
JHWH (Herr, *Adonai* ausgesprochen), das Tetragrammaton und die Entfaltung des göttlichen Namens 107, 135, 154, 172, 174 f.
Jiddisch, Sprache 229, 269
Jihud (»Vereinung«) 261, 263
Jitzhak, Avraham ben 75
Jitzhak Sagi-Nahor (»Isaak des großen Lichts«) 76
Jochai, Rabbi Simon bar, *siehe* Simon ber Jochai
Jojachin, König von Juda 58
Jom ha-Kippurim (»Versöhnungstag«) 213 f., 216 ff., 274
Joseph, Jacob 246
Josua, Rabbi 93
Judentum(s), *siehe auch* orthodoxes Judentum 34 ff., 47, 53, 55, 65 ff., 79, 82 ff., 96 ff., 101, 103 f., 115, 181, 194, 197 f., 200, 210, 227, 241, 251 ff., 258, 261 ff., 266 f., 269, 273, 275 f.
Jüdische(n) Mystik 32 ff., 74, 77, 84 ff., 94, 98, 152, 165, 173, 178 f., 193, 205, 212, 222, 254 f., 260 ff., 271 f., 275 f.
Jungs Psychologie 274

Kabbala 32, 35 f., 74, 79 ff., 84, 103 f., 107, 109, 118, 123 f., 131, 135, 146, 153, 157, 170, 174, 176, 189, 239 f., 254 ff., 258 ff., 263, 269 ff., 277
Kalonymiden, Familie der 69
Kamenetz-Podolsk 242
Katalonien 77, 82
Katz, Steven 50

Kawod (»Herrlichkeit«), *siehe auch Schechina* 70, 134, 149, 161, 168
Kawwana (»Intention«), *siehe auch Re'uta* 200 f., 263 ff.
Keter (»Krone«) und *En Sof* 123 ff., 139, 154, 166 f., 235, 237, 266
Kiddusch (Sabbatsegen) 210
Kinderlosigkeit 196
Kolumbus, Christoph 83
Kol Nidrei (Rechtsformel) 218
Kook, Rabbi Abraham 251 ff.
Koran 66, 73
Kryptojuden 83
Kübler-Ross, Elisabeth 277
Kusari, ha-, *siehe* (Jehuda ha-Levi)

Lateranknonzil 157
Land Judäa 98
Lecha Dodi (»Auf, mein Freund«) 34, 160 ff., 209, 223
Levi, Rabbi 92
Liebe 46, 131 f., 192, 214, 244
Litauen 228 f.
Logos, siehe Vernunft
Losungsworte 61
Luria, Aschkenasi, Isaak 229 ff., 233, 236, 238 ff., 252, 255

Machschawa elohit (»göttliches Denken«) 125
Maggid, siehe Friedman, Dov Baer
Maharal, Rabbi in Prag 257
Maimonides, Rabbi Mose ben Maimon 72, 78, 84, 101 f., 105 ff., 110, 144, 174, 197
Majim aharonim (»letztes Wasser«) 211
Malchut (»Königsmacht« oder »Reich«) 124, 133 f., 143, 151 f., 156, 161, 163 ff., 169, 175, 186 f., 200 ff., 203, 205, 207 f., 210 f., 216, 218 ff., 224 ff., 227, 264
Mamlacha (»Königsmacht«), siehe Malchut
Männlichkeit, das Männliche 130, 132, 189, 192, 255
Maror (»Bitterkräuter«) 224
Marranos 82, 157
Matza (ungesäuertes Brot) 221 f., 224
Meditationstechniken 68, 264, 271
Merkawa(»Thronwagen«)-Mystik 64, 271
Meschicha (»Herabziehen«) 264
messianische Erhebung 230
Messiaserwartung 159, 230, 240
Meyrink, Gustav 258
Midrasch 80 f., 170 f., 271
Mikdasch me'at (»kleines Heiligtum«) 205
Milchgerichte 224
Minjan (»Quorum«) 204
Mischne Thora (»Wiederholung des Gesetzes«) (Maimonides) 102, 197
Mizwot 199 f., 202, 207, 210
Mohammed der Prophet 66
Montesquieu 267
Moses 70, 75, 86, 97, 99 f., 143, 146, 204, 216 ff., 220, 225 f.
Moses de Leon 80 f., 104
mündliche Lehre (*Thora sche-be-al-pe*) 81, 99 ff., 226
mystische(n) Erfahrungen 43, 45 f., 57
mythische Periode im Judentum 86

Nachmanides, Rabbi Mose ben Nachman 77 ff., 84, 128, 200
Namenserschaffung 172
Naturreligion 267 f.
Nefesch 179 f., 182 ff., 185, 189 f.
Nehemia 213
Nehunja ben ha-Kana 75, 103, 124
Neschama (Station des Geistes) 182 ff., 202, 266

Neues Testament 44
Neumann, Erich 274
New York City 251
Nezah (»Ruhm« oder »beständige Dauer«) 123 f., 133, 139, 154, 220
nicht absorbierende Mystik 261
noetische Erfahrung 42, 44 f.

offenbarte Religionen 267
Offenbarung 42, 89 f., 97, 126, 171, 178, 196, 216 f., 224, 225 f., 239, 267, 275
Okkulte, das 256, 258
Omajjadenkalifat 72
Opfer 109 f., 205, 222
orthodoxes Judentum 251 f., 254, 258
Osmanisches Reich 83
Otto, Rudolf 50, 85
ozeanisches Gefühl 44 ff., 51, 53, 274

Panentheismus 242, 245
panentheistische Mystik 262
Pantheismus 52, 245
pantheistische Mystik 53, 255, 262
Paradies 88, 154
Patriarchen 87, 135, 215
Pessach (Passa) 213, 221 ff., 225
Pflichten des Herzens *(Bahja)* 72, 74
Pharisäer 99 ff., 104
Philtrum 189
Platon 181, 188 f.
Platonische Liebe 188
Plotinus 134
Podolien 241
Pogrome 82, 270
Polen 228, 239, 241 f.
Portugal 83
Propheten 56, 66, 70, 75, 99 f., 109, 213, 227
Prototyp 181, 234 ff.
Provence 69, 71, 74 f., 107
Psalmen 161 ff.
Pseudepigraphie 103
Psychosen 46
Pumbedita Akademie, Babylon 67
Purgatorio (»Läuterungsberg«) (Dante) 193

Quorum *siehe Minjan*

Ra'aja Mehemna 119
RABaD, siehe auch Avraham ben David
Rabbiner 93 f., 104 f., 144, 271
rabbinisches Judentum
Rachamin (»Barmherzigkeit«), *siehe auch Tif'eret*
Re'uta (»Intention« oder »Wille«), *siehe auch Kawwana* 201
Reconquista Spaniens 74
Reformbewegung 269
Reinheit 144
Religion 36, 48, 50, 56 f., 72, 83, 85 f., 96 ff., 247, 252, 261, 267 ff., 269, 272 ff., 276
religiöse Erfahrung 40, 57, 85 ff., 92 f., 96 f., 275
Resch Galuta (Exilarch) 67
Responsum von Hai Gaon, *siehe* Gaon
Reue 214 ff., 217, 238
Reschit (»Anfang) 129, 137
Rituale, Befolgen religiöser Vorschriften, *siehe auch* Theurgie 85, 96, 101, 104, 202 f., 207 ff., 210 ff., 217 ff., 238, 256, 262 ff., 271, 273
romantische Periode des Judentums 86
Römisches Reich 98
Rosch ha-Schana (»Neujahr«) 213 ff., 220
Ruach (»geistiges Vermögen«) 180, 182 f.
Russell, Bertrand 48
Rußland 228
Ruth, Buch 225

Sabbat 101
Sabbatbraut 161, 207
Sabbatianismus 241f., 271
Sabbatrituale 207, 210
Sadduzäer 98f.
Safeder Kabbalisten 84, 209, 212
Salomons Tempel 58, 89
Schatzhaus der Seelen 187, 189
Schawuot (»Wochenfest«) 64, 213, 217, 224ff.
Schechina (»göttliche Gegenwart«), *siehe auch Malchut* 70, 91, 95ff., 134, 143ff., 156ff., 163, 194, 201, 204f., 207, 209, 211f., 218, 221ff., 264, 266
Schema Jisrael (»Höre, Israel«) 153, 203, 218, 251, 264
Schewirat ha-Kelim (»Zerbrechen der Gefäße«) 236
Schmuel ha-Nagid 72, 74
Schofar (»Widderhorn«) 213, 215
Scholem, Gershom 32, 85
Schöpfung 135, 137, 230, 236, 238, 245, 255
schriftliche Lehre (*Thora sche-bektaw* 99ff., 104, 171f., 226
Schulchan Aruch (jüdischer Gesetzkodex) 229
Schuon, Frithjof 49
Schwarzer Tod (Pest) 228
Seder-Ritual 221ff.
Seele(n) 117, 119, 125, 176, 179, 181f., 185ff., 209, 216, 238, 240, 254, 277
Seelenwanderung (*Gilgul Nefaschot*) 195ff., 256
Sefarad, siehe Andalusien
Sefer ha-Bahir (»Das Buch des hellen Lichts«) 75f., 80, 103
Sefer ha-Kusari 72
Sefer ha-Sohar (»Das Buch des Lichtglanzes«), siehe Sohar
Sefer Jezira (»Das Buch der Schöpfung«) 116, 123, 257
Sefer Maarechet ha-Elohut (»Struktur des Göttlichen«) 117
Sefirot (die persönlichen Aspekte des verborgenen Gottes) 109, 111, 115ff., 131ff., 138ff., 143, 147ff., 154ff., 161ff., 172ff., 174, 176, 178, 183f., 186f., 189ff., 194, 198ff., 207f., 210ff., 214f., 218ff., 231, 236, 244, 247, 258, 261ff., 276
Selbsterhaltung 182
Sexualität 152, 188, 212, 256, 264
Shtetl, Shtetlach 229, 271
Simchat Thora (»Gesetzesfreude«) 219ff.
Simon bar Jochai, Rabbi 80, 104, 126
Simon ben Asai 62
Simon ben Soma 62
Sinai, Berg 87ff., 94, 100, 133, 161, 163, 225
Singer, Isaac Bashevis 34, 56, 255f., 258, 271
sinistere Kräfte 131
Siwug (»geschlechtliche Vereinigung«) 264
Smart, Ninian 50
Sohar, (Sefer ha-Sohar, »Das Buch des Lichtglanzes«) 79f., 104, 109, 111, 119, 126, 134, 137f., 153f., 157ff., 176, 183, 188f., 195, 205, 208ff., 219f., 226, 271
Soma, Simon ben, *siehe* Simon ben Soma
Spanien 35, 71f., 77ff., 107, 157, 159f., 228ff.
Speisen und Speisenvorschriften 269
Sprüche, Buch der 163
Stace, W. T. 50
Steinsaltz, Adin 254
Stiftshütte (*Sukka*) 89, 143, 254
Struktur des Göttlichen, Die *siehe Sefer Maarechet ha-Elohut*

Sukkot (»Laubhüttenfest«) 213, 219f., 221, 225
Sünde 90f., 99, 132, 145, 151, 194, 196ff., 217f.
Sura, Babylonien, Akademie in 67
Suscha, Sage von 249
Synagogen 61, 101, 204f., 219, 273f.

Talmud 62, 86, 89, 93f., 102, 105f., 143, 160, 207, 214, 229, 257, 271
Talmud-Gelehrte 74
Tel Aviv 58
Tempel 90, 98ff., 145, 205, 213, 217, 253
  Erster 158f., 205
  Zweiter 98, 158f., 222
Tetragrammaton, *siehe JHWH*
Theismus, theistisch 53, 261f.
Theurgie, theurgische Rituale 202f., 212ff., 221, 223, 227, 238, 256, 261ff., 266
Thora 35, 75, 82, 88ff., 93, 95, 97, 99f., 104, 106, 140f., 144, 169ff., 183, 189f., 194f., 213, 215f., 227, 242, 263, 272
Thora sche-be-al-pe, siehe mündliche Lehre
Thora sche-be-ktaw, siehe schriftliche Lehre
Thronmystik 69f.
Tierkreiszeichen und das hebräische Alphabet 170
Tif'eret (»Pracht«) 123f., 132f., 135, 139, 150ff., 160f.,. 163ff., 175, 186, 191, 201ff., 208, 211, 216, 218, 220ff., 237, 264
Tikkunei Zohar 138
Tikun (»Verbesserung«, »Vervollkommnung«) 201, 204, 238
Tikun Leil Schawuot (*Tikun*-Ritual) 226
Tintern Abbey (Wordsworth) 51
Tod und Leben nach dem Tod 241, 277
Torquemada 83

Ukraine 228f.
Underhill, Evelyn 50
Unio mystica (»Einheit mit Gott«) 47, 51, 134, 200, 261
Upanishaden 52
Urbilder 129ff., 139f.
Urmensch, Urleere 235ff.
Urtypen 129ff., 139ff.

Verbannung von *Schechina* 58, 90, 159, 221, 230f., 252, 158f.
Verbesserungen *siehe Tikunim*
Verborgenheit 91
Verdammnis, *siehe auch Ge-Hinom* oder *Gehenom* 197
Vereinigte Staaten 251
Vereinigung *siehe auch Unio mystica* 48, 152f.
Vermögen (*Entelechie*) 181ff., 191
Vernunft (*logos*) 181f.
Visualisierungstechniken 65
Voltaire 267

Weibliche, das 130ff., 146, 152, 189, 192, 255
Widderhorn, *siehe* Schofar
Wordsworth, William 51

Yoga 271

Zaehner, R. C. 50
Zauber und Zauberformeln 61
Zehn Gebote, Die 161
Zelem (»Astralkörper«) 193
Zimzum (»Zusammenziehen« von *En Sof*) 128, 166, 168, 232f.
Zionismus 253, 270
Zusammenziehen (*siehe Zimzum*)
Zwi, Sabbatai 239ff., 271
Zwitterform der Seele 256

Chajim Bloch

Chassidische Geschichten

Mit einem Vorwort von Salcia Landmann

Leinen, 316 Seiten mit Illustrationen von Ber Warzager

Rabbi Israel Baal-Schem-Tow, auf den die chassidische Glaubensbewegung des 18. Jahrhunderts zurückgeht, gab den Juden Osteuropas in einer Zeit größter Verfolgung und Verzweiflung mit seinem schlichten Glauben und seinem Verständnis Trost und Beistand.
In den Zwanziger Jahren dieses Jahrhunderts, Jahren neuer Not und Bedrängnis, sammelte Chajim Bloch die Legenden, die sich um Rabbi Baal-Schem und andere Zaddikim gerankt hatten.
Es sind ergreifende, rührende Geschichten, die sich wie Mosaiksteine zu dem Bild einer Welt zusammenfügen, in der die Armen und Hilflosen Zuflucht in der gottverbundenen Wunderkraft der Rabbis suchten.